공천고백기

총선 참패와
생각나는 사람들

KI신서 9615

공천고백기
총선 참패와 생각나는 사람들

1판 1쇄 인쇄 2021년 2월 26일
1판 1쇄 발행 2021년 3월 5일

지은이 김형오
펴낸이 김영곤
펴낸곳 (주)북이십일 21세기북스

교정교열 구경미 **디자인** 놀이터
TF팀 이사 신승철 **마케팅팀** 김의겸 오수미 정유진 진승빈 김현아
영업팀 한충희 김한성 오서영
제작팀 이영민 권경민

출판등록 2000년 5월 6일 제406-2003-061호
주소 (10881) 경기도 파주시 회동길 201(문발동)
대표전화 031-955-2100 **팩스** 031-955-2151

ISBN 978-89-509-9458-7 (03340)

(주)북이십일 경계를 허무는 콘텐츠 리더

21세기북스 채널에서 도서 정보와 다양한 영상자료, 이벤트를 만나세요!
페이스북 facebook.com/jiinpill21 포스트 post.naver.com/21c_editors
인스타그램 instagram.com/jiinpill21 홈페이지 | www.book21.com
유튜브 youtube.com/book21pub

공천고백기

총선 참패와
생각나는 사람들

김형오 지음

21세기북스

머리말

이 책은 '공천 반성문'이다. 공천이라는 작업을 집중적으로 다룬 공천 고백기이지 총선 평가서는 아니다. 그러나 공천은 선거를 위한 필수 작업인 만큼 선거 관련 사항도 상당 부분 언급했다. 이 원고는 사실상 지난해 9월 완성되었고 총선 6개월이 되는 10월 중순에 발간할 예정이었다. 그러나 여러 가지 사정으로 이제야 세상에 나오게 되었다. 좀 더 솔직히 말하면 이것을 공개하느냐 마느냐로 고민을 많이 했다. 출판사로 원고를 넘기고 교정 작업을 하면서도, 심지어는 출간 직전까지도 고민은 이어졌다.

이유는 세 가지다. 먼저 주위에서 기억하기도 싫은 아픈 상처를 다시 들추어내 좋을 게 뭐가 있겠냐며 적극적으로 말렸다. 낙천자는 물론이고 낙선자, 당직자, 당원과 지지자, 그리고 선거 당시 지휘부조차도 좋아하지 않을 거라고 했다. 둘째는 공천과 관련한 반성문이라 해도, 그래서 뭘 어쩌자는 거냐라는 반문이었다. 다음 공천 작업에서 이를 반영하거나 결코 고치는 일은 없을 거라는, 정치판의 오랜 경험에서 나온 기록 무용론이다. 셋째는 책 출간으로 인해 내가 또다시 공격받고 상처받을까 걱정했기 때문이다. 고백기의 진정성은 날아가고 변명기로 취급하고 말 거라는 거다. 나에 대한 기대가 실망으로 바뀌면서 명예가 이미 바닥에 떨어졌다. 이제 시간이 약인 만큼 기다려야 하는데 굳이 두 번 죽는 길을 택하는지에 대한 안타까움이다. 아무튼 책 출판은 공천 과정을 복기하는 것만큼이나 또 다른 괴로운 과정이었다.

개인적으로는 이번 공천을 끝으로 한 시대 정치인으로 명예스럽게 사라지기를 소망했다. 그러나 결과는 헛된 꿈으로 끝나버렸다. 누구를 원망하겠는가. 직을 맡으면서부터 비극은 잉태되었는데……. 다시 정신을 차려본다. 실추된 명예의 저 건너편에 희미하지만 번쩍거리는 게 있다. 공천 잘못으로 패배할 수밖에 없는 선거였다면 어떻게 하는 공천이 잘하는 공천인가. 공천과 선거는 어떤 관계였으며 어떻게 연결되어야 하나. 왜 보수는 분열을 거듭하며 통합하지 못하는가, 아니 어렵게 통합하고 통합 공천을 해도 유권자들은 왜 받아들이지 않았는가. 보수는 이제 다시는 기회가 없는가. 자유 정의 공정의 가치를 회복하기 위한 첫 과제는 무엇인가…….

진영논리와 집단이기, 뻔뻔스러움과 포퓰리즘이 판치는 세상이다.

분열주의, 패배주의, 방관주의로는 다음 선거에서 이길 수 없다. 그동안 총선 승리와 대권 쟁취라는 깃발 아래 수단과 목적이 바뀌고, 가치와 이념이 정치공학의 하위개념이 되어도 우리는 그냥 눈감지 않았는가. 그러는 사이 자유민주주의는 멍들고 뒷걸음질 치고 있다. 유성룡의 『징비록』을 다시 읽었다. 실패의 기록은 다음 세대를 위한 패배자의 쓰라린 책무라고 생각했다. 공천 후유증을 막아보자는 취지로 자료를 파기하거나 입을 다무는 것도 무책임한 태도다. 이런 점에서 애써 용기를 냈다.

공천 책임자가 '공천고백기'란 이름으로 책을 내는 것은 아마도 처음이 아닌가 한다. 우리 공관위원들은 어떤 계보나 당파적 입장에 놓인 적이 없으므로 잘됐든, 못됐든 공개적으로 떳떳하게 밝힐 수 있다. 그러나 워낙 보안이 요구되는 작업이고 개개인의 인격과 명예가 걸린 문제라서 각별히 유념했다. 여기에 수록된 통계나 자료는 차기 공천 과정에서 참고했으면 하는 바람에서 제시한다. 특별히 출처를 밝힌 것 말고는 모두 개인적으로 종합하여 정리한 것이다.

책 갈피갈피에 전문서적이나 언론에서 잘 다루지 않는 정치의 속살을 어느 정도 드러냈다. 그러나 정치와 정치인이 워낙 비난받는 세상이라 공동체에 대한 사랑과 바른 정치에 대한 염원이 제대로 전달될지 자신 없다. 오랜 망설임 끝에 나 하나 불쏘시개가 되어도 좋다는 생각에서 출판을 결심했다. 인간인지라 최선을 다한다 하더라도 실수도 있고 잘못도 있다. 여러 가지로 불비했고 부족했다. 민주주의 체제가 작동되는 한 공천과 선거는 계속될 것이다. 이 책은 패배한 선거의 공천 책임자로서 사심을 버리고 써내려간 고백기이자 참회록이다. 또한 불출마의 결단을 내려준 의원들, 아까운 낙천·낙선자들, 그리고 정치인과 정치 신인들에게 드리는 나의 반성문이자 정치 발전에 대한 소망기이다.

2021년 새해 어느 추운 날, 강 건너 국회를 바라보면서
글쓴이

목차

Chapter 2
오답 처리된 공천 답안지

Chapter 3
안타까움, 참담함, 그리고 대안 모색

Chapter 4
공천관리위원장의 마지막 변명

일러두기

- 머리말에서 밝혔듯이 이 글은 2020년 9월 사실상 완성되었다. 시점이나 분위기를 당시 상황에 근접하도록 대부분 그대로 두었다.
- 본문과 부록의 통계, 자료, 표 등은 임의로 가공·축소·변경한 것은 없으며, 출처를 밝히지 않은 모든 자료는 대부분 직접 만들었다.
- 여기에 언급된 수많은 사람 중 어느 누구와도 사전에 교감하지 않았다. 당사자들에게 불편하거나 불쾌한 점이 있다면 양해를 구한다. 그러나 명예와 인격을 최대한 존중하려 애썼다는 점은 분명히 밝힌다.

Chapter 1

위기의
보수 야당
구하기

무슨 할 말이
있겠는가

패장은 유구무언(敗將 有口無言)

물러난 장수는 병법을 논하지 않는다고 했다. 어떤 경우에도 책임에서 자유로울 수 없기 때문이다. 백번 지당한 말이다. 그럼에도 구태여 기억을 더듬어 기록을 남기고자 하는 이유는 실패를 반복하지 말았으면 하는 바람에서다. 사마천은 하늘과 인간의 관계를 구명하기 위해 『사기』를 썼노라고 말했다(究天人之際). 사실을 사실대로 기록하는 것이 하늘의 뜻에 부합하고 그것이 인간의 도리라고 믿은 그는 궁형宮刑이라는 치욕을 넘어 진실의 붓을 들었다. 그러나 저 멀리 하늘의 뜻은 어설피 알지라도 내일의 세상사는 알기 어려운 것이 현실 아닌가. 누구를 탓하겠는가. 불원천불우인不怨天不尤人. 내가 짊어지고 가야 할 무겁고 장

구한 짐이다. 다만 나의 허물이 작은 거울이 되어 민주 여정에 이정표가 된다면 더 이상 바랄 것이 없겠다.

이번 21대 총선은 한 번도 경험해보지 못한 특별한 선거였다. 나는 평생의 반을 선거와 인연을 맺고 살아왔다. 전략기획 업무에 종사하기도 했지만 대부분은 후보로서 현장을 뛰었고, 때로는 전국 또는 권역별 선거를 지휘했다. 영남에서 가장 어렵다는 영도에서 매번 아슬아슬하게 승리했다. 내가 부족하기 때문에 주변을 고생시켜 미안한 생각을 늘 가슴에 품고 있다. 그러나 감사하게도 한 번도 지지 않고 내리 5선을 한 것은 항상 겸손하고 국민을 두렵게 여기라는 하늘의 뜻이라고 생각했다. 내 선거 외에도 대통령, 광역단체장, 시·구의원 선거와 각종 보궐선거 등 수십 번의 선거를 치르면서 늘 현장에서 살았다. 대선에서 김영삼, 이명박 후보는 이겼고, 이회창 후보는 두 번 연속 패했다. 그래서 국회의원 20년 동안 10년 여당, 10년 야당을 했다. 노무현 탄핵역풍으로 가장 어려웠던 2004년 총선에선 선대본부장으로서 천막당사를 외롭게 지키며 예상을 뛰어넘는 121석을 회복하는 데 일조했다. 내가 관여한 선거에서 당락은 물론, 선거 결과가 현장 감각과 크게 어긋난 적은 별로 없었다. 시대적 변화를 읽고 국민과 끊임없이 공감하면서 과학적 방법을 활용하지 않으면 유권자는 등을 돌린다는 사실을 명심했다. 그러나 이번엔 그렇지 못했다. 모든 것이 불비했고 많은 것이 부족했다. 거듭 책임을 느낀다.

'한 번도 경험하지 못한' 선거

선대위(당의 중앙선거대책위원회)에 참여하지 않은 사람으로서 함부로 말하는 것 같지만 이번 총선은 그동안의 경험칙과 상식을 모두 뒤집어 버렸다. 종전의 선거 법칙을 전량 폐기 처분해야 할 정도다. 우선 선거의 3대 변수라고 일컬어지는 구도, 인물, 이슈가 통하지 않았거나 약화되었다. 나의 임무상 주로 공천과 관련하여 간략히 언급해본다. 먼저, 통합하는 당이 이긴다는 가설은 무너졌다. 천신만고 끝에 여러 정치세력과 통합, 미래통합당으로 당명까지 바꿨으나 효과는 나타나지 않았다. 무슨 통합을 어떻게 했는지 국민들은 느끼지 못했다. 국민들은 통합이라 보지 않고 단순 재결합이라고 생각했을지도 모르겠다. 통합의 효과가 크게 나타나지 않았을 뿐 아니라 오히려 통합 지역의 기존 당원·지지자들이 반발했고, 이를 효율적으로 무마·수습도 하지 못했다.

다음은 현역 교체율이 높은 정당이 제1당이 된다는 법칙도 깨졌다. 미래통합당의 현역 교체율 43.5%는 민주당의 28%를 완전히 압도했으나 인적쇄신은 미풍으로 사라져버렸다.* 참고로 역대 선거에서 현역 교체율을 살펴보자. 2008년 총선에서 한나라당이 38.5%, 통합민

---

* 교체율 산정은 여러 방법이 있으나 이것은 개인적 조사 결과이다. 즉 3월 26일 현재 미래통합당(미래한국당 포함)에 참여한 모든 국회의원을 포함했다. 총 의원은 124명(지역구 101명, 비례 23명)이며 그중 54명이 교체됨으로 교체율은 43.5%로 본다. 여기에는 국민의당에서 입당한 의원과 미래한국당으로 이동한 의원도 포함된다. 지역구만 보면 101명 의원 중 39명이 교체되었다(교체율 38.6%). 자세한 것은 「부록」(254쪽)에서 표로 제시한다.

주당이 19.1%로 한나라당 승리(153석). 2012년 총선에서 새누리당이 47.1%, 민주통합당이 37.1%로 새누리당 승리(152석). 2016년 총선에서는 새누리당 24%, 더불어민주당 33%로 더불어민주당이 승리(123석)했다. 그러나 이번엔 현역의원의 대거 교체가 인적쇄신 효과보다는 후유증과 불협화음을 초래했다. 선거는 이성보다는 감성이 작용하는 심리다. 유권자의 마음을 파고들지 못했기에 이래저래 실패했다.

이슈도 마찬가지다. 소득주도성장으로 인한 경제 실패, 조국사태 같은 위선 좌파, 울산 선거 개입의 정치공작 같은 굵직한 이슈는 선거운동 기간 맥을 못 춘 채 실종되었다. 선거를 앞두고 살포된 긴급재난지원금에는 속수무책이었다. 저쪽은 막말을 해도 대충 넘어가는데 우리 쪽은 치명타다. 도대체 왜 이런 현상이 생기는 것인가. 보다 자세한 내용은 후술하기로 한다.

어인 일인가. 그동안의 관행과 경험에 의존한 탓일까. 선거의 성격이 달라졌음을 눈치채지 못했다. 대통령 임기 중반에 치르는 총선은 본질적으로 정권 심판의 성격이므로 회고적 투표 성향을 지닌다고 말해왔다. 그래서 김대중 정부 시절의 16대 총선, 박근혜 정부의 20대 총선은 집권당이 패배했다고 한다. 몇몇 학자들이 이번에 야당이 과반 의석을 차지할 것이라고 점친 근거이기도 했다. 그러나 결과적으로 이번 총선은 회고적 투표는 물론, 전망적 투표의 개념도 뛰어넘었다. 인물과 정당을 선택하는 선거가 아니었다. 오히려 위기 상황에서 집권 세력의 신임을 묻는 가부 투표와 비슷했다. 수도권 전체 의석 121석 중 103석으로 의석의 85%를 집권당이 독식했다. 선거사에 전례가 없는 일이다. 미래통합당은 수도권 전체에서 겨우 16석을 건졌다. 평소 서울 지역에서 얻는 의석수와 비슷한 수준이다(16대 17석, 17대 16석, 18대 40석, 19대 16석, 20대 12석). 참으로 민망하지만 내재적 접근으로는 설명하기 어렵다. 이성의 눈을 가지고 냉철하게 살펴야 한다.

코로나19 팬데믹은 세계적 재앙이고 글로벌 시대 이후 인류에게 닥친 초유의 위기 상황이다. 한국과 유럽과 미국은 같은 시간대로 실시간 방송을 보며 공포에 떨고 전율했다. 재앙은 글로벌적이고 수습은 로컬적으로 해결해야 한다. 민심은 생존을 가장 우선시하며 긴급 처방이 필요하다고 판단했을 것이다. 총선 패배를 코로나에 미루자는 뜻은 결코 아니다. 선거 상황과 환경을 객관적으로 파악, 사실을 사실로 받아들인 뒤, 그다음 우리의 실책을 찬찬히 돌아보자는 의미다. 2월 초 코로나 비상이 걸렸을 때 야당이 유리하다는 여론에 혹시 안주한 것은 아닐까. 왜냐하면 이후 코로나에 대해 야당은 변변한 대응이 없었다. 여권은 선거연기론을 군불 지피다 언제 그랬냐는 듯 쑥 들어가버렸다. 그때 야당은 정신 차렸어야 했다. 국민의 생명과 건강에 대한 우리의 입장과 준비가 과연 신뢰를 얻을 만했는가. 국민의 불안과 두려움을 해소시키기에 정권심판론이라는 투약은 너무 안이한 처방이 아니었던가 자성해본다.

뒤돌아보기도 싫은 아픈 마음을 억누르며 공천 결과를 표로 정리해본다. 이유는 크게 두 가지다. 하나는 다음 공천에 참고자료로 쓰기 바라는 점이고 또 하나는 교훈을 찾고자 함이다. 우리는 이번 공천 심사 과정에서 자료 부족으로 허덕였다. 한마디로 있어야 할 자료는 거의 없었다. 당에서는 지나간 자료를 보관 정리하지 않을뿐더러 새로운 선거용 자료를 생산하지도 않았다. 신청자들이 제출한 서류와 자기소개서 외에 선거구별로 한 페이지짜리의 역대 총선 결과표가 전부라 할 정도였다. 공천 업무를 다루는 공관위원들이 깜깜이 공천에 임해야 했다. 본의 아닌 오류나 판단 착오가 왜 없었겠는가. 이런 대참패를 겪고도 공천과 선거 과정을 냉철히 뒤돌아보고 앞으로 개선할 점과 대책을 마련해야 하는 것은 지극히 당연한데도 이것 역시 등한히 한다. 가장 큰 실패에서 뼈아픈 반성과 문제점을 찾아내야 한다. 그것이 나의 마지막 사명이라 생각하고 외롭고 무거운 짐을 자처한다. 이 책 전후반에 걸쳐 분석과 정리, 회고와 반성을 곁들인 대안 모색까지 제시하는 근거는 나름대로 분석 정리한 통계 수치와 기초 자료이다. 참고로 모든 자료의 정리는 개인적으로 한 것이기에 혹 오류가 있다면 전적으로 내 책임이라는 점을 거듭 밝힌다. 다만 기본 데이터를 왜곡하거나 임의로 가감 또는 수정한 것은 단연코 없다는 말씀을 드린다.

공천의 세 가지 형태

공천은 크게 세 가지다. 단수추천, 우선추천 그리고 경선이다. 공관위가 이 세 방법으로 공천자를 추천하면 당 최고위의 의결로 확정된다. 어떤 지역을 단수 또는 우선추천 아니면 경선으로 할지를 두고 공관위원들은 심도 있는 논의를 한다. 지난 선거의 결과, 지역 특성, 신청자 성향 등을 고려한다. 단수추천은 한 지역 내의 여러 신청자 중에서 경쟁력, 당선 가능성, 도덕성, 신뢰도 등을 종합하여 한 사람으로 결정하는 것이다. 여론 지지가 높은 사람일수록 유리하다. 대체로 지역 내에서 정치적으로 밭을 갈고 길을 닦아온 사람들 중에서 선발한다.

우선추천은 신청자 중에서 마땅한 사람이 없거나, 놓쳐서는 안 되는 특별히 중요한 지역이거나, 당의 면모를 가다듬기 위해 특별히 영입해야 할 사람이 있거나, 정치적 험지로서 과감한 발탁인사를 할 경우 등이다. 전략지역으로서 인물의 전략적 배치라는 뜻에서 전략공천이라 말해왔다.

경선이란 글자 그대로 신청자 중에서 적절한 사람을 당원과 유권자들이 직접 결정하는 제도다. 가장 합리적인 제도로 보이지만 경선도 장단점이 있어 주의가 요구된다. 경선에 대해 신중한 입장이지만 이번에는 신청자를 심층 조사할 자료도 시간도 부족하여 예년 수준의 적지 않은 경선이 실시되었다. 다만 문호 개방과 외연 확장 차원에서 청년 여성과 신인에 대한 과감한 점수를 배점하고 당 통합의 정신도 살려 당원 비당원 구분하지 않고 전 유권자를 상대로 '국민 경선'을 실시했다. 이것만 해도 우리 정당 선거사에서 최초이며 진일보한 정책이었는데도 국민들에게 제대로 알리지 못해 소기의 성과를 내지 못했다.

통계로 보는 참담한 성적

다음 〈표〉에서 알 수 있지만 114명이 단수추천되어 전체 우리 후보(237명)의 48%에 해당된다. 우리는 단수추천을 되도록 많이 하려고 했다. 여러 보수 제 정당의 통합으로 심사가 까다로워졌지만 최대한 객관적이고 엄정한 심사에 주력하여 후유증도 그리 많지 않았다. 그러나 이 중 31명만 금배지를 달 수 있었으니 성공률은 27.2%에 지나지 않는다. 성적이 가장 부진하다. 단수추천의 경우, 이번엔 계보 계파 간

단수 · 우선추천, 경선 후보(당선자)

지역		단수추천 (당선자)	우선추천 (당선자)	경선 (당선자)	권역별 당선율
수도권	서울	25(2)	9(4)	15(2)	
	인천	3	4(1)	6	16/121 = 13.2%
	경기	34(5)	11(1)	14(1)	
	소계	62(7)	24(6)	35(3)	
	당선율	11.3%	25%	8.6%	
영남권	부산	5(4)	3(2)	10(9)	
	대구	6(6)	1(1)	5(4)	
	울산	1		5(5)	56/65 = 86.2%
	경북	3(3)	2(2)	8(8)	
	경남	7(6)	1	8(6)	
	소계	22(19)	7(5)	36(32)	
	당선율	86.4%	71.4%	88.9%	
중부권	대전	5		2	
	세종		2		
	충북	5(2)	1	2(1)	12/36 = 33.3%
	충남	6(3)		5(2)	
	강원	2	4(3)	2(1)	
	소계	18(5)	7(3)	11(4)	
	당선율	27.8%	42.9%	36.4%	
호남 · 제주	광주	2			
	전북	4			0/15 = 0%
	전남	6			
	제주			3	
	소계	12(0)		3(0)	
전체	총계	114(31)	38(14)	85(39)	237(84)
	당선율	27.2%	36.8%	45.9%	35.4%(84/237)
	구성비	48.1%	16.0%	35.9%	100%

나눠먹기가 없었고, 대표나 실세들 또는 공관위원들이 경쟁력 떨어지는 사람을 임의로 내세운 경우도 없었다. 적어도 최고위의 막판 뒤집기가 있기 전엔 그랬다. 단수 후보를 최종 결정하기 전에 반드시 참고하는 것이 여론조사다. 신청자들이 자기 홍보수단으로 하는 여론조사와는 결이 다른 신뢰할 만한 조사에 근거하지만 이것도 절대적일 수는 없다. 여론의 지지도는 수시로 변하기 때문이다. 또 유력 후보자가 보이지 않는 특별한 몇 군데는 되도록 젊은 사람을 내세우려 했다. 단수추천에 반발하여 무소속으로 출마한 경우는 한두 건에 불과하다. 세 부류 중 단수추천자가 가장 잡음이 없었는데도 선거 결과는 가장 좋지 않은 이유는 따로 찾아야 할 것 같다.

다음이 우선추천으로 전체의 16%인 38명이 공천을 받았으나 36.8%인 14명만이 생존했다. 인천의 배준영 등 9명은 국회에서 선거구 획정이 늦게 되는 바람에 단수추천된 사람을 다시 우선추천하는 2중 발표를 하였다. 형식은 우선추천이나 사실은 단수추천에 가깝다. 우선추천은 전략적 판단에 의한 것이므로 앞서 말한 것처럼 매 경우가 모두 같을 수가 없다. 한마디로 발탁 인물과 지역적 특수성, 이번 선거의 모양새 등을 고려한 결정이다. 이것 역시 계파 간 나눠먹기 같은 구태가 전무했고 전 선거구의 20% 이내로 해야 한다는 당규에도 충실했다. 이 또한 당의 평균 당선율에 그치고 말았다. 한마디로 전략공천의 전략적 실패였다. 다른 몇 개 장에서 언급되겠지만 인물 영입의 저조와 지역구민의 거부감, 선거 전략과 홍보의 연계 부족 등 짧은 시간에 공관위가 감당하기엔 벅찬 과제들이었다.

경선이 그나마 비율적으로는 가장 낫다. 전체의 36%에 해당하는 85명이 경선을 통해 후보가 되고 이 중 45.9%인 39명이 국회에 진입했다. 통합당의 생존율이 35.4%(237명 중 84명)이므로 경선을 거친 후보는 평균보다 11%의 높은 성공률을 보인 반면 우선추천은 평균치, 단수추천은 평균보다 8% 정도 낮은 성공률이다. 선거일 임박하여 치른 경선이므로 후유증을 극복할 시간도 부족했는데 평균 이상의 성적을 거둔 것은 지역 사정이 좋았거나 우리 후보들의 경쟁력이 상대적으로 입증된 것이라 할 만하다. 경선 문제는 뒷부분(179~188쪽)에 상세히 다루기로 한다.

영남:비영남으로 나눠진 선거 결과

이것보다는 지역 중심으로 문제를 봐야 핵심에 접근할 수 있을 것 같다. 서울 인천 경기 지역은 이번 선거에서 통합당이 참패한 곳이다. 전체 121개 선거구 중에서 겨우 16석이다. 단수추천은 62곳 중 7곳, 우선추천은 24곳 중 6곳, 경선은 35곳 중 겨우 3곳에서만 승리했다. 수도권 평균 당선율 13.2%를 넘는 것은 그나마 우선추천(25%)뿐이다. 충청 강원의 중부권은 수도권보다는 사정이 낫지만 초라하기는 마찬가지다. 전 선거구에 36명이 출전하여 3분의 1인 12명만 살아남았다. 이곳도 우선추천이 가장 성공률이 높고(42.9%), 경선, 단수추천(27.8%) 순으로 좋지 않다.

문제는 영남으로 오면 확 바뀐다. 영남도 TK와 PK 간에 차이가 있지만 묶어서 보자. 영남은 65곳 중 56곳에서 승리했다. 86.2%의 성공률로 4년 전 총선은 물론 근래 선거에서 가장 좋은 성적이다. 경선 지역이 당선율이 가장 높고(88.9%), 가장 낮은 우선추천 지역도 5명이 성공하고 2명만이 실패하여 성공율이 71.4%다. 실패한 두 곳도 특별한 사연이 있다. 단수추천을 받아 국회 진입에 성공한 경우도 86.4%(22명 중 19명)로 영남이 보수의 본류이며 아성임이 입증되었다. 이로써 2년 전 전국지방선거에서의 참패를 씻게 되었다. 영남의 승리는 무엇인가. 이 장에서 자주 언급되는 공천 방식의 세 부류 즉 단수·우선·경선을 전략적으로 적절히 조합했기 때문인가. 당선된 우리 쪽 후보들이 상대당(민주당)보다 월등히 뛰어난 인물이었나. 이런 피상적, 감성적 주장을 하려고 이 통계를 만든 것이 결코 아니다.

영남은 이번 공천 과정에서 가장 시끄러웠던 지역이다. 나에 대한 노골적 비난과 불만, 공관위에 대한 비판이 끊이지 않았다. 그런데도 역대 없는 성공을 거뒀다. 영남의 우리 후보들만 뛰어난 게 아니다. 전국의 모든 후보들이 충분한 자격과 능력을 갖췄고 상대 후보에 비해 월등하거나 손색이 없었는데도 우리는 영남 외의 지역에서 실패했다.

영남이기에 성공했고 영남이 아니기에 실패했다는 식으로 보고 말면 다음번엔 영남도 위험하다. 그 경고등이 켜진 것이 이번 선거라고 본다.

이상에서 보는 것처럼 제도적 장치, 즉 단수·우선·경선을 적절히 배합하지 못한 것은 아니다. 그러나 제도나 형식이 문제가 아니라 후보 결정이 잘못됐다는 비판에 대해서는 별도 차원에서 논의할 문제다. 다만 수많은 공천 신청자들의 소망대로 할 수 없는 것이 공천이라는 점을 한 번 더 말하고 싶다. 여기서는 공천과 선거 결과에 대한 전체적인 조망에 그치고 앞으로 하나하나 문제를 짚어볼 생각이다.

혁신공천의
세 가지 원칙

황교안 대표의 위촉을 받고 공관위원장에 1월 17일 취임해서 3월 13일 사퇴하기까지 56일간과 총선 직후 한동안은 나의 70여 인생을 통틀어 가장 분주하고, 고통스럽고, 압박이 강했던 시기였다. 현역의원 물갈이에 희생하신 분들께 한없이 죄송하고, 유능한 후보들이 아깝게 낙마한 것에 대해서도 절절히 무거운 책임을 느끼고 있다. 불찰과 실책을 생각하면 지금도 마음을 진정시키기 쉽지 않다. 결코 변명이나 회피할 생각도 없다. 그러나 확실하게 말할 수 있는 것은 단 하루의 예외도 없이 혁신공천을 위해 공관위원 전체가 전력 질주해왔다는 사실이다.

혁신공천을 구체적으로 들어가 보면 첫째, 과감한 물갈이를 통한 인적쇄신, 둘째, 계파별 나눠먹기 없는 구태 청산, 셋째, 청년 여성과 신인을 위한 문호 개방 등 세 가지로 요약할 수 있다. 총선 직후 공천책임론이 거세게 일었지만 몇 달이 지나니 좀 수그러들었다. 공천에 대해 무한 책임감을 느끼는 사람으로서 한마디 하자면 공천 과정보다 공천 관리가 문제였다. 남 탓을 하자는 게 아니다. 공관위는 공천자를 발표만 하고는 끝이었다. 이른바 공천자 '띄우기'를 전혀 못 했다. 공관위가 못 하면 당(또는 선대위)에서 해야 했다. 그런 차원에서 공관위와 당(선대위)이 유기적으로 협력해야 한다. 나중에 자세히 언급할 것이다.

먼저 인적쇄신 문제다. 소위 물갈이, 판갈이로 불리는 현역 교체율 43.5%는 20대 24%보다 거의 두 배 수준이고 이번 민주당의 28%보다 압도적으로 큰 폭이다. 1%를 올리기 위해서는 엄청난 고통과 희생이 뒤따라야 한다. 반발도 만만치 않다. 현역을 칠 때는 확실한 기준과 설득 과정이 필요하다. 인간적 고뇌와 갈등은 말로 표현하기 어려울 정도다. 공관위원장이 저승사자가 되어야 한다. 주위가 온통 적으로 변한다. 그래야 교체율을 올릴 수 있다. 지역 당원들과 동고동락해온 당협위원장을 교체하려면 본인도 본인이지만 당원들 반발이 심하다. 공관위원은 그들로부터 온갖 인격적 수모까지 당할 수도 있다. 가만두면 될 텐데 왜 굳이 욕먹어가며 바꾸려 했겠는가. 공관위원들이 특정 계보나 특정인을 챙기기 위해 이런 짓을 한 것이 아니다. 적어도 이번 공관위만큼은 그랬다고 자신 있게 말할 수 있다. 교체의 불가피성을 일일이 밝힐 수는 없다. 그러나 그 일(현역의원 및 당협위원장 대폭 교체)만이 당을 살리고 국민에게 당의 새로운 모습을 보이는 길이며 이번 선거를 이기는 길이라고 생각했기에 온갖 욕을 뒤집어쓰며 단행한 것이다.

탄핵 트라우마를 벗어나서 '시대의 강'을 건너려면 이 방법밖에 없었다. 보통 공관위는 이런 작업이 워낙 힘들고 후유증도 만만치 않기 때문에 대개 경선이라는 방법을 동원한다. 우리도 상당한 지역에서 경선을 실시했다. 정치 신인들에게 획기적인 가산점 제도를 부여했지만 현역의 벽을 넘은 곳은 없다. 경선이 가장 공정한 선발 방식 같지만 기득권을 유지하는 장치이기도 하다. 민주당은 막강한 '문빠'들이 개입하여 현역을 쳐내는 데 일조한 것 같다. (예:서울 강서 갑 경선에서 지도부와 갈등을 빚었던 현역 금태섭은 신인 강선우에게 패했다.) 경선은 같은 조건(신인들끼리나 국회의원들끼리)이라야 공정한 것이다. 나중에 따로 설명하겠다.

두 번째, 구태 청산이다. 이번 공천은 그동안 관행화되다시피 한 계파별 나눠먹기를 철저히 배제했다. 사실은 아니지만 오히려 황 대표의 사람이 거의 공천에서 탈락했다는 보도가 있을 정도였다. 이것이 황 대표 측을 자극했다는 말이 돌았다. 통합의 정신을 살려 새보수당과 시민사회단체, 안철수 당의 사람까지 골고루 공천함으로써 외연을 확장시키려 했다. 결국 총선의 승부처는 수도권이고 수도권의 승리는 중도 외연의 확장 없이는 불가능하기 때문이다. 심지어 영남권에 대한 무자비한(?) 물갈이 폭도 수도권의 민심을 움직이기 위한 전제라는 데 공관위원 모두가 동의했다.

한편으론 지명도 높고 당선 가능성이 있는 후보라도 당선무효형에 해당하는 재판 중이거나(정치 탄압으로 보이는 것은 제외) 비리 혐의가 있거나 '막말 파동' 등 사회적 물의를 일으킨 경우는 배제했다.* 본인의 당선 유무를 떠나 당과 선거판 전체에 나쁜 영향을 미친다는 판단 때문이었다. 이 때문에 지역 내 지지자들의 반발·비난도 거세게 받았다. 그러나 뼈를 깎는 모습을 스스로 보이지 않고서 어찌 떳떳하게 표를 달라고 하겠는가. '보수=부도덕'이라는 딱지를 이번만큼은 떼고 싶었다.

그러나 공든 탑이 순식간에 날아갔다. 일부 지역의 공천 반발에 편승했을까. 공천 막판에 최고위원회의에서 모두 6명의 공천자를 무효화시켰다. 법적 근거도 약하지만 무엇보다 지난 20대 공천에서의 옥새 파동의 악몽이 떠올랐다. 보이지 않는 검은 그림자가 공천의 도덕성과 정당성을 덮어버렸다. 그동안 공천에 불만 있었던 사람들에게는 불에

---

* 총선을 앞두고 개정된 당규에는 이 부분을 보다 명확히 규정했다. 공관위는 이 규정을 엄정히 집행하고자 했다. 「부록」(271쪽) 편에 있는 당규 14조를 참고 바람. 한편 성한용 선임기자는 2020년 3월 8일자 〈한겨레〉에 「미래통합당 공천학살 숨은 코드는 '막말 정치인 퇴출'」이라는 장문의 기사를 실은 바 있다. 의표를 찌른 분석 기사로 생각된다.

기름을 부은 셈이었다. 모든 공천이 잘못됐는데 몇 군데만 바로잡았다는 인식을 심기에 딱 좋았다. 중도 외연은 여지없이 날아가고 아직 정신 못 차렸다는 비난만 남았다. 어떤 언론은 오히려 당 대표의 결단을 추켜세웠다. 관점의 차이가 극명히 갈렸다. 비례정당인 미래한국당에서의 공천파동도 날벼락이었다. 경기 종료 직전 자책골의 연속이었다. 격차를 좁히지 못했던 지지율은 현격히 떨어졌고, 그 이후 한 번도 회복되지 않았다.*

세 번째는 청년 여성과 신인의 문제다. 무엇보다 공관위 출범 때부터 강조해왔던 분야다. 나름대로 애쓴 결과, 청년 여성에 대한 약진이 두드러졌다. 청년은 25명, 여성은 24명으로서 지난 20대의 청년 16명, 여성 13명보다 양적으로 대폭 늘었다. 구조적으로는 퓨처메이커라는 제도를 도입, 지속적인 미래 인재 키우기에 대한 토대를 구축했다. 또한 신인에게는 기존의 가산점 제도보다 훨씬 강력한 기본점수제를 도입, 기득권의 장벽을 낮추고자 했다. 그러나 총선 패배 이후 이런 노력과 과정은 다 무시되고 평가 절하되었다. 그래도 공천의 혁신성만큼은 있는 그대로 평가해줄 날이 언젠가는 있을 것으로 막연히 기대해본다. 이 부분은 다음 장에서 조금 더 설명하겠다.

---

* 지지율 여론조사는 「부록」(256쪽)을 참고.

빛바랜 통합,
뒤늦은 깨우침

공천 과정에서 가장 역점을 둔 것은 통합이었다. 한편에서 공천이 진행되었고 또 한편에서는 통합이 추진되었다. 막바지에는 안철수 당의 비례대표 의원들까지 입당했다. 나는 보람을 느끼며 내심 쾌재를 불렀다. 이제 서광이 보이면서 해볼 만하다고 자신감이 붙었다. 그러나 덕분에 일은 더 바빠졌다. 코로나로 어수선한 데다가 공천 과정을 몇 차례 되풀이하는 수고로움을 감수해야 했다.* 유승민계(바른미래당), 안

---

* 공천 신청자는 3차에 걸쳐 공모했다. 1차는 2020년 1월 30일부터 2월 5일까지 647명이 응모했다. 당의 통합으로 2차 공모(2. 14~18)를 하여 다시 166명이 추가 응모함으로 이미 면접이 완료된 일부 지역에 대해 재논의를 하지 않을 수 없었다. 공천 심사 과정에서 당의 통합으로 재공모·재심사하기는 이번이 처음일 것이다. 이것도 부족하여 3차 추가 공모(2. 28~29)하여 모두 892명이 응모했다. 중복자·개별 면접자를 뺀 숫자이다. 숫자도 많았지만 공관위는 한 달 이상을 공천자 면접에 집중해야 했다. 기간 중 발생한 코로나 사태로 대구·경북 지역은 1:1 화상 면접을 실시했다. 여러모로 공관위원들의 육체적·정신적 피로도가 높을 수밖에 없었다.

철수계(국민의당)는 물론 박형준 위원장 중심의 통추, 이언주 의원이 이끄는 전진당 인사들과 태극기 쪽 사람들도 영입됐다. 순수한 무당파·무소속 인재들도 적지 않다. 어디까지나 기존의 자유한국당 인사들이 주축이고 중심인 것은 분명했다. 역대 총선에서 보기 힘든 보수통합을 한 것이다. 그러나 여기서 그쳤다. 내심 중도성향 국민과 무당파 유권자들이 야당의 통합 노력을 보고 적극 지지하리라 기대했는데 미미한 수준이었다. 이럴 줄 알았으면 자유한국당 단일 계열로 총선을 치렀다면 공관위가 욕은 덜 먹지 않았을까 하는 생각이 들 정도였다. 몇 가지 전략적 미스를 범했다.

첫째, '보수 분열'이 대선(2017년) 패배의 원인이었던 만큼 이번에 뭉치면 이긴다는 것만 생각했다. 황 대표와 유승민 대표 간에 뜨거운 포옹은 없었다. 통합이긴 한데 감동이 없었다. 물리적·외형적인 통합은 됐어도 화학적·심리적 통합은 안 된 것이다. 이것이 표로 연결되지 못했다. 공관위는 물론 당 조직에서도 홍보 전략과 기능이 약했다. 둘째, 통합의 상징성이 결여됐다. 2017년 대선과는 달리 보수 통합은 이뤄졌지만 통합됐다는 인식을 심어주지 못했다. 안철수가 참여하지 않음으로써 통합의 시너지는 원상회복에 그치고 말았다. 이 점에 대해서는 아직도 미련이 남는다. 안철수는 지난 대선에서 700만 표(21.4%)를 획득한 지도자급 인물이다. 그가 통합에 참여했더라면 선거 구도가 달라졌을 것이다. 유승민 카드도 아쉬움이 크다. 서울 출마를 하거나 유세 현장에서 적극적으로 활용했어야 했는데 개인적 차원의 지원활동에 그쳤다. 유·안 두 사람은 물론 당 선대위도 이런 생각을 깊이 하지 않았을 것이다. 나도 적극적으로 나서지 못했다. 당시는 다들 각자의 위치에서 최선을 다한다고 생각했을 것이다. 지나고 나니 잘못된 그림이 뚜렷이 보인다.

하나 더 지적하자면 결국 우리 내부의 공감대 부족이다. 받아들일 준비가 안 돼 있는데 밀어붙인 격이었다. 보수의 지평을 넓히고 외연을 확장하지 않으면 막강 여당을 결코 이길 수 없다는 비장함과 포용력을 함께 갖추었어야 했다. 그래야 외부 인사를 받아들이고, 흔쾌한 양보도 가능한 법이다. 대통령 탄핵 이후 외롭고 힘든 길을 걸어온 당원들에게 절차와 과정이 정당하고 적법했으니 납득하고 동행하자는 건 무리였다. 탈락자들의 당연한(?) 반발에 효과적으로 대처하거나 무마할 준비가 부족했다. 승리에 대한 확신과 사명감을 심어주었다면 '낙하산 인사'가 아니라 중증 환자를 살릴 '새로운 피'로 환영받았을 텐데 그런 시스템이 작동하지 않았다. 선거라는 고난도의 복잡계複雜系일수록 마음을 사기 위해 공감대를 쌓아야 하는데 이 점을 놓친 것이다.

이로써 우리는 역대 어느 선거보다도 가장 대규모의 통합을 이루고도 가장 미미한 효과와 초라한 결과를 낳았다.

인재 영입과
청년벨트

인재는 야당 참여를 꺼린다

다음은 인재 영입에 관련한 얘기다. 공천 작업은 크게 두 가지로 요약된다. 하나는 물갈이 작업이고 또 하나는 새 물 채우기다. 훌륭한 인재를 새롭게 영입해 그 자리에 앉히는 것이다. 이 두 가지를 아울러서 인적쇄신이라고 한다. 그러나 이번 공천은 물갈이는 잘했으나 인물 영입에는 실패했다고 평가한다. 맞는 말이기도 하고 틀린 말이기도 하다. 공관위 본연의 업무는 공천 신청자들을 심사하여 적격자에게 공천을 주는 일이다. 사실상 인재 영입은 당의 공식 기구가 별도로 활동하고 있다. 미래가 불투명한 야당에 쉽게 오려는 사람은 많지 않다. 인재영입위원장도 수차례 바뀐 끝에 염동렬 의원이 여러 가지 제약이 있음에도 마지막까지 수고를 다했다. 그러나 여기에서 영입하는 인물은 대개 비례대표를 원하는 경우가 대다수다. 지역구 출마자는 거의 없다. 이번에는 그나마 당이 지역과 비례로 분리되어 소통조차 어렵게 되었다.

솔직히 단시간에, 그것도 지역구에 출마하는 인재를 찾기란 하늘의 별 따기다. 이유는 두 가지다. 하나는 정치권 전체에 대한 불신 때문이고 또 하나는 야당이기에 꺼린다. 당선 가능성이 떨어지고 개인적 불이익에 대한 우려도 한몫을 한다. 더구나 요즘처럼 기울어진 운동장에서는 웬만하면 손사래를 치기 일쑤다. 그나마 비례대표는 환영하지만 지역구는 사절이다. 특히 수도권은 더욱 그렇다. 특히 '경제를 망친 정권'이란 콘셉트로 경제·기업인 영입에 힘을 기울였지만 이렇다 할 성과를 내지 못했다.

지명도와 능력을 갖춘 전직 고위 관료, 저명한 학자, CEO 등등이 모두 사양했다. "나는 임차인입니다"란 5분 발언으로 단숨에 야당상과 국회상을 바꾼 윤희숙 의원도 한 달여의 끈질긴 접촉 끝에 본인의 결심을 얻어냈다. 이인실 공관위원과 나성린 전 의원 등 여러 사람의 수고가 많았다. 외교안보 분야도 마찬가지로 성공하지 못했다. 보건의료 분야와 사상이념 분야에서도 이름만 들먹여도 알 만한 사람들을 접촉했으나 그들도 끝내 사양했다. 오직 법조인들만 차고 넘쳤다. 인재의 풀을 넓히고 다양화하기란 단기간에 극복하기 어려운 과제다. 사람을 키우지 않은 대가임에 틀림없다. 나를 비롯한 공관위원들은 자투리 시간을 내어 인물 찾기에 나섰다. 새 인물 발굴·영입이 오롯이 공관위 몫이 된 것도 뭔가 제도적으로 문제가 있는 것이다. 결국 수도권에 새로운 간판스타를 내지 못했다. 물론 태영호를 비롯 김웅, 송한섭, 김태우, 김은혜 등 젊고 참신한 카드가 대거 등장했으나 태영호 외에는 언론에 크게 주목받지 못했다. 좋은 후보들인데도 그나마 언론의 주목을 왜 받지 못했는지 따져봐야 한다. 공관위와 선대위 활동이 달라져야 하는 이유다.

청년 신인 등용은 당이 꺼린다

꼰대 정당의 이미지를 벗기 위해 청년 여성 등 참신한 정치 신인들의 발굴에 힘을 쏟았다. 공천의 방향과 원칙은 앞에서 설명한 바 있다. 여기서는 청년 여성을 장기적으로 키우기 위한 참고용으로 이번 공관위 활동을 간략 소개하고자 한다. 수도권 신도시의 30대 젊은 유권자가 밀집한 지역을 겨냥해 청년 신인들만 공천을 주는 청년벨트를 구성하고, 이들을 '퓨처메이커'로 부르기로 했다. 국민들 속으로 들어가서 미래를 함께 일구어가자는 취지였다. 우리의 취약지이기도 하지만 반드시 개척해야 될 뉴 프런티어다. 만약 이번에 실패하더라도 4년간 계속 지역구를 관리함으로써 다음을 기약하겠다는 약속까지 받기로 했다. 이름이 덜 알려진 정치 신인인 만큼 청년벨트의 후보들이 합동유세 같은 공동 이벤트를 연출하면 유권자의 호감도가 높아지고 당에 대한 지지도도 상승하리라 기대했다. 시나리오도 짜고 유니폼도 준비하고 유튜브용 스튜디오도 물색해두었다. 그러나 이것 역시 하지 못했다. 표면적 이유는 비용 문제였다. 새로운 방식으로 알릴 수 있는 기회를 스스로 포기했는데 어떻게 당선되겠는가.

선거 후 일부 언론으로부터 아까운 청년들을 연고도 없는 사지·험지로 보내 '버리는 카드'로 썼다는 혹평까지 들어야 했다. '보수 꼰대'의 냄새가 나는 발언이지만 이건 팩트가 아니다. 그 지역 공천 탈락자들의 울분을 여과 없이 반영한 것이다. 배현진(송파 을, 37세), 송한섭(양천 을, 40세) 등은 사지도 험지도 아닌 곳으로 갔고 이준석, 김재섭, 김병민, 박진호 등은 본인이 신청한 지역 그대로 공천됐다. 서울 인근의 젊은 층 인구 비중이 높은 신도시 지역을 유권자와 같은 세대의 후보들이 지역에서 함께 호흡하며 성장할 수 있도록 기회를 과감히 부여한 것이다. 그러나 당은 다르게 생각했다. 공천 막판 최고위는 청년벨트 일부를 무효화시키고 기존 정치인을 내세웠으나 역시 낙선했다. 투표일 20여 일을 앞둔 선수 교체로 좋은 성과를 어찌 기대할 수 있겠나. 최근에 가장 획기적인 청년과 신인에 대한 프로그램도 결국 당내 공감대 부족으로 실패했다.

선거 결과를 놓고 분석해보자. 청년벨트로 묶어 퓨처메이커를 투입한 지역은 서울 3, 경기 7곳이다. 본래 12개 지역이었는데 경기 두 곳이 해체되어 총 열 군데가 되었다. 서울 광진 갑, 도봉 갑, 노원 병의 청년 3인방은 평균 득표율이 41.8%로 서울 우리 후보들이 받은 전체 평균 득표율과 불과 0.1% 차이(41.9% : 41.8%)밖에 안 난다. 경기도의 경우, 7곳 중 분당 을의 김민수 후보가 45.1%를 받아 민주당 당선자와 2.8% 차이로 선전한 것을 제외하면 모두 40% 이하 득표로 당선자들과 차이가 크다. 준비 기간도 짧았고 여러 제약이 있었을 것이다. 그런데 청년벨트를 허물고 기존 정치인으로 후보를 바꾼 곳도 30%대 득표로 낙선했다. 청년벨트에서 퓨처메이커들이 받은 득표율과 차이가 없다. 진작 공천을 주었으면 성적이 좋았을 거라며 청년벨트를 허물고 비난한 이유가 궁색해졌다. 무엇보다 당의 본색이 드러난 것이다. 전체 청년들에게 좋지 않은 영향을 미친 것이다. 소탐대실小貪大失, 잃어도 어떤 가치가 있느냐가 문제다. 미래를 잃고 무엇을 얻겠다는 것인가. 공천 책임을 맡았던 사람으로서 이래저래 마음이 아프다. 관련 도표를 「부록」(259쪽) 편에 수록한다.

돌려막기 공천,
사천이라는
오해

돌려막기 공천

이제부터 공천과 관련한 논란에 들어가 보자. 김형오 공천 하면 두 가지로 낙인을 찍는다. 하나는 돌려막기 공천이고 또 하나는 사천논란이다. 총선 패배의 결정적 원인이라고 비난하는 사람도 있다. 아마 돌려막기 공천이라는 용어에 대한 오해에서 비롯된 듯하다. 돌려막기 공천이라는 말 속에는 계파별 나눠먹기라는 부정적 유산이 들어 있다. 종전의 공천 관행에서 특정 지역에 어떤 사람이 공천되면 그곳에 지원했던 유력 계파의 후보자를 다른 선거구로 돌려 구제하는 변칙적인 방법을 썼다. 이번에는 원천적으로 계파별 나눠먹기가 불가능했고 실제 이런 경우는 한 건도 없었다.

공관위원의 선임을 내가 직접 했기 때문이다. 이들은 어떤 계보나 정파와도 전혀 관련 없을 뿐 아니라, 이번 선거에 출마하지 않는다는 확인을 하고 위촉했다. 심판 보던 사람이 선수로 뛰겠다고 자리를 바꾼 경우가 과거엔 있었기 때문이다. 따라서 이번 공천에서 돌려막기 공천은 계파적 차원이 아니라 인물의 전략적 재배치라고 할 수 있다. 인물난을 겪고 있는 야당으로서 불가피한 현실적 대안이다. 선거구를 옮겨 여권 유력자와 맞붙게 하는 고육지계이자 바람 전략이다. 야당의 무기는 입과 바람이고 바람이 셀수록 승리가 확실하기 때문이다.

이를 위한 첫 번째 카드는 당의 대표급 인물의 차출이었다. 서울 수도권은 우리의 취약지이자 총선 승리를 결정짓는 최대 승부처다. 그러나 인적 자원이 절대 부족이었다. 결국 황교안 대표가 종로 출마를 선언하고 오세훈, 나경원 등이 나섰지만 여전히 간판스타는 빈약했다. 유승민은 불출마를 선언했고 홍준표 전 대표는 끝까지 수도권 출마를 거부했다. 전장戰場을 누비며 이끌 장수가 드문데 어찌 힘든 싸움에서 이기길 바라겠는가.

두 번째 카드는 광역단체장급 인물의 차출이었다. 우리는 그들에게 헌신과 봉사를 요구했다. 이른바 꽃길을 찾아다니지 말고 적장과 용감하게 싸울 것을 권유했다. 결국 유정복(인천), 서병수(부산), 정우택(충북), 주호영(대구) 등이 전략지역에 투입되었고 울산은 전직 광역 시장끼리 경선이라는 비상 처방을 썼다. 그 결과 영남권에서는 이겼으나 수도권과 중부권에서는 실패했다. 돌려막기에 예외적 경우도 있었다. 강남 선거구를 비워주는 대신, 경선 혹은 험지 출마로 구제받은 경우다.

어떤 '사천'을 했는가

소위 판갈이 공천이 영남권을 향해 치달을 때 한 인터넷 언론에서 사천논란이 터져 나왔다. 생각지도 못한 발목잡기였다. 그동안 계파 공천, 살생부, 나눠먹기, 컷오프 명단 유출 등 공천과 관련한 사고나 부작용은 일절 없었다. 특종을 노리던 언론도 체념하고 낙종 없는 브리핑 환경에 적응해가고 있었다. 그런데 '사천', 심지어는 '막천'이라는 복병이 나타났다. 공관위의 노력이 한순간에 물거품이 되어버렸다. 오얏나무 밑에서 갓끈을 고쳐 매지 말라는 속담을 새기며 나름대로 조심했지만 본의 아니게 이런 논란에 휘말린 것은 모두 내 불찰이다.

다만 이참에 확실히 짚고 가야 오해가 풀릴 것 같다. 사천논란의 대상은 3명으로 압축된다. 그 외는 일체 없다. 언론보도가 그렇다. 그런데도 어느 때보다 사천논란이 커진 것은 현역의원의 탈락률이 높았고, 기존 당협위원장의 탈락도 많아서 낙심과 불만이 팽배한 결과로 보인다. 낙천한 홍준표 측이 사천 막천이라며 감정적으로 공격, 논란을 증폭시킨 영향도 없지 않을 것이다. 또 사천논란에 적극적인 대응도 해명도 하지 않은 것이 지목된 당사자들로 하여금 곤욕을 치르게 했고 선거판도 과열되게 하지 않았나 생각된다.

　사천논란에 대한 세 사람은 인천 배준영, 부산 영도의 황보승희, 강남 을의 최홍이다. 먼저 배준영은 내가 의장 시절 국회 부대변인을 했다. 10여 년 전 일이다. 그것이 전부다. 4년 전에 이미 공천을 받아 그 지역에 출마했으나 근소한 표차로 낙선했다. 이번 공천 신청 때 경합이 없지는 않았으나 공관위원 모두가 배준영을 단수 후보로 추천했다. 인물 경쟁력과 당선 가능성 모두 앞섰다. 결과적으로 사천논란에 휩싸인 가운데서도 인천에서 유일하게 당선되었다. 두 번째 인물은 황보승희다. 영도에서 나고 자란 토박이다. 대학 시절 잠시 내 사무실에서 인턴 비서를 했고 구의원으로 출마해 의정활동을 시작했다. 세 차례 구의원을 마치고 광역의원 두 번을 거쳐 2년 전엔 구청장 후보로 나섰으나 실패했다. 정치활동은 나와의 인연으로 시작했으나 두 번째 시의원과 구청장 후보는 김무성 의원 때 공천받았다. 이언주와 곽규택 간의 치열한 싸움으로 후보를 재배치하는 과정에서 경선의 기회를 잡게 되었다. 황보는 '김형오 수양딸'로 몰려 선거기간 내내 고전했지만 극적으로 당선됐다.

　세 번째 인물은 최홍이다. 어쩌면 사천논란에 불을 지핀 핵심적 인물이다. 영도 출신이라 악의적 소문에 휘말린 것 같다. 솔직히 그럴수록 본인에게 미안하고 마음 아프다. 그는 입지전적 인물이다. 흥남부두 철수선에 몸 실은 월남 가족의 후손이자 부모 없이 외할머니 밑에서 자란 달동네 소년으로 서울대를 나와 미국 컬럼비아대학에서 박사를 하고 유수 투자회사 CEO를 오랫동안 지냈다. 4년 전 영도에서 김무성 당시 대표를 상대로 경선에서 떨어진 이후 다시는 정치를 하지 않겠다고 공언했다. 이번에도 한 달 이상 힘들게 설득 작업을 해서 겨우 공천 신청을 했다. 경제 각료나 기업인의 스카우트가 어려운 가운데 건진 소중한 인물이라 판단했다. 과정과 심사도 공정하고 적법했다. 준수한 용모와 반듯한 언행으로 예상대로 지역(강남 을)에서 단숨에 화젯거리가 됐다.

서울 강남 을은 민주당 현역의원이 재선을 노리는 지역이라 이만한 인물이 아니면 탈환이 어렵겠다는 판단이 섰다. 그러나 CEO 재직 중의 사소한 사건을 꼬투리 잡았고 내친김에 '김형오 양아들'로 몰아붙였다. 최고위의 재의 요구에 공관위는 재의결하였으나 최고위는 '무효화'라는 초법적 조치로 낙마시켰다. 검찰 조사 한 번 받지 않은 사람을 '중대한 하자'가 있다고 몰아낸다면 이 땅에 살아남을 정치인이 몇이나 될까. 후임 후보가 된 박진 의원은 최홍으로부터 사무실을 비롯하여 모든 것을 깨끗이 인계받았다며 그의 품성을 높이 평가했다. 안 하겠다는 사람을 억지로 불러내 타격만 입힌 셈이다. 나 또한 그를 공천함으로써 자기 사람을 심기 위해 사감에 의해 공천하는 사람이 돼버려 정치적으로 큰 데미지를 입었다. 공관위 활동 전체에 먹물을 끼얹은 사건으로 매도돼 공관위원들에게도 미안한 마음이다.

혹자는 최홍 공천만 없었더라도 공관위가 괜찮은 평가를 받았을 것이라 했다. 세상 눈치 없는 사람으로 비칠지 모르겠지만 그때도 지금도 이 말만은 정말 동의하기 싫다. 오해를 받더라도 인격과 명예가 걸린 부분이기에 일부러 언급한다. 결국 그렇게 시끄러웠던 사천논란은 세 사람 중 두 사람만이 출마하여 모두 당선됐다. 이들은 선거기간 내내 엄청난 음해에 시달렸음에도 당선될 만큼 자질과 저력이 역으로 입증되었다.

집에 찾아오면 공천 탈락한다

이참에 한 가지 밝힐 것이 있다. 고심 끝에 공관위원장을 수락한 내면에는 우리의 공천 문화를 바꿔야 한다는 오래된 문제의식도 작용했다. 공천 때만 되면 계보 내지 계파별 나눠먹기 공천, 금전이나 이권 또는 친소관계에 의한 정실情實 인사 공천으로 시끄러웠다. 그래서 공천 작업을 맡은 공관위(과거의 공심위)는 잡음과 불협화음이 끊이지 않았다. 합리적 객관적 작업이 진행되기 어려웠다. 이번에는 이 세 가지가 다 정리되거나 해소되었다고 말하면 믿기지 않겠지만 거의 사실이다. 이번 공천 작업과 관련하여 당내 모든 계보와 실세들로부터 미움을 받을 정도로 누구에게도 휘둘리지 않고 공천을 했다는 것이 그 방증이다. 또한 이처럼 엄청난(?) 물갈이를 했는데도 공천 헌금, 사전 내락설 같은 비리나 비위가 일체 없었다. 나를 매몰차게 공격하는 사람조차 이 문제는 입도 뻥긋 안 할 정도로 우리는 스스로의 옷깃을 단단히 여몄다. 어떤 공천이 잘한 공천이냐의 문제는 별도로 다루기로 하고, 적어도 공천 문화가 바뀌어야 한다는 나의 오랜 숙원은 어느 정도 해결했다고 본다.

공관위원장으로 취임하자마자 내 집을 찾아오겠다는 사람이 갑자기 많아졌다. 공천 때만 되면 유력자의 집을 찾는 후보군들이 줄을 잇는다는 말이 거짓이 아님이 드러났다. 단연코 거절했지만 몇몇은 끈질겼다. 일절 만나지도 않고 문도 안 열어줬지만 특단의 대책이 없는 한 점점 더 늘어날 추세였다.

며칠 후 아예 공개적으로 작심 발언을 했다. "이 시간 이후 내 집을 찾는 사람의 명단을 공개하겠다. 공천에도 분명 불이익을 받을 것이다!" 말에 무게가 있었는지 먹혀들었다. 아파트 앞이 다시 평정을 찾았다. 그러나 공천 막바지에 이르자 또 노크하는 사람들이 생겼다. 마찬가지로 문전 박대했지만 씁쓰레하기는 서로 마찬가지였을 거다. 결국 내 집을 찾은 사람은 한 명도 공천받지 못했다. 당사자들에게는 미안하지만 희생과 결단이 없이 어찌 정치가 앞으로 나아가겠는가. 그분들도 아픔을 딛고 큰 정치인으로 발돋움하기 바란다.

코로나와
당 통합으로
험난했던
공천 일정

역대 공천 중 가장 복잡한 일정을 거치다

이번 공천 일정은 다른 때에 비해 유달리 어려운 과정을 거쳤다. 코로나로 인한 면접 중단과 화상 면접, 통합에 따른 재공모와 재면접, 안철수 당의 지역구 후보자 포기 선언으로 추가 면접, 뒤늦은 선거구 획정으로 인한 후속 절차 등 정치 사회적 이슈로 몇 차례 수난을 겪으며 진행되었다. 이로 인해 공관위원과 실무팀들은 두세 배의 힘든 노동(?)으로 체력 상태가 거의 탈진, 다소 집중력이 떨어진 것도 사실이었다.

내가 공관위원장에 위촉될 즈음, 정국은 폭발 직전의 활화산처럼 끓고 있었다. 여당은 단일 대오였지만 야당은 한 치 앞을 내다보기 어려울 정도로 지반이 흔들렸다. 야당 통합이라는 험난한 정치 일정이 막

시작된 터였다. 따라서 공천 일정도 크게 흔들렸다. 우선 1월 23일, 후보자 추천 신청을 2월 5일까지 마감하는 것으로 공고를 냈다. 공관위원 임명장을 받고 업무를 시작한 첫날이었다. 그러나 1월 초부터 시작한 통합 작업은 좀처럼 속도를 내지 못했다. 투표일을 두 달도 안 남긴 2월 17일이 되어서야 미래통합당이라는 간판을 달 수 있었다. 결국 공천 신청은 3차에 걸친 추가 공모 끝에 2월 마지막 날까지 계속되었다. 선거 한 달 반 전이었다(32쪽의 각주 참고).

면접은 2월 12일 서울 지역부터 시작했는데 거의 3월 초순까지 20여 일간을 매일 열 시간 이상 강행했다. 공관위원과 실무자들은 한 치의 실수가 용납되지 않기 때문에 고강도의 스트레스와 소화장애에 시달렸다. 이러다 보니 공천 면접 이외에 다른 데 신경을 쓸 여유가 없었다. 면접이 끝나면 인터뷰 점수와 여론조사, 평판조사 등을 참고하여 후보자를 압축해야 한다. 역대 원내대표들로부터 받은 의원 평가서도 꺼내 혼자 대조해보기도 했다. 후보자 간 경쟁이 치열하면 여론조사를 더 돌려야 하고, 투서나 탄원서가 들어오면 면밀한 검증도 해야 한다. 신청자들은 공천이 왜 이렇게 늦느냐고 아우성이다. 선거를 해본 사람이면 당연히 이해할 수 있는 일이다. 공천 시기가 되면 선거운동이 더욱 어려워진다. 만나는 유권자마다 공천받아 오라고 등을 떠밀기 때문이다. 그렇다고 소홀하게 속도를 낼 수 없는 것이 또한 공천 아닌가. 신청자 입장에서는 인생이 걸린 문제이고, 당의 입장에서는 공당의 명운

이 걸린 문제다. 국민들에게 인적쇄신을 보여주며 희망과 용기를 고무시키고, 야풍을 일으켜 의석수를 확대해야 한다. 한 걸음 한 걸음이 온통 가시밭길이다. 언론과 여론은 시시각각 촉각을 곤두세우고 공관위의 일거수일투족을 주시한다.

코로나(당시는 우한 폐렴이라고 불렸음)가 처음 공천 현장을 강타한 것은 2월 20일. 하필 이날은 대구 지역 공천 신청자들에 대한 면접이 예정되어 있었다. 전날 대구에서 코로나 확진자의 대량 발생으로 대구시는 거의 공포 분위기였다. 민심이 동요했다. 공천 면접보다 민심 안정과 방역이 최우선이라 생각했다. 나는 20일 새벽 대구 면접을 전격 연기하기로 결정했다. 안 그래도 빠듯한 일정인데 또 늘어지게 되었지만 천재지변을 거스를 수는 없었다. 이후 코로나는 수시로 공천 일정을 지연시켰다. 24일과 25일은 사상 처음으로 국회가 방역을 이유로 폐쇄되었다. 24일로 연기된 대구경북 면접 일정을 다시 3월 2일로 연기하고 비대면 화상 면접을 실시하기로 했다. 화상 면접도 공천 사상 초유의 일이었지만 긴급하게 시스템을 갖추느라 이래저래 고생해서 무난하게 진행되었다.

해당 신청자 한 사람씩 하는 화상 면접이기에 한꺼번에 하는 대면 면접보다 여러 가지로 시간도 많이 걸렸지만 어쩔 수 없었다. 코로나가 이처럼 세계경제와 인류생활에 지대한 영향을 줄지 제대로 인식하지 못했다. 특히 코로나 위기가 정치를 좌우하는 직접적인 변수로 작용하리라 누가 알았겠는가. 다만 코로나 초기에는 여론이 여당에 불리하게 돌아갔다. 여당 지지율이 40%대에서 34%까지 급락했다고 발표했다(2월 1일 갤럽 여론조사). 이는 코로나가 야당에 유리할 것이라는 세간의 시각을 확인해준 것이다. 그러나 결과적으로 코로나는 우리에게 역풍으로 작용했다. 민심은 바람과 같은 것, 언제 어디로 불지 좀 더 세밀하게 관찰했어야 했다.

호재든 악재든 뒤치다꺼리는 공관위 몫

통합이 진행되면서 공관위를 자극하는 이슈들이 있었지만 우리는 크게 개의치 않고 오직 공천 작업에만 매진했다. 다만 중도 외연의 확장이라는 측면에서 안철수와의 통합은 선택이 아니라 필수였지만 이루어지지 않아 못내 아쉽다. 공천 막바지에 안철수 국민의당 대표는 253개 지역구 전체에서 후보자를 내지 않겠다는 입장을 밝혀왔다. 이로 인해 안철수 당의 현역 비례대표들이 대거 입당하여, 지역구 출마를 타진하였다. 안철수 쪽의 결단을 재촉했던 사람이기에 다시 바빠졌다. 경쟁력 있다고 판단되는 몇 군데는 단수추천하였지만 또 몇 군데는 경선의 기회라도 주려고 했다. 몇몇은 지역적 기반이 약한데도 경선을 통과하는 저력을 보여주었다.

　그러나 총선 결과를 보면 각자도생의 한계를 극복하지 못한 것으로 나타났다. 안철수 없는 안철수계의 합류는 통합의 시너지를 거의 내지 못했다. 그에게 권하고 싶은 특별 출마 지역이 있었는데 만나지 못해 무산됐다. 선거 후 모처럼 만나 허심탄회한 얘기를 나눴다. 상징성과 지역성이 밀착되어야 한다는 점을 공감했다.

마지막 관문은 선거구 획정이었다. 이런저런 말들이 나오다가 전격적으로 3월 7일 국회에서 확정되었다. 후보 등록 20일 전이다. 의석수 변동이 가장 적은 안을 택했지만 강원과 경북의 선거구 각각 네 곳은 지도가 완전히 바뀌었다. 지방의 경우 지역구의 변동은 상당히 민감한 문제다. 대개 두 군데에서 네 군데 시군을 아우르는 복합선거구라 소지역주의가 작용하기 때문에 인구가 상대적으로 많은 곳이 유리하다. 선거구 획정에 따라 후보 간 희비가 엇갈리는 이유다. 몇 년 동안 지역구 활동을 열심히 하다가 선거구가 바뀌는 바람에 출마를 포기하는 사람도 적지 않다.

그런데 후보 등록일을 겨우 20일 앞둔 시점에서 선거구가 완전히 달라진다면 지역 유권자와 후보자는 얼마나 황당하겠는가. 선거일 1년 전에 선거구를 획정해야 한다는 법률 조항이 사문화死文化된 지가 오래지만 이건 정말 아니다. 공관위로서도 다시 후보 조정이 필요하고 추가 공모도 불가피해졌다. 미세 조정 내지 부분적 변경이 있는 경우는 그나마 다행이다. 9곳은 확정 발표된 후보를 우선추천으로 형식만 바꿔 계속 뛰도록 했다. 그러나 대의 민주주의를 위한 주권 행사를 이렇게 번갯불에 콩 구워 먹듯 강행해도 될까. 이런 지난한 공천 과정은 앞으로는 여유 있게 했으면 좋겠다. 선거를 목전에 두고 이리도 굿판 벌이듯 해야 할까. 정치인(국회의원)이 존경받지 못하고 정치가 불신의 대상이 되는 이유다. 깊이 성찰해야 할 문제라 본다.

이참에 여론조사에 대해서도 잠깐 언급하고자 한다. 여론조사의 방법은 거의 전화 면접이다. 문제는 휴대폰 시대가 되면서 가입자의 지역구를 알 수 없게 된 것이다. 표본 샘플링을 하려면 통신사의 협조가 필요하지만 가입자의 개인정보와 충돌된다. 그래서 통신사는 개인정보를 암호화시켜 제공해주는데 다소의 시간과 비용이 수반된다. 보통 열흘 전에 신청해서 암호화된 휴대폰 리스트를 받지만 이것도 2, 3일 정도만 유효하다. 한마디로 내가 원하는 지역과 시간에 여론조사를 할 수 없게 되었다. 여론조사의 생명은 타이밍에 있는데 이것이 원천적으로 어렵게 된 것이다.

특히 1~2% 내외로 당락이 갈리는 수도권에서 이런 이유로 경쟁력을 모르는 깜깜이 후보자를 공천한다면 누가 납득할 수 있겠는가. 하루 이틀 만에 이슈와 트렌드가 바뀌는데 열흘 후에 가상번호를 받아 조사하는 데이터를 어떻게 신뢰할 수 있겠는가. 공관위로서는 여론조사를 어느 지역에서 할지 결정하지 못한 상태이기에 웬만한 지역구는 미리 가상번호를 받아놓는다. 물론 통신사에 비용을 먼저 지불해야 한다. 디지털 시대에 선거는 오히려 수공업 시대로 뒷걸음친 꼴이다. 정치권의 지혜가 필요하다고 본다.

물갈이, 판갈이에 대한
거센 저항

"개혁이 혁명보다 어렵다"는 말이 있다. 공관위를 맡으면서 내 임무는 현역의원을 '쳐내는 것'이다. 이 점은 애초 황교안 대표와도 얘기가 된 부분이다. 그는 현역의원 3분의 1 이상은 바꿔야 한다는 당 총선기획단의 결정사항을 반드시 지켜주기를 당부했다. 또 공천 결과에 승복하고 어떠한 이의제기도 않겠다고 의원들이 이미 스스로 결의했다고 한다(2019. 11).* 사랑하는 후배, 동료의 목을 쳐야 하는 악역을 담당하려

---

* 자유한국당 초·재선의원은 2020년 2월 9일 국회에서 열린 최고위원회의에서 황교안 대표에게 당 혁신을 일임하는 이행각서를 전달했다. 내용은 다음과 같다. "자유한국당 재선의원 박덕흠(초선의원 이양수) 외 29인(41인)은 2020년 4월 15일 실시되는 제21대 국회의원 선거 출마자 공천과 관련하여 당 공천관리위원회 및 지도부의 결정을 아무런 조건 없이 수용할 것임을 확약하는 이행각서를 연명부로 작성하고 제출합니다." (※ 이 연명부는 재선의원은 2019년 11월 13일, 초선의원은 11월 모일로 작성되었다.)

니 마음이 무거웠는데 이 말을 듣고 나서야 한결 나아졌다. 나는 평소 인위적 물갈이에 비판적이었다. 그러나 지금은 상황이 달라졌다. '역대 최악의 국회'라는 평가를 듣고서도 야당이 변하고 바뀌지 않는다면 누가 표를 주겠는가. 나는 다시 한 번 자유민주주의를 지키기 위해서 기꺼이 악역을 감당해야겠다고 스스로 재다짐 했다.

공관위원장 취임 초기에는 언론과 여론이 전폭적인 지지를 보냈다. 조용한 가운데 인격을 존중하며 할 일을 하는 것이 내 스타일이라면서 응원과 격려가 잇따랐다. 청년 여성과 신인에 대해 과감하게 문턱을 낮추고, 경남에 있는 홍준표와 김태호 사무실을 직접 방문하고, 불출마를 유도하여 스스로 물러나게 하는 등 그동안의 공관위원장과 다른 활동을 보여준 데 대한 평가였다. 심지어 '김형오 매직'이라거나 '스텔스 공천'이라는 용어로 격찬하기도 했다. 그러나 시간이 지날수록 상황이 반전됐다. "원론 찬성, 각론 반대"의 논리가 쏟아졌다. 대폭 교체라는 전체 방향엔 지지하지만 자기는 예외로 해달라는 것이다. 전형적인 '내로남불'이지만 저항의 강도가 달랐다. 내가 왜 희생양이 되어야 하느냐며 노골적으로 반발했다. 공천이 영남권으로 향하자 반대 기류는 더욱 노골화되었다. 지역 언론까지 가세했다. 컷오프 예상자들은 구제를 받기 위해 모든 필살기를 다 동원했다. 신당 창당설과 음모론을 동원, 공관위를 흔들고 나에 대한 인신공격으로 공천의 정당성과 도덕성을 무너뜨리려 했다. 당초 예상을 했지만 불만과 저항은 생각보다 조직적이고 집요했다. 최고위까지 오불관언^{吾不關焉}의 자세에서 점차 공관위 비판 쪽으로 기울었다. 한 사람을 공천하면 낙천한 경쟁자 서너 명은 공관위를 사정없이 비판하게 된다. 매를 맞는 것이 공관위의 운명이다.

최고위원이면서 지역 관리를 잘한 김광림 의원은 용퇴 선언으로 공관위 업무에 힘을 실어주었다. 그에게는 두고두고 고마움을 느낀다. 그러나 낙천자가 속출하자 최고위 분위기는 점차 그들에게 동조하는 방향으로 변해갔다. 과감한 현역 교체 비율은 이미 당의 총선기획단이 정한 것이고 대표도 약속한 마지노선이었지만 시간이 지날수록 불편해진 것이다. 이 원칙을 고수한 공관위는 점점 외로워지고 고립화되었다. 모질게 마음먹고 국민 눈높이에 맞춰야겠다는 일념만큼 정신적·육체적 피로도도 쌓여만 갔다. 아무리 옳은 방향이라도 비판 세력이 많아지면 해내기 힘든 것이다. 해당자가 정치적 사형선고라 생각한다면 저항은 드셀 수밖에 없다. 더구나 확고한 지원 세력도 기구도 없는 상황 아닌가. 아테네에서 솔론의 개혁이나 북송 왕안석의 신법개혁도 불만 세력이 많아지면 버틸 재간이 없는데 나는 솔론도 왕안석도 아니지 않는가. 그래서 역사적으로 개혁은 그 자체에 비극을 내포하고 있는 것이 아닐까.

영남권 물갈이 폭은 50~60%로서 사상 최대였지만 수도권의 표심에 반영되지 못한 것이 못내 아쉽다. 지역 언론의 강한 반발을 무릅쓰고 밀고 나간 결과치고 너무 초라한 성적표다. 지역 언론은 영남의 물갈이 폭이 다른 지역보다 큰 것에 대해 강하게 불만을 표시해왔다. 여기서 그 까닭을 간략히 밝히고자 한다. 당 총선기획단이 영남권 현역 의원의 대폭 물갈이를 주문했다고 이미 언급했다. 왜 영남권의 물갈이 폭은 다른 곳보다 커야 하는가. 영남은 언제나 당에 협조적이고 헌신적인데 왜 한없는 희생만을 요구하는가. 나는 그 이유를 '노블레스 오블리주'라고 생각한다.

보수당과 영남은 서로 의지한 채 성장해왔다. 소위 영남은 보수 우파의 옴팔로스 같은 곳이다. 한국 정치를 이끌어왔다는 자부심을 가지고 있다. 최근에도 김영삼, 이명박, 박근혜 대통령을 탄생시켰다. 이런 자부심으로 미래정치를 이끌고 가려면 희생이 필요하다. 먼저 수범해야 진정성이 통하기 때문이다. 국민은 그 모습을 보고 싶어 한다. 큰 물결 앞에서 잔물결이 사라지듯 대의大義 앞에서 소리小利는 맥을 못 춘다. 자민련의 생존 사이클이 시사하는 바는 무엇인가. 작은 정치의 미래는 위축과 파멸이다. 결국 수도권의 승리를 위해 가혹한 물갈이가 불가피했다. 그나마 다행인 것은 영남권 전체에서 20대 총선에서는 48석을 얻었는데 이번(21대)에는 8석이 늘어난 56석을 확보한 점이다. 정치인보다 국민이 정치를 더 잘 알고 있는 것 같다.

이제 와 생각하면
아쉬운 것들

당(지도부)과 소통 단절이 불씨를 키우다

시간은 후회를 남긴다고 했다. 정말 그렇다. 나는 정무 분야에서만 공무원 생활까지 포함하면 30년을 현역으로 보낸 셈이다. 은퇴한 지가 10년이 다 되었고 명색이 베스트셀러 작가인데도 여전히 정치인으로 취급된다. 당에서 기조위원장, 부총장, 사무총장, 인재영입위원장 등을 했고 국회에서는 특위위원장, 상임위원장, 원내대표를 거쳐 마지막으로 국회의장까지 마쳤다면 막말로 해볼 것은 다 해봤다. 그런데 이번 공관위원장만큼 후회와 회한이 남았던 적은 없다. 더구나 나의 이력을 아는 사람이면 다 알지만 나는 어디에도 줄 서지 않고 줄 세우지 않은 소위 무계파 정치인에 속한다. 성격 탓도 있지만 신념이기도 했다. 덕분에 한 번도 속 시원하게 공천을 받은 적이 없다. 지금과는 달리 지역을 가리지 않고 발표할 때였다. 1차 공천 발표 때는 당연히 포함 안 되고 3차나 마지막 턱걸이로 공천장을 쥐었다. 4선 도전 때는 당내 경선을 어렵게 거치기도 했다. 그때보다 기술적으로는 엄청 발전했지만 여전히 경선은 문제가 많고 후유증이 심각하다는 점도 잘 안다. 무엇보다 공천의 어려움과 고통을 절실하게 겪어본 사람이기에 이번만큼은 투명하고 공정하게 또 객관적 시각으로 잘할 수 있을 것으로 내심 생각했다. 그러나 그게 아니었다.

그런 나조차도 공천 과정에서 아쉬운 점이 한둘이 아니다. 능력이 부족한 까닭도 있지만 원칙을 고집한 내 성격 탓도 있을 것이고 공천 자체가 지닌 구조적 문제와 폭발력 때문일 수도 있다. 다음 공천에 조금이라도 참고하라는 뜻에서 일단 생각나는 대로 기록해둔다.

가장 아쉬웠던 점은 당과의 소통과 공감대가 부족했다는 점이다. 이것은 공관위가 공천에 관한 전권을 행사하는 것과 별개의 문제다. 오히려 전권을 가질수록 당(최고위)과 일정 수준 이상의 공감대를 가졌어야 했다. 공관위가 역할을 잘할수록 당이 잘되고 대표를 비롯한 지도부가 칭송받을 것 아닌가. 계파를 초월한 공관위가 사실상 처음인데 당 지도부의 지지가 시간이 흐를수록 흐려져 갔다. 내가 정치적 후각이 무뎠기 때문이다. "이때까지의 당 리더십과는 완전히 다른 모습이다", "며칠 만에 사실상 당을 접수했다"는 등의 보도가 날 때 좀 더 고

개를 숙였어야 했다. 나름대로 당과 공동운명체임을 강조하고 겸손 모드를 취했는데도 받아들이는 쪽에서는 그렇지 않았던 모양이다. 신뢰의 벽이 서서히 무너지게 되었다. 나를 비롯한 공관위 전원이 이 한시적 작업이 끝나면 모두 본직으로 돌아간다는 생각뿐이어서 크게 신경을 쓰지 않았던 점도 너무 아마추어적이었다.

이를 위해서는 당과의 가교 시스템을 구축했어야 했다. 처음엔 사무총장이 그 역할을 충실히 했다. 그러나 시간이 지날수록 총장 혼자서는 역부족이었다. 더구나 새로 창당하는 업무(자유한국당에서 미래통합당으로, 또 비례정당인 미래한국당 창당) 등 선거에 임박한 사무총장은 너무나 바빴다. 후반부엔 자기 지역구 선거 준비도 있어 회의에 불참하는 일이 많았다. 총장은 몇 차례나 공관위를 그만두겠다 했지만 나는 승낙치 않았다. 나름대로 최선을 다하는데 중도에 교체하면 여러 말이 나올 것이 뻔했다. 지금 생각하니 총장은 아마도 내가 생각했던 것 이상으로 불편했던 것 같다. 이는 사무총장 탓이 아니라 전적으로 내 책임이다. 사무총장 외에 대표와 공감대를 유지시켜줄 사람이나 제도가 있어야 했는데 그러지 못했다. 대표는 정치 첫 무대였기에 그랬다 하더라도 정치판에서 산전수전 다 겪은 사람이 그런 착안을 못 한 것은 전적으로 나의 잘못이다. 공관위가 실패한 가장 큰 요인 중에 하나가 정치적 사고, 즉 정치력 부족이 아닌가 생각된다. 내부 공감대가 마련되지 않았는데 어찌 승리할 수 있겠는가.

전략기획단 홍보팀도 없이 공천 업무만

두 번째로는 바로 그런 의미에서 전략기획단을 만들지 못한 점이다. 공천은 모든 과정 하나하나가 정치적이다. 공천이 국민으로부터 지지를 받아야 그 에너지를 이용하여 여러 장애물을 넘어갈 수 있다. 선거 구도를 예측하고 공천 전략과 목표 등을 짜는 것은 공관위 전담 사항이다. 그러나 공관위의 업무 폭주로 많은 부분을 놓쳤다. 콘셉트를 잡고 여론을 반영하는 등 전략적 시도 자체가 어려웠다. 그저 내 머릿속에서만 존재했을 뿐이다. 청년과 여성에 대한 과감한 문호 개방, 호남 대책 같은 전략도 머리와 몸이 따로 놀았다.

그리고 무엇보다 인물 영입과 검증 작업이 치밀하지 못했다. 인물 영입의 애로는 앞서 언급했다. 다만 힘들게 영입했지만 검증 미흡으로 피해를 끼친 두 젊은 여성에 대해서는 후술하겠지만 지금도 안타깝게 생각한다. 요즘 검증은 갈수록 범위가 넓어지고 있다. 도덕성은 물론 본인이 운영하는 블로그, 페이스북 등 SNS에서 사진이나 말과 글을 꼼꼼히 살펴야 한다. 실정법 위반은 말할 것도 없고 국민 정서에 반하는 막말 등 민감한 사항도 검증 대상이다. 이 모든 것이 우리의 인력과 능력 범위를 초월하는 것이지만 책임은 오롯이 우리에게 있다. 솔직히 면접 보는 것만 해도 벅찼고 또 지쳐버렸다. 연일 면접에 매달리다 보니 다른 업무에 신경 쓸 기력이 거의 동이 났다. 공천 신청자만 해도 총 1천 명에 가깝고, 무조건 면접을 해야만 했다. 한 사람 면접을 하려면 실무자들은 서류 만들고 연락하는 등 다른 일은 할 수도 없었다. 고정된 사무실이 없다 보니 수시로 장소를 옮겨 회의를 했다. 당의 형편을 고려, 공관위에 자문단이라도 만들어보려고 했지만 끝내 성사되지 못했다. 공천이라는 막중한 업무에 전략기획단이 없었다는 것은 큰 실책이 아닐 수 없다.

셋째는 국민과의 소통 문제다. 언론과 홍보 전략이 미흡했다는 점이다. 공천의 의미와 전략을 알려야 하는데 제대로 전달되지 못했다. 안타까운 것은 공천자 발표 방법이었다. 시간에 쫓기는 것은 공관위만이 아니었다. 마감 시간에 쫓기는 기자들의 요구에 맞추기에 급급해서 공천자들을 구체적으로 설명해주지 못했다. 대표 직책 하나 정도만 붙여 한꺼번에 수 명에서 십수 명씩 발표해버리니 명단의 전달에만 방점을 둔 것처럼 되어버렸다. 사실 명단보다 중요한 것은 공천의 특징과 취지였으나 시간에 쫓겨 이를 간과했다. 발표 이후에 배경 브리핑도 없었다. 언론도 마감에 쫓겨 대충 분석하거나 의미를 강조하지 않은 채 그냥 지나갔다. 나중에 공천이 잘못됐다는 오해를 줄 수 있는 여지를 제공한 것이다.

공관위에 대변인을 두려고 애를 썼으나 결국 못 정한 것도 후회스런 부분이다. 웬만한 발표는 위원장인 내가 직접 할 수밖에 없었고 기자와의 거리를 좁히는 데도 한계가 있었을 것이다. 위원장으로서 과중한 업무에 체력도 달려 집중력이 갈수록 떨어졌다. 고도의 정치적 고려와 계산을 깔고 국민에게 설득력 있게 다가가야 할 공관위가 실무위로 전락한 셈이다. 공천 막판에 일어난 황당한 사태에 적절하게 대처 못 한 것도, 공관위가 모든 허물을 덮어쓴 꼴이 된 것도 전략 홍보팀의 부재를 더욱 아쉽게 하는 대목이다.

한 가지 덧붙이고 싶은 것이 있다. 새 인물을 많이 발표할수록 기존 당협위원장(국회의원)은 공천에서 탈락된다. 그동안 어려운 정치 환경에서 힘들게 당협을 이끌며 당원, 지지자들과 애환을 함께 나눠왔는데 하루아침에 교체되니 쉽게 받아들이기 힘들었을 것이다. "낙하산 공천"에 반발은 어쩌면 당연한 것이다. 더구나 선거에 임박하여 결정된 공천자 역시 지역에 적응하기 쉽지 않았을 것이다. 홍보팀이 있었다면 자기 지역에 '소프트 랜딩'하는 데도 도움 됐을 것이다. 코로나 선거에다 시일도 부족한데 새로운 사람임을 홍보해줄 '사람이 없어' 유연하게 대처하지 못한 것이다. 쇄신공천, 개혁공천의 이미지는 이래저래 흐려졌다.

절대 기밀,
컷오프 리스트

엄격한 보안이냐, 민주적 운명이냐

다음은 '과도한 비공개주의'에 대한 문제다. 공천 업무는 어찌 보면 보안과의 싸움이다. 공천 때마다 여론조사 결과나 컷오프 명단이 유출돼 공관위 업무가 정지되는 경우가 종종 있어왔다. 자료가 유출되는 즉시, 음모론이 유포되고 지역에서 지지자들이 몰려와 당사 앞에서 시위를 한다. 본의 아니게 공천 내용이 달라질 수도 있는 폭발력 강한 뇌관이라 할 수 있다. 언론도 열심히 분석 기사를 실어 흥미를 가중시킨다. 그래서 나는 처음부터 자료 보안에 대해 주의를 환기시키고 모든 관련자들에게 지침을 내리며 엄중하게 경고했다. 나도 보안지침을 솔선하여 지켰다. 이런 덕분인지 보안 유출 사고는 없었고 언론도 특종 경쟁을 스스로 포기했다.

현안 자료에 대한 보안은 엄격했지만 공관위 내부 회의는 열린 자세로 자유스러웠다. 개성이 강한 위원들이라 몇 시간씩 갑론을박한 적도 있지만 최종 결정은 만장일치로 진행했다(한 건만 예외였다). 이런 민주적 회의 방식은 각본 없는 투명한 공천이 전제되었고, 절박한 시국 상황에 대한 소명의식을 공유했기에 가능하지 않았나 싶다. 격론은 있었지만 얼굴을 붉히거나 회의장을 박차고 나간 경우는 한 번도 없었다. 예년 같으면 문밖으로 새어나오는 고성 덕분에 특종을 낚았는데 이번에는 그런 게 없어서 실망(?)이라는 기자의 농弄을 들을 정도였다. 역대 어떤 공관위보다 격무에 시달렸지만 다들 버텨낼 수 있었던 것도, 민감하고 미묘한 수많은 사안들이 외부에 유출되지 않은 것도 이런 상호 신뢰에 기반한 책임감 때문이리라. 엄격한 보안 유지가 그 바탕이었기에 가능했다고 생각한다. 사실 신뢰가 본질이고 보안은 현상일 뿐인데 본말이 뒤집혀야 기사가 되는 모양이다. '언론을 실망시킨' 위원들 덕분에 가십에 시달리지 않게 되었다.

공천 자료 중에서 가장 뜨거운 것은 '컷오프(탈락자) 리스트'다. 나는 그 비율과 명단을 철저히 기밀로 유지했다. 심지어 복사본도 만들지 않았고 공관위원들에게도 나눠주지 않았다. 필요하면 언제든지 열람하라고 했다. 그 자료는 내 휴대용 가방에 신주 모시듯 가지고 다녔다. 현역의원은 컷오프 당한다는 아픔과 비애가 어떤지 잘 안다. 나도 늘 공감해왔으므로 컷오프 의원의 명예만큼은 반드시 지켜줘야겠다는 생각을 했다. 정치의 비정함을 하도 많이 보아왔던 사람이기에 의원의 인격을 존중해주고 싶었다. 언론의 관심도 컷오프 명단이었다. 결과적으로 컷오프 명단은 이유 여하를 막론하고 엄격하게 지켜졌다. 예외적이거나 정치적 고려는 없었다. 너무하다고 할 정도로 원칙을 지킨 것 같다. 사실 평계 없는 무덤이 있겠는가. 누구를 고려해주면 컷오프 명단은 그것으로 무용지물이 될 것이 뻔하다. 세상에 비밀은 없고 그만한 명분과 이유가 없는 사람도 없기 때문이다. 나와 친한가 아닌가, 다선인가 아닌가, 나이가 많은가 아닌가, 정치적으로 중진인가 아닌가, 이런 요소는 컷오프의 고려 대상이 아니었다.

컷오프 명단은 어떻게 만드는가

그럼 컷오프 명단은 어떻게 만들어지는가. 가장 중요한 것은 여론조사다. 정확도와 신뢰성을 높이기 위해 해당 지역별로 두 개 유력 조사기관이 동시에 참여한다. 지역 내 일반 유권자 1천 명을 대상으로 휴대전화 가상번호를 받아 실시한다. 또 무작위로 추출한 지역 당원 500명을 대상으로 한 참고용 조사도 별도로 했다. 일반 유권자를 대상으로 하면 상대(당) 후보에 의한 역선택을 우려하는데, 여론조사 소위에서 면밀히 검토한 결과 조사기법이 발달해서 크게 문제 되지 않는다고 한다. 둘 다 선거 두 달여 전인 2월 초순 이후에 했으므로 늦지도 빠르지도 않은 시점이라 생각한다. 여론조사 항목은 의정활동 평가, 당내 및 외부 경쟁력, 재출마시 지지 여부, 정당 지지도 등 다섯 가지 항목을 점수로 매겨 전체를 대상으로 서열화하는 것이다. 사전에 불출마 선언 의원을 제외하고 지역을 맡은 86명 의원(지역구 81명, 비례대표 5명)을 대상으로 만들었다. 컷오프 자료는 조사기관에서 원본 한 부만 작성하여 직접 공관위원장에게 전달한다. 옆으로 새어나갈 가능성은 거의 없다. 컷오프 비율은 권역별로 차등을 둔다. 이번에 영남은 거의 50% 이상의 교체율을 기록했다. 또한 당무 감사 결과와 원내대표의 평판조사도 참고자료로 활용된다.

그런데 이런 컷오프 자료를 의원들의 불만과 저항을 생각하면 일정 부분 공개하는 것도 괜찮은 방법이라고 본다. 비공개로 모든 비난과 인신공격을 감수할 이유가 없다. 소문과 정보가 날조되고 왜곡되는 것을 막을 수도 있다. 그러나 의원들의 인격과 명예를 생각하고 정치적 파장을 고려하면 공관위가 모든 것을 안고 가는 것이 순리라는 생각도 여전하다. 또 한 가지 공천 자료의 보관 문제다. 원칙적으로 모든 공천 자료는 공천이 끝나는 즉시 파기한다. 이런 까닭으로 공관위 초기에 상당히 애를 먹었다. 선례를 보려고 해도 자료가 없어 참고할 수가 없었다. 예컨대 신인에 대한 가산점의 효과를 알아보려고 했지만 검증할 자료를 구하지 못했다. 당시 관련된 당의 실무자를 찾아 일일이 물어야 했다. 그것도 확실치 않은 기억을 되살리는 방법으로. 자료를 보관

할 경우, 나중에 여러 가지 후유증이 발생할 수 있다고 한다. 정치는 생물이라서 우선순위와 비중이 시간에 따라 달라지기 때문에 현재 시점으로 그때를 재단하는 것은 위험하다. 이런 이유 때문에 자료들을 파기하는 건지 모르겠다. 아무튼 우리는 다음 공천을 위해서라도 자료를 파기하지 말라고 했다. 이 글을 쓰기 위해 알아봤더니 공관위원들이 반납한 자료·서류들은 이미 다 파기됐다고 한다.

공관위와 선대위,
배턴 실종사건

인수인계가 없는 선거체제

공관위가 선거시장에서 팔 만한 상품을 만드는 일이라면 선대위는 만들어놓은 상품을 잘 파는 일이다. 따라서 공관위와 선대위는 역할은 다르지만 상품의 완판이라는 최종 목표는 동일하다. 그런데 이번 총선은 상품을 만든 공관위와 상품을 파는 선대위 간에 인수인계가 원만치 않았다. 그동안 역대 선거에서는 이런 문제가 별로 불거져 나온 적이 없었다. 공관위와 선대위가 강력한 리더십에 의해 한 몸처럼 움직였기 때문이다. 그런데 이번에는 공관위와 선대위가 당내 인사가 아닌 사실상 외부 인사로 구성되었고 이를 치고 나가지도 못했다. 황 대표는 종로에 발이 묶여 있었고 공을 들였던 김종인 위원장은 참여를 거절했다. 선거운동이 시작될 즈음, 뒤늦게 합류했지만 마케팅 파워를 발휘하기에는 시간이 부족했다. 코로나 팬데믹 태풍을 막기에는 공당의 선대위 전열이 급조된 모양새였다.

이미 국민의 마음이 멀어지고 있었다. 회사가 미덥지 못하면 상품의 경쟁력도 떨어지기 마련이다. 후보들은 인물의 경쟁력보다 정당의 선호도에 의해 도매금으로 평가 절하됐다. 또 아무리 시장을 잘 안다고 해도 상품의 구체적 경쟁력을 모르면 선전하기가 쉽지 않은 것이다. 공관위에서 선대위로 넘어가는 이어달리기에서 원활하게 배턴을 넘겨주지 못한 결과다. 나도 공관위원장으로 완주하지 못한 회한이 남아 있다.

대표적인 예 하나만 들겠다. 김미애(부산 해운대 을)는 여공 출신으로 야간대를 나와 변호사 자격을 딴 입지전적 인물이다. 더구나 입양아를 셋이나 키우는 미혼의 싱글맘이기도 하다. 통념적으로 보수 야당과는 거리가 먼 후보다. 그 지역에 입심이 강한 경쟁자가 있었지만 공관위는 과감하게 단수 후보로 추천했다. 하지만 선거기간 중 중앙당 차원에서 한 번도 주목을 받지 못했다. '구닥다리' '꼰대' 정당의 이미지를 씻을 수 있는 이런 후보를 중앙선대위가 부각시키고 활용하지 못한 것은 공관위와 선대위 간에 업무 연결이 전혀 없었음을 말해준다. 그러나 당선 후 하루아침에 유명세를 탔다. 어떤 언론에서는 사설에까지 보수당이 나아가야 할 모델이라고 추켜세웠다. 이런 기사를 보면 정말 아깝게 고배를 마신 많은 후보들이 떠오른다. 안타깝고 통탄스럽다.

더구나 야당의 무기인 입과 이슈는 코로나와 '조용한 캠페인'에 묻혔고, 방송 토론과 광고조차 원천적으로 차단당했다.* 미래통합당은 지역구 후보만 있지 비례대표를 내지 못하고 위성정당인 미래한국당을 만들었기 때문이라고 한다. 이빨과 발톱을 제거당하고 무슨 수로 적을 쓰러뜨릴 수 있겠는가. 선거 현장에 가보면 중앙당의 공중전 지원 없이 고군분투하는 모습이 처연했다. 지금이 선거운동 기간 중인지 의심이 들 정도인 곳도 있었다. 선거 사상 처음 있는 일이었다. 유권자들은 중앙당 차원의 선거 연설과 광고가 왜 안 나오는지 모르는 경우가 대부분이다.

대통령 재임 중 치르는 중간평가적 선거인데 할 말이 많아야 할 야당은 한 번도 이슈를 주도하지 못했다. 지역구에서 싸우는 후보가 보병이라면 전투기와 고사포 등 공중전은 중앙당 몫이다. 자금과 조직이 열세인 지역구 야당 후보로서는 중앙당의 파상적인 공중 지원이 절대적인데 이번에는 어쩐 일인지 작동되지 않았다. 이런 일은 선거사에서 최초의 일일 것이다. 선거 전략을 주도해야 할 당의 기둥인 대표, 원내대표, 정책위의장 등은 자기 지역구 험지에서 빠져나오지 못했다. 더

---

* 왜 신문과 방송에 광고도 못 하고 토론·정견 발표도 못 했는지 두고두고 아쉽다. 야당의 '입'이 사실상 원천 봉쇄당했다. 가장 기본적인 공직선거법의 관련 조항(69조~72조)에 대한 검토도 없이 비례대표 정당을 만들지는 않았겠지만, 결과적으로 여권이 쳐놓은 코로나 선거, 조용한 선거의 그물에 빠진 것 같다. 「부록」(268쪽)에 실린 관련 법령을 검토하여 대비책을 세워야 할 것이다.

구나 코로나 비상사태로 후보자가 유권자 속으로 파고들어가는 선거가 불가능해졌다. 야당이 잘할 수 있는 방법이 원천 봉쇄된 것이다. 체계적 선대위를 구성해서 역할 분담과 조직적 대응을 해야 하는데 이 역시 실패했다.

'조용한 선거' 전략으로 시종

중립적 헌법기관으로 자리매김해왔던 중앙선관위가 인적 구조가 바뀌더니 여당에 유리한 편파적 결정을 계속 내렸다. 위성정당인 비례대표 전용 정당의 이름도 마음대로 짓지 못하게 하더니, 중앙당 차원의 전국 범위의 선거 캠페인조차 막아버렸다. 전국 단위의 선거 연설, 광고 등 공중지원이 근본적으로 차단당했다.

선관위는 한술 더 떴다. '친일청산'은 내걸어도 되지만 '민생파탄'은 안 된다는 해괴한 논리를 내세웠다.* 이런 선관위와 싸우는 데 당의 대처는 미온적이었다. 다른 때 같으면 선거를 보이콧하겠다든지, 선관위를 찾아가 항의시위를 세게 했을 것이다. 그러나 선거법 날치기를 막지 못한 트라우마가 있었던지 오히려 조심스러웠다. 더구나 중앙당에

---

* 동작 을 나경원 등 통합당 후보를 공격하려는 민주당의 "100년 친일청산 투표로 심판하자", "투표로 70년 적폐청산" 현수막은 투표 참여 권유활동에 해당되지만 "민생파탄, 투표로 막아주세요", "거짓말 OUT"은 안 된다는 것이다. 선관위가 허용한 "친일청산"과 "적폐청산"은 내가 방문한 수십 개의 지역구에서 눈에 띄는 곳에 걸려 있었다. 어느 당, 어떤 후보가 공격받는지 너무나 분명했다. 계속되는 편파 시비에 선관위는 선거일 이틀 전에야 입장을 거둬들였지만 우리 후보는 내상을 입을 만큼 입은 후였다. 선관위가 어떤 태도를 취하였는가를 보여주는 한 예에 불과하다. 공직선거법(투표참여 권유활동 58조 2)이 귀걸이 코걸이 식으로 적용되었다.

서 매일 선거 이슈를 만들어내고 메시지를 던져야 야당의 존재감을 드러낼 수 있는데 무슨 일인지 유권자들에게는 전달되지 못했다. 야당의 절대병기가 모두 무력화된 선거였다.

서울의 대표적 후보인 나경원, 오세훈에 대한 민주당의 치밀하고 집중적인 공격에 중앙당은 유세 지원 외에는 별다른 대책이 없었다. 당의 얼굴인 두 사람이 전국 방송에 출연을 아예 못 했다. 유튜브, 문자메시지 같은 SNS도 당이 주도하지 못했다. 이 역시 선거법의 제약 때문인가.

소위 연동형 비례대표제라는 기형적 선거법에 휘말리면서 계속 중심을 잃었던 것 같다. 고군분투했지만 여론도 호의적이지 않았고 수의 힘에 밀려 강행 처리됐다. 비례대표 전용 위성정당이라는 비상한(?) 아이디어를 냈지만 민주당의 안면 몰수 따라 하기로 체면도 염치도 없는 정치가 돼버렸다. 위성정당 창당이라는 비책이 결과적으로 당을 살려냈는지 아닌지, 복기^{復棋}해보기 바란다. 보수 정당은 당당하게 이슈와 맞서야 한다. 우리가 어렵더라도 길게 보고 품격을 잃어서는 안 된다고 늘 생각하는 이유다.

공천 초반, 공관위에 기대감이 커지자 여러 사람이 나에게 선대위까지 맡으라는 권유를 많이 했다. 나는 단호히 거절했다. "이 자리는 욕먹는 자리다. 개혁하고 쇄신공천을 하려면 아끼고 사랑하는 사람부터 정리하지 않을 수 없다. 나는 욕먹는 역할에 충실할 테니 선대위원장은 욕 안 먹고 신뢰받는 다른 사람 모셔라." 나로서는 끝까지 이 자세를 견지했고, 욕먹어가면서도 쇄신공천의 끈을 놓지 않았다. 또한 공관위원장과 선대위원장을 겸하는 경우는 없었다. 그러나 선대위 구성이 당초 계획대로 잘 굴러가는 것 같지 않았다. 방향을 못 잡고 다소 어수선하다가 다시 김종인 위원장을 선대위원장으로 위촉했다. 투표일 20일 전이다. 사람만큼 시간도 중요하다. 무엇보다 충분한 시간을 가져야 한다. 선대위원장 선임이 늦더라도 선대위를 먼저 발족시켜 총선 준비에 만전을 기해야 한다. 가능하다면 공관위 활동 중반부터 선대위가 구성되어도 좋다. 공관위에서 공천자를 발표하면 선대위는 후보들을 유권자에게 효과적으로 홍보하는 방법을 모색할 수 있을 것이다. 그러나 이번 총선은 공관위-후보-선대위, 3자 간 공조체제가 안 된 채 끝났다. 이어달리기에서 배턴 연결이 원활치 못했다. 아예 배턴 없이 달렸다. 선거 결과를 보면 모든 게 회한이고 유감이다.

Chapter 2

오답 처리된
공천 답안지

불행의 서막:
어리석은 결정

2020년 1월 1일 밤, 한 달 여정으로 베트남에 갔다. 본래 건강체가 아
닌 데다 기관지 호흡기 쪽에 고질이 있어 '따뜻한 남쪽 나라'로 피한을
간 것이다. 푸꾸옥은 베트남 최남단이자 캄보디아 쪽에 가까운 섬이
다. 그런데 며칠 지나지 않아 뜻밖에 황교안 대표로부터 전화가 왔다.
공천관리위원장(공관위원장)을 맡아달라는 것이다. 즉각 "노" 했다. 이
미 명단(공관위원) 다 짜놓고 "얼굴 마담" 역할을 하기 싫다고 했더니
전혀 그렇지 않다는 것이다. 그 후 전화가 계속 왔고 내 마음은 조금씩
흔들리기 시작했다. 건강 체질도 아닌데 과연 이런 몸으로 격무를 감
당할 수 있을까. 공인을 지낸 사람으로서 나라가 어렵고 자유민주주의
가 위기에 처해 있는 현실을 마냥 모르는 체하는 것이 온당한가. 이때

껏 공관위원장의 평가가 다 별로였는데 나라고 잘할 수 있겠는가. 공천을 잘한다고 오래전에 기울어진 운동장을 바로 펼 수 있을까.

사실 그동안 자유한국당에 대해 비판적 발언을 많이 해왔다. 특히 제대로 대응해 싸우지 못하는 모습을 보고 "죽기에 딱 좋은 계절"이라며 분발을 촉구해온 터다. 장내외 집회와 대여투쟁이 호응을 얻지 못하는 것도 형식과 내용이 구태의연해서 지지자·당원 대회가 피곤하게 계속될 뿐이라고 비판했다. 이제 와서 도움을 요청하는 당의 손길을 냉정하게 뿌리친단 말인가. 전면 대수술의 집도를 맡기니 비겁하게 꽁무니를 뺀다(?). 머릿속이 점점 복잡해졌다. 서울에 있는 친구 몇 명에게 의견을 구했다. 모두 부정적 반응이다. 이때껏 명예를 지키며 잘 지내왔는데 성과도 나지 않을뿐더러 욕먹을 일인데 왜 맡느냐고 한다. 그들도 당에 대한 기대와 미련을 이미 버린 듯했다. 나를 생각해서 하는 말이었다. 그런데 황 대표 전화가 또 왔다. 진정성이 묻어 있었다. 마음이 기울어졌다.

결국 친구에게 이렇게 심경을 밝혔다. "위중한 시기에 몸 사리는 사람이 되고 싶지 않다." 한 달 여정은 보름 만에 중단되고 인천행 비행기 표를 끊었다. 4년 전 탈당계를 쓰고 나온 후, 4년 만에 돌아가는 것이다. 여전히 당원도 아니고 다시 정치하지 않을 거라는 다짐을 되새겼다. 『일리아드』의 주인공 아킬레우스는 영웅이 되고자 영생^{永生}을 포기하지만, 나는 그저 비겁하다는 소리를 듣지 않으려고 '죽음의 길'을 택한 것이다. 현실적으로 잘해봐야 지금 의석을 유지하기도 힘들 거라는 생각이 가슴을 눌렀지만 모든 걸 하늘에 맡기고 내가 짊어질 소명에 전력을 다하자고 다독였다.

총선이 끝난 후 복기를 해본다. 취임 일성으로 "죽으러 왔다"고 했는데 예언처럼 적중했다. 총선 참패 후 더 이상 잃을래야 잃을 것이 없는 사람이 되었다. 주위의 친한 사람들에게, 정치적 동반자로 같이 걸어온 동료와 후배들에게, 20여 년을 몸담았던 당에, 무엇보다 압승을 기대하며 응원했던 국민들에게, 나를 믿고 전권을 맡겨준 황교안 대표에게도 허물만 남겨주었다. 모든 이와 모든 일에 송구하고 고개를 들 수 없다.

무엇이 잘못된 것일까. 첫날 기자들에게 정의의 여신 유스티티아가 눈을 가리고 칼을 휘두르듯 내 주변 사람들이 나 때문에 덕을 보는 게 아니라 오히려 피해를 입을 거라는 사실을 암시했다. 실제로 그랬다. 원칙은 예외 없이 지켜졌다. 56일간 몸이 망가지도록 전력 질주한 것도 맞다. 현역 교체율도 목표치를 달성했다. 그러나 선거는 패했다. 보수 정당 사상 최대 참패라는 명예롭지 못한 기록도 세웠다. 친구 말을 듣지 않은 것이 새삼 후회가 된다. 나는 왜 이리도 어리석은(?) 선택을 했는가.

공천의 핵심,
공관위 구성

바로 함께 일할 사람을 구상하기 시작했다. 인천행 비행기를 타기 전에 몇 사람에게 만나자는 전갈을 보냈다. 그중 한 사람이 이석연 변호사다. 청렴 강직하고 매우 논리적이면서도 이성적이라 내가 부족한 부분을 충분히 보완해주리라 생각했다. 첫 미팅부터 깐깐했다. 결국 3, 4일이 지난 후 내가 어떤 경우든 초심을 잃지 않는다는 조건(?)으로 승낙했다. 믿음직했다. 회의 때마다 중심을 잘 잡아주고 소신이 분명한데다 소탈하고 솔직해서 공관위 운영에 큰 도움을 주었다. 부위원장을 약속했고 첫날 회의 때 바로 결정했다. 내가 사퇴하고 난 후 위원장 직무 대행으로 이중 삼중의 수고를 끼쳐 미안하고 고맙다.

당에서는 공관위원 인선에 참고할 자료가 있다며 보내주겠다고 했으나 나는 아예 보지 않겠다고 선을 그었다. 계파정치에 넌덜머리가 난 사람으로서 당에 얽매이지 않고 독자적으로 꾸려볼 작정이었다. 공천은 인적쇄신이고 인적쇄신의 열쇠는 독립적인 공관위원의 구성에 달려 있다. 그러므로 공관위원을 어떻게 구성하느냐가 결국 성공적인 공천의 절반이라 믿었다. 우선 나와 가까운 사람은 고려 대상에서 제외했다. 위원장인 나부터 솔선수범해야 공관위가 살고 힘을 받지 않겠는가. 따라서 공관위원은 어떤 계보에도 속하지 않아야 하고 정치를 바꾸겠다는 의지와 개혁성이 뚜렷하면서 사심 없이 두세 달간 헌신할 수 있는 인물이라야 했다. 가급적 다양한 분야에서 전문 지식과 능력을 쌓은 분, 국민 눈높이에 맞는 인품과 판단력을 갖춘 분을 찾았다. 아울러 출신 학교와 지역, 연령과 남녀 성비도 균형을 이루도록 했다. 거기에 진행 중인 당 통합에도 대비하고 보안 또한 유지해야 했다. 그러나 만만찮았다. 할 만한 사람은 손사래를 쳤다. 당의 인기가 생각보다 더 위태로웠다. 삼고초려하며 읍소를 해야 할 지경이었다.

며칠을 고생한 뒤 마침내 완벽한 드림팀은 아니지만 현실적으로 가능한 최강팀이 꾸려졌다. 나까지 모두 아홉 명이었고, 나를 빼면 남녀 비율은 4:4 동수였다. 1월 22일 공관위원 명단을 발표하고 다음 날 상견례와 신고식을 가졌다. 당과의 상의는 일절 없었다. 이것도 지나고 보니 너무 고지식했던 것 같다. 얼마든지 유연하게 할 수 있었는데 말이다. 발표 전에 황 대표에게 미리 전달했더니 두 사람에 대해선 염려를 많이 했다. 나는 대표 뜻을 충분히 이해하니 그 점까지 고려하여 잘 운영하겠다고 설득했다. 공관위원 구성이 다양한 것은 보수의 지평을 넓히겠다는 의지를 보이는 것이고 또한 다소 다른 컬러가 들어옴으로써 대표의 포용력을 보이는 계기가 될 거라고 생각했다.

당 통합이 진전되면서 공관위에 대한 관심이 높아졌다. 결국 통합의 핵심도 공천으로 귀결되기 때문이다. 통합기구(통추위)에서도 "김형오 공관위"로 그대로 가자는 분위기였다. 통추위를 맡은 박형준 위원장은 공관위를 그대로 인정할 테니 공관위원 3명을 추가해 달라고 요구하였다. 처음엔 1:1 통합정신을 받아 현 공관위원 수와 같은 9명을 요구했다가 줄인 숫자다. 이 역시 받아들일 수가 없었다. 당파와 계보를 초월하자는 내 취지에 따라 결국 그쪽으로부터 한 명만 받는 것으로 타결 지었다. 그렇게 하여 합류한 위원이 유일준 변호사다. 총 10명이 되었다. 이는 당헌당규에 10명 이내로 구성한다는 기준에도 맞았다. [그 후 당헌은 통추위 쪽 의견을 받아들여 13명으로 고쳤다(2020. 2. 14)]. 공관위원 면면을 살펴보자.

최대석 교수는 이화여대 부총장으로서 통일과 남북문제에 권위 있는 식견을 가졌을 뿐 아니라 기대했던 것 이상으로 공관위 전체 분위기를 조화롭게 잘 이끌어줬다. 수많은 신청자 면접 때마다 핵심 질문을 뽑아냄으로써 공관위의 위상과 체면을 살려주었다. 이인실 교수는 참여 당시 여성 최초의 한국경제학회장이었다. 전문성과 리더십을 갖춘 분이다. 통계청장을 역임하여 여론조사와 경선 관련 등 여러 복잡하면서도 생색나지 않는 일들을 도맡아 해주었다. 조희진 변호사는 최초의 여성 검사장 출신으로 법리 문제를 책임 있게 처리해주었다. 여성 인권 문제에도 관심이 높았고 소신이 분명한 합리주의자였다. 엄미정 박사는 내가 국회에서 지속적으로 일해왔던 과학기술계 쪽 인사다. 역시 믿을 만한 사람으로부터 소개받았다. 공천이 새 모습을 보이고 특히 IT벤처 쪽 인물에게 손짓하려는 포석이었다. 정부출연연구소의 책임자급으로 야당 공관위에 참여하는 용기와 소신을 보여주었다. 혹시 돌아가서 불이익을 당하지 않을까 늘 미안한 마음이다. 최연우 부사장은 30대 여성으로 발달장애인을 고용, 언론 기자 훈련을 시키고 있다. 젊은 감각으로 여성문제, 사회참여 문제에 늘 신선하게 접근해주었다. 이로써 분야와 세대를 아우르는 공관위가 구성된 것이다.

당내 인사로는 박완수 사무총장과 김세연 의원을 참여토록 했다. 박 총장은 일종의 당연직으로서 전술한 바와 같이 공관위와 당의 가교 역할을 비롯, 여러 가지 사무적인 일들을 챙겨야 했다. 김 의원은 당내 젊은 생각을 대변하고 다른 당 출신 인사와 가교 역할도 하며 여러 가지 귀찮은 일들을 마다하지 않고 책임감 있게 해주었다. 내가 함께 일하자고 제안했더니 황 대표께서 어떻게 생각할지를 염려했다. 나만 믿고 당을 살리는 일에 몸을 던져보자 해서 참여했다.

통합 후에 가장 늦게 합류한 유일준 변호사는 청와대 민정수석실에서 일한 경험이 있어 인사 검증에도 일가견이 있었다. 합리적이면서도 사리 분별이 분명해 인격적으로 신뢰감이 갔다. 막판, 업무가 폭주했을 때도 흔들림 없이 정리정돈을 잘해주었다. 그가 합류하지 않았다면 기존의 공관위원들은 업무량이 많아 아마도 중도에 쓰러졌을지도 모른다. 최대석, 이인실 두 분이 각각 1, 2 분과위원장을 맡아 수고를 해주었다. 회의장은 국회 의원회관 안에 있는 당 사무실을 쓰고 필요에 따라 국회 본청에 있는 당 최고회의실을 사용했다. 실무자들이 회의실을 옮길 때마다 자료 서류 뭉치를 챙기고 관리하느라 수고가 참 많았다.

식사는 주로 국회 구내식당이나 여의도에서 해결했다. 거의 전원이 함께했다. 식사 시간만큼은 편안했는데 시간이 많지 않아 한 시간을 넘긴 경우는 별로 없었다. 실무 경험 있는 누군가가 이런 말을 했다. 과거에는 공관위원(공심위원)들이 이렇게 함께 식사하지 않고, 계파끼리 모이거나 별도로 했다. 회의장은 소란하기 일쑤였고, 주요 결정사항은 밀실에서 이뤄졌다. 계파 보스나 실세들과 조율한 후에야 진도가 나갈수 있었다. 이번에는 이런 일이 전무했으니 이것만 하더라도 진전된 모습 아닌가.

황교안 대표와
종로 출마

취임하고 며칠 안 되어 황 대표와 저녁을 함께했다. 분위기가 좋았다. 여러 가지 격의 없는 얘기를 나누었다. 이대로는 안 된다는 얘기에서 부터 많은 의원들이 살신성인의 자세로 불출마하거나 공천 배제되어야 한다, 공관위의 족쇄가 될 수 있는 배심원제는 이번에 적용치 않아야 한다는 말이 주였던 것으로 기억한다. 그러면서 황 대표는 주위로부터 나를 공관위원장에 위촉한 것이 가장 잘한 인사라는 얘기를 자주 듣는다며 기분 좋아했다. 우리는 공동운명체임을 거듭 강조한 뒤 자리를 파했다. 초반 나에 대한 기대치가 예상외로 높았고 그럴수록 책임감과 소명감을 무겁게 느꼈다.

그러나 공관위원 임명장 수여식 날 예상 밖의 일이 생겼다. 이석연 부위원장이 황 대표 면전에서 공천에서 완전 손 떼라고 요구한 것이다. 대표 본인이 이미 그런 생각을 갖고 있는데 기자들이 공개 취재하는 현장에서 나온 말이니 자존심 강한 대표가 불편했으리라 짐작 간다. 바로 하루 전 이 부위원장에 대한 염려를 나에게 전했는데 말이다. 그는 대표의 종로 출마를 적극 지지했다. 이번 총선 승리를 위해서는 대표가 앞장서 험지에서 진두지휘해야 한다고 강조했다. 이 부위원장의 충정을 누구보다 잘 안다. 그러나 내가 느낀 황 대표는 자신의 문제를 공개적으로 왈가왈부해서 끌려가는 인상을 주게 되면 전략적으로도 결코 이롭지 않다고 판단할 것 같았다. 공관위와 대표 간에 분열이 있어서도 안 된다는 생각에서 일단 진정시켰다.

언론의 관심은 당연히 황 대표 종로 출마 문제였다. 비공개를 전제로 위원들 간에 자유토론도 해봤다. 진행 방식에 불만이 있었던지 이 부위원장은 라이언 일병 구하기에 빗대어 황교안 일병 구하기 회의라고 평가했다. 이 문제가 결론 나지 않고 다른 일을 할 수는 없다는 생각에서 박완수 총장 의견을 들어 며칠 공관위를 쉬기로 했다. 대표에게는 공관위의 압박으로 비쳤을 것이다. 황 대표도 고민이 많고 고심이 깊었다. 대표 측근들은 몇 군데 여론조사도 해보며 지역을 타진했다. 이 문제로 황 대표와 나는 생각을 좁히려 몇 차례 만났다. 그러나 지역구에 관한 편차를 좁히지는 못했다. 서로 생각이 달랐다. 그러는 사이, 이낙연 전 총리가 종로 출마를 공식 선언하면서 황 대표는 수세적 입장에 몰렸다. 언론은 종로에서의 빅 매치를 부추겼다. 나도 생각이 복잡해졌다. 처음에는 종로보다는 강북 험지를 생각했다. 이것도 타이밍을 놓쳤다 싶어 백의종군하는 불출마가 낫지 않나 생각되었다. 내가 평소에 존경하는 목사님께도 의논을 드렸다. 황 대표와도 교감이 되는 분이다. 그 목사님도 성심껏 임해주셨다. 시간이 지날수록 종로 출마냐, 불출마냐 이외에 다른 선택지가 없어 보였다. 문제는 황 대표의 선거구 해결 없이는 공천 진행 자체가 한 발짝조차 나갈 수 없다는 점이었다.

결국 황 대표의 지지자들은 종로 출마 목소리를 키웠다. 황 대표는 종로냐 불출마냐 선택을 놓고 힘든 결단을 내렸다. 2월 7일, 당사에서 황 대표는 종로 출마를 선언했다. 선거 구도를 황교안 대 문재인으로 잡았다. 옳은 방향이었다. 공관위는 즉시 환영 성명을 발표했다. 선언 초반에는 해볼 만한 싸움으로 기대치가 컸었다. 이 부위원장도 공사석에서 난제가 해결됐으니 황 대표의 당선을 위해 자기가 할 수 있는 일을 다하겠다고 공언했다. 다른 공관위원들도 같은 입장이었다. 그러나 시간이 지나면서 지지율은 고착되고 결국엔 고배를 마셨다. 결국 황 대표의 종로 출마라는 살신성인의 헌신적 도전은 좌절로 끝났다. 정치는 이래저래 사람의 희생을 요구하고도 무심하게 흘러간다.

서울:
역대급 참패

서울을 잃으면 다 잃는다

서울을 비롯한 수도권은 최대 의석수가 걸려 있는 총선 최대 승부처이자 정권에 대한 민심의 동향이 반영되는 핵심 전략지라 할 수 있다. 서울의 49개 의석을 비롯, 인천 13개, 경기 59개 의석 등과 함께 수도권의 121석은 전체 선거구 253개의 거의 절반을 차지한다. 서울은 정치의 중심지이고 여론과 민심이 요동치는 진앙지로서 전체 선거판을 좌우하는 심장 역할을 담당한다. 수도권의 승패는 곧 총선의 승패와 직결된다. 그래서 모든 정당은 서울에 전력을 기울이고 있지만 변화의 폭은 그리 크지 않다. 지역 재개발에 대한 광풍이 불었던 18대 국회를 제외하면 우리 당의 의석은 16대 17석, 17대 16석, 19대 16석, 20대 12

석으로 항상 열세였으나 이번 총선에서는 더욱 추락했다. 겨우 8석을 건졌을 뿐이다.

처음 출발은 어려웠지만 기대가 전혀 없었던 것은 아니다. 통합과 공천이 순조롭게 굴러가고 황교안 대표가 종로 출마 선언을 하면서 한결 분위기가 좋아졌다. 지지자들은 해볼 만한 싸움이 되어가고 있다고 고무된 듯했다. 사실 당 지도부든 공관위든 최대의 고민이자 난제는 수도권 선거판을 어떻게 짜느냐에 있다. 영남권의 대폭 물갈이를 비롯, 현역의원의 교체 비율을 높이고 시대 청산, 인적쇄신, 중도 확장 같은 전략을 세우는 것도 이런 차원에서 나온 것이다. 그러나 결과적으로는 이런 조치들이 다 무용지물이 되었다. 공천의 혁신성보다는 공천의 잡음과 부작용이 유권자 뇌리에 박혔는지 수도권의 반응은 냉담했다. 서울만 해도 한강 이북은 용산을 제외하면 전멸이었고, 인천은 단 한 곳에서만 승리했으며, 경기도는 59개 중 겨우 7곳만 건졌다. 이런 참패는 보수 정당 사상 일찍이 유례가 없는 일이다. 선거 이후 낙선자 얼굴이 눈앞에 나타나 잠을 이루지 못했다. 정말 아까운 사람들이 추풍낙엽처럼 떨어졌다. 이번에 국회에 들어오면 국회를 국회답게 만들고 나라 정치와 지역 발전을 위해 제대로 역할을 할 사람들이었는데…… 생각할수록 분해서 몸을 떨다가 가슴을 치며 내 탓으로 돌린다.

서울 공천 기본 전략

공천 심사는 서울 수도권부터 먼저 시작했다. 집권 민주당보다 일주일이상 늦게 출범했고 보수 중도 세력 대통합이 진행되면서 최소 일주일이상이 또 늦어졌다. 수성도 탈환도 힘든 격전지인 만큼 하루라도 빨리 공천장을 주는 게 사실상 돕는 길이라 판단했다.

먼저 마흔아홉 군데 선거구를 역대 실적을 기초로 분석해서 선거구 특성상 크게 5개 권역으로 분류했다. 첫째는 안정권이다. 강남·서초의 5개 선거구다. 이곳은 총선의 성격을 결정짓는 상징적 인물을 공천하는 것이 무난하다. 경제 실정을 어필하려면 경제 관료나 기업인을 등용할 필요가 있다. 새로운 이슈에 대응하는 인물도 내놔야 한다. 이곳에서부터 바람을 일으켜서 서울 전 지역으로, 또는 전국으로 확대시켜야 한다. 또한 여성 후보에 대한 배려도 필요하다.

둘째는 수성권으로 7개 지역이 해당한다. 선거구 특성상 당선되기 쉽지 않은 지역이나 개인기 혹은 선거 구도상 표가 분산된 덕에 지난 총선에서 당선된 지역이다. 김선동, 나경원, 김성태, 정양석 의원 지역구 같은 곳이다. 수성조차 사실상 어렵기 때문에 가급적 빨리 공천해주는 것이 상책이다. 하루라도 선거운동을 빨리 할 수 있기 때문이다. 우리로서는 서둘렀지만 선거일이 두 달도 남지 않은 2월 중순 이후에나 발표할 수 있었다.

셋째는 공략권이다. 원래 유리한 지역이었는데 지난 총선에 의석을 뺏긴 곳이다. 가령 강남 을이나 양천 갑의 경우다. 다섯 군데로 반드시 수복해야만 한다. 따라서 현재 민주당 의원과 맞장 뜰 수 있는 경쟁력 높은 인물을 공천해야 한다. 넷째는 스윙보터권이다. 유권자의 지지가 선거 때마다 우리 당과 민주당을 왔다 갔다 하는 지역이다. 사실상 선거의 승패는 스윙보터 지역을 얼마나 뺏어 오느냐에 달려 있다. 대충 열한 군데 정도로 꼽을 수 있으나 최근에 들어오면서 사실상 민주당 쪽으로 저울추가 거의 기울어져왔다. 기존 당협위원장에게 도전의 기회를 주어야 할지, 새로운 인물을 영입해야 할지 까다로운 결정을 해야 한다.

다섯 번째는 열세권이다. 민주당 세가 워낙 강해 쉽게 넘보기 어려운 지역이다. 서울에만 스물한 군데 정도 된다. 지역 연고가 확실하면서 지명도가 높은 인물, 신인이지만 도전할 만한 가치가 있는 인물, 기존에 지역에서 열심히 뛰고 있는 후보자 중에서는 어떤 사람을 공천해야 할 것인가. 대개 경선을 실시할 수밖에 없다.* 이상에서 보았듯이 5개 권역을 같은 값으로 매길 수는 없다.* 따라서 서울 마흔아홉 군데의 공천은 개별적으로 특수한 상황을 고려해서 해야 한다. 선거구의 특성상 당락의 확률이 다르기 때문에 표면으로만 보고 같은 잣대로 공천할

---

* 5개 권역 분류는 16대(2000년)부터 지난 20대(2016년)까지의 총선 결과를 놓고 임의적으로 분류한 것이다. 뒤의 「부록」(300∼305쪽) 편에 자세히 수록하지만 지면 관계상 17대부터 이번까지를 표로 제시한다.

수는 없다. 그러나 유튜브를 비롯, 지지자들은 평면적인 팩트만 보고 공천이 잘못됐다거나 왜 그 사람이냐고 평가하는 경우가 대부분이다. 공천은 단순하지만 고차방정식이 숨어 있는 고도의 정치적 행위라는 점을 잊지 말아야 한다.

나경원·오세훈도 쓰러지는데

첫 공천 발표는 2월 13일 오세훈, 나경원, 허용범, 신상진을 단수추천 하는 안이었다. 두 번째 발표는 이보다 늦은 2월 19일 역시 서울을 중심으로 수도권에 다섯 명을 단수로 발표하고 다섯 곳은 우선추천 지역으로, 또 여섯 곳은 경선 지역으로 결정했다. 3차 발표는 이틀 후인 2월 21일 열한 곳의 단수 후보를 발표하고, 세 군데의 우선추천 지역과 일곱 개의 경선 지역별로 2~3인의 경선자를 발표했다. 당 통합 등으로 추가 공모가 계속되는 바람에 빡빡한 일정을 소화시키려 저녁 시간까지 면접을 강행했다. 이로 인해 신청자에 대한 토론과 압축할 시간을 내기가 어려웠다. 짬짬이 시간 내어 논의하다가 또 면접에 들어가야 하니 주종이 바뀐 셈이다. 주말 특히 일요일에 모여 의견을 조율할 때가 많아졌다. 그러나 주말엔 영입 대상을 만나거나 전반적인 리뷰도 해야 하는 만큼 그야말로 시간이 황금 같았다.

　서울의 간판스타는 단연 나경원과 오세훈이었다. 이들의 선전善戰에 따라 주위의 선거구에도 영향을 크게 미치게 된다. 첫 발표는 그런 주문의 의미가 담긴 것이다. 그러나 두 사람은 패배했다. 서울 전체 의석수도 문제였지만 두 사람에 대한 관심은 이것을 넘어서는 것이어서 더 큰 충격이었다. 상대는 정치 신인이 아니라 정권이었다. 정권의 집중포화와 무기력한 중앙당의 대응에 속절없이 무너져버렸다. 이런 스타들이 쓰러지는데 다른 후보들이 살아남는다는 건 기적을 바라는 일이다. 엄청난 쓰나미로 거목이 사라지는 판에 모든 걸 공천 잘못으로만 덮어버린다면 결코 해답을 찾을 수 없을 것이다. 전술한 것처럼 서울 수도권에 홍준표, 유승민, 안철수 등을 비롯, 모든 장수들이 총동원돼 사즉생의 각오로 임했다면 결과가 얼마나 달라졌을까. 종로도 달라지지 않았을까.

서울에 새로 투입된 황교안 대표마저 역전의 기회를 잡지 못하고 장렬하게 무너졌다. 야당은 바람이 불어주면 승리하고 바람이 불지 않으면 패배한다. 바람은 대개 서울의 핵심지역을 진앙지로 하는데 이번 총선은 종로에서도, 광진에서도, 동작에서도, 강남에서도 불지 않았다. 맞바람도 없었고 동남풍도 없었다. 확실한 대권 주자나 간판스타 없이 선거를 치르는 것은 이번이 처음이었다. 역시 선거의 동력은 이슈가 아니라 사람이라는 걸 절감했다. 동남풍을 일으킬 간판스타를 만들지 못해 역으로 코로나 태풍을 만들어주었다. 공천 실패가 선거 패배의 원인이라면 분명히 여기서부터 문제를 찾아야 한다. 그러나 선거 이전부터 아니 공천 시작 단계부터 간판스타의 부재는 모두가 알고 있었고 이를 해결하려는 노력도 결국 수포로 돌아갔다.

거물급 영입 노력이 공관위의 고유 업무처럼 돼버리면 이도저도 실패할 수밖에 없다는 것을 확인시켜준 결과였다. 회한이 남는 부분이다. 오히려 종로에서는 이낙연을 대권 주자로 만들어보겠다는 지지자들이 급속도로 결집함으로써 서울은 물론, 전국에까지 투표 심리에 심대한 영향을 미쳤다. 여당발 종로풍이 불었다고 봐야 할 것이다. 결국 바람을 기대한 야권에서는 무풍이었고 오히려 여당에서 코로나와 이낙연이라는 두 개의 쌍바람이 몰아쳤다. 수도권에서 여당이 독식하게 된 이유라고 판단된다.

김성태의 비장한 불출마 선언

서울 수도권 지역에서 2월 15일 가장 먼저 불출마 선언을 한 사람은 강서 을의 김성태 의원이다. 제1야당 원내 사령탑을 지냈고 지역 내 다른 경쟁자가 없는데도 전격적으로 이루어졌다. 지금 와서 하는 말이지만 나하고 통화한 지 불과 몇 시간 만이었다. 그런데도 성명서는 명문이었고 인상적이었다.* 평소 생각을 거침없이 토로했다. 마치 준비해둔 듯 "文 정권을 불러들인 원죄를 떠안겠다" 이런 표현은 탄핵 이후 처음 듣는다. 이런 자세를 당에서 몇 사람이라도 진작 표현했다면

---

* 김성태의 「불출마 변」(2020. 3)은 「부록」(261~262쪽)에 전문 게재.

국민의 시선은 달라졌을 거라는 생각이 든다. 자갈밭을 열심히 가꾸어 오면서 정권과는 대척점에 섰으니 미운털이 박힐 만도 하다.

그는 양심선언으로 유명한 김태우 수사관을 후임으로 들여준다면 조직은 물론, 사무실까지 인계하겠다고 했다. 정치권에 좀체 드문 아름다운 이야기다. 김태우 후보는 덕분에 짧은 기간에 소프트 랜딩에는 성공하는 듯했으나 당선에 이르지는 못했다. 내가 MB 정권 인수위에서 일할 때부터 김성태를 알게 되었고 나에게 사석에서 형님이라 부르는 몇 안 되는 의원 중 한 사람이었다. 중동 파견 노동자 출신으로 진솔한 삶을 살았던 그는 의정활동도 열심히 했다. 최근 가끔 종편에 나오는 모습을 보니 미안도 하고 반갑기도 하다.

미래를 위한 투자

광진 갑의 김병민 후보는 TV에 자주 나오는 젊은 후보인데 나는 면접장에서 처음 봤다. 불과 30대에 전국적으로 유명 인물이 되었다. 언변도 논리도 뛰어났지만 선거구가 열세 지역이다. 이곳은 정송학 후보가 19대와 20대에 공천을 받아 출마해서 연이어 고배를 마셨던 곳이다. 현역의원은 민주당 여성 의원으로 재선이었다.

사실 정송학은 내가 한나라당 인재영입위원장 시절, 호남 출신 성공한 기업인을 당내 반대를 뚫고 영입하여 구청장에 당선된 인물이다. 그 후로도 인연은 계속되어 아차산 지역의 고구려 유적지를 함께 방문한 적도, 그가 주도하는 병역명문가협회에 고문직을 맡은 적도 있었다. 여론 인지도 조사에서도 그가 가장 앞섰다. 그런데도 미래에 대한 투자로 30대의 김병민을 단수추천했다. 그에게는 두고두고 미안하지만 당의 미래를 위한 고귀한 양보요 희생이라 생각해주면 감사하겠다. 김병민(38세)은 40.6%의 득표로 아깝게 패했다.

서울 지역의 30대 청년 3인방은 나름대로 선전을 했으나 배지를 달기에는 역부족이었다. 김병민과 더불어 도봉 갑의 김재섭은 불과 32세의 나이로 40.5%를 득표해 중진의 여당 후보를 땀나게 만들었다. 다소 풋풋하고 거칠기는 했지만 거리유세에서 보여준 파이팅은 잠재력을 입증하기에 충분했다. 또 노원 병의 이준석(35세)도 뒤늦게 피치를 올렸으나 44.4% 득표에 그쳐 다음을 기약하게 되었다. 세 사람 모두 일당백을 감당할 수 있는 미래의 일꾼이다. 비록 이번의 도전이 실패에 그쳤지만 큰 정치인으로 커나가는 데 소중한 자산이 될 것으로 믿는다. 어찌 한 번의 노력으로 미래를 차지할 수 있겠는가.

전략 공천이냐, 낙하산 공천이냐

김용태 의원 하면 개혁의 아이콘이다. 홍준표 체제로 치른 지방선거 참패 이후 들어선 김병준 비대위의 사무총장을 맡으면서 친박 비박 가리지 않고 현역의원 21명의 당협위원장직을 박탈할 정도로 강도 높은 당무감사를 실시했다. 3선으로 다져온 자신의 지역구인 양천 을 당협위원장을 셀프 제명, 21대 총선에서 불출마 또는 험지 출마를 공언함으로써 파장을 잠재웠다. 그는 선거가 다가오자 문 대통령의 분신이라 일컫는 청와대 낙하산 인사와 붙겠다며 구로 을을 자원했다. 우리로서는 자갈밭이었으나 기존의 강요식 후보가 당협위원장으로 버티고 있었다. 강요식은 애국심과 투지가 강해 장점이 많았으나 두 번의 총선에서 패하는 등 표의 확장성에는 한계가 있다는 평이었다. 둘 사이의 합의가 원만히 이루어지지 않고 시간이 지체되자 공관위는 김용태의 손을 들어주었다.

강요식은 반발하여 항의를 계속하다가 결국 무소속으로 출마했다. 선거기간 중 협상이 계속됐으나 끝내 불발이었다. 민주당 윤건영 후보는 57% 득표로 너끈히 당선되고 김용태는 38%, 강요식은 4.7%였다. 윤건영과 맞장을 붙일 요량으로 자객공천을 했는데 효과는커녕, 세간의 비난을 들어야 했다. 둘이 합쳐도 못 따라가는 득표였지만 보수가 분열하는 모습을 보여줘 유권자의 실망감만 증폭시켰다. 이제 전략공천(우선추천)은 갈수록 어려워진다. 기존에 활동하던 정치인을 제치고 새로운 인물을 심는 것은 정치 환경상 거의 불가능하다. 반발을 무마할 보상책이 없는 야당으로서는 특히 그렇다. 만일 강행하면 무소속 출마로 표가 갈리고, 신인과 경선시키면 십중팔구 기존 정치인이 이긴다. 새 인물에 대한 갈망과 기존 정치인에 대한 경쟁력을 비교하여 선택하기가 만만치 않다. 앞으로 두고두고 지혜를 짜내야 하는 문제다.

같은 상황이 재현된다면 이번에는 어떤 선택을 해야 할까. 정말 정답이 없는 것 같다.

지역구 공천의 새로운 이정표, 태영호

서울 지역에서 가장 의미 있는 공천은 태영호일 것이다. 그가 비례대표가 아닌 지역구로 출마하리라곤 누구도 상상하지 못했을 것이다. 괜찮은 사람들을 영입하려 노력했으나 거의 실패한 가운데 대표적으로 성공한 경우가 태영호였다. 단둘이 만나자마자 단도직입적으로 본론으로 들어갔다. 그도 깜짝 놀랐다. 지역구는 생각 안 해봤다는 것이다. 비례대표와 지역구 차이를 설명해주며 이왕이면 지역구 정치인이 돼야 한다고 설득했다. 나는 예전부터 태영호 같은 사람이 국회에 들어와 북한 인권 문제를 당당히 거론하고 진정한 평화통일의 길을 제시할 때 통일이 다가오리라고 생각했다. 또 그가 지역에서 직접 선출된 대한민국 국회의원이란 사실 그 자체만으로 북한 전체 주민과 엘리트들에게 신선한 희망의 메시지를 던지게 될 것이라고 확신했다. 지역구 국회의원 하려면 엄청난 돈이 들지 않느냐고도 물었다. 선거공영제와 후원회 제도를 설명하고 필요하면 내가 후원회장 할 터이니 걱정 말라 했다. 자유를 찾기 위해 목숨을 걸고 사지死地를 탈출했던 그 용기를 다시 한 번 보여줄 때가 된 것이다.

그는 드디어 결심을 내렸다. 대한민국을 위해, 북한 인권을 위해, 남북 평화통일을 위해 몸을 던지겠노라 각오를 밝혔다. 신념에 찬 그의 눈빛에 나는 속으로 전율했다. 그날 나는 그의 한국명(가명)이 태구민이며 실제 나이와 두 살 차이난다는 것도 처음 알았다. 국회에 첫 출마 기자회견을 하러 온 날, 언론의 카메라 세례로 열기가 후끈했다. 언론도 긍정적으로 평가했다. 그러나 선대위원장으로 교섭 중이었던 김종인 위원장이 태영호 영입에 부정적이라고 언론에서 부각 보도했다. 나중에 오해가 풀어졌으나 민감한 시기에 말 한마디는 뜻하지 않은 파장을 몰고 온다. 다행히 그는 잘 극복했으나 그를 내세워 서울 수도권 일대의 유세로 붐을 일으키려던 전략은 강남권으로 제한되고 말았다. 내가 본 태영호 의원은 모든 일에 열정적이며 당당하고 또 학구적이었다. 그는 헌법은 물론 조세 관련법과 선거법까지 자세하게 파악하고 있었으며 아이디어도 풍부했다. 무엇보다도 대한민국에 뿌리를 내려 정치인으로 확실하게 성장토록 해준 강남구민에게 감사를 드린다. 나는 약속대로 그의 후원회장을 맡았다.

허용범은 내가 의장 시절 국회 대변인으로 나를 보좌했다. 〈조선일보〉 워싱턴 특파원을 지내는 등 활약이 뛰어난 언론인인데 정계에 뛰어들어 잘 풀리지 않아 고생이 심한 편이다. 처음엔 고향 안동에서 출마했으나 낙선 후 초대 국회 대변인으로 기용했다. 그 후 동대문 갑에서 두 번 고배를 마시고 이번에 세 번째 도전했으나 또 분루를 삼켰다. 작년 말까지 국회도서관장을 지내며 이용자 편익을 위한 시스템 개혁을 대대적으로 단행하는 등 열심히 일했다. 국회의장 시절 부대변인을 지낸 배준영을 두고 '사천'논란이 불거졌지만 막상 대변인을 지낸 허용범에 대해선 말이 없다. 단독 신청자가 아니었더라면 그도 휘말렸을 거다. 동대문구가 워낙 어려운 지역임에도 꿋꿋하게 버텨왔기에 이번에는 기대했는데 너무 안타까워 위로의 말조차 조심스럽다.

서울의 새로운 격전지 송파·강동

송파·강동구는 우리 쪽이 강세였으나 최근 들어 역전되었다. 20대 총선 기준으로 보면 총 5석 중 겨우 1석(송파 갑)에 지나지 않는다. 기필코 탈환해야 하는 곳이라 마음먹었기에 신중히 접근했다. 강동구에서도 갑구 쪽은 해볼 만하다고 생각했다. 당연히 여러 신청자가 몰렸다. 각각의 특장점을 가지고 있어 쉽게 판단할 수도 없었다. 고민 끝에 공관위는 이수희 변호사를 선택했다. 민주당 현역 진선미 의원이 재선의 여성 변호사라는 점도 고려했다. 언론에서 여성 변호사 간 대결로 관심을 보여주면 인지도는 단숨에 극복될 것이고 공세 쪽에 있는 이 후보가 수세 쪽인 진 후보보다 여러모로 유리할 거라 판단했다. 예상대로 언론은 관심 지역으로 연일 보도하면서 그나마 불을 붙였으나 결과는 3.8% 차이로 아깝게 실패했다. 코로나가 몰고 온 "조용한 선거"로 야당의 입(바람)이 여당의 조직(그물)을 뚫지 못한 곳이 이곳뿐만 아니다. 본 투표에서는 이겼지만 사전투표에서 밀려 결국 만회를 못했다.

서울에서 오세훈(2.5%) 다음으로 아깝게 진 경우다. 근대화 초기, 독일 탄광부의 딸인 이수희 변호사는 연고지가 아님에도 체계적으로 접근, 단기간에 지지자를 모으고 친화력과 파이팅이 좋아 기대를 했는데 아쉽다.

강동 갑 신청자 중 두 사람에게는 특별히 미안하다. 어렵게 당을 이끌어온 젊은 당협위원장 윤희석의 부친은 나의 고교 직계 선배다. 모교와 동창회에 좋은 일도 많이 한 것으로 알고 있다. 선·후배들의 부탁도 적지 않았다. 본인의 훌륭한 능력에도 불구하고 총선이란 단기전에서 인지도 문제와 지역 선거 구도 때문에 손을 들어주지 못했다. 또 한 사람은 김충환 전 의원이다. 이 지역 구청장을 역임하고 재선의원까지 했으나 불의의 사고로 잠깐 쉬었다가 이번에 재기를 노렸다. 내가 원내대표 때 부대표로 수고해주었고 그 후로도 친하게 지내왔다. 인지도도 높고 강점이 많았지만 그를 선택하지 못했다. 그럼에도 불구하고 결과에 승복하고 이수희 선대위원장을 맡아 갈채를 받았다. 또 신동우 전 의원도 이 후보를 적극 도왔다. 강동 갑은 보수가 단합된 모습을 보였고 후보도 괜찮았는데 석패했다. 무엇이 문제인가.

송파 갑은 박인숙 의원이 불출마 용단을 내린 지역구다. 아산병원 출신의 저명한 의사인 그가 8년 전 국회에 들어왔을 때 나는 속으로 "공천 참 잘했다. 전문가 시대에 맞는 인물을 영입했구나!" 했다. 국회에서도 실력을 유감없이 발휘했다. 그러나 탄핵 풍이 몰아칠 때 바른

정당에 참여했다. 이번에 깨끗하게 불출마 선언을 하여 공관위의 어깨를 가볍게 해주었다. 그는 후임으로 『검사내전』의 저자 김웅 전 검사를 요청했다. 사실 김웅의 높은 지명도와 정의감을 고려하면 꼭 탈환해야 할 공략권으로 보내는 것이 맞다. 그러나 송파와 강동구는 수성지역과 탈환지역이 고루 섞여 있고 또 성남과 하남 등 경기도 주요 도시와 직결되는 요충지다. 인근의 파급효과까지 고려하여 김웅을 단수추천했다. 실제로 그는 여러 군데 지원유세와 합동유세도 가졌다. 그런데도 우리는 송파 갑·을 두 군데만 이겼을 뿐이다.

배현진 후보도 롤러코스터를 탔다. 2년 전 보궐선거에서 실패하여 와신상담하며 설욕의 각오를 다지고 있었다. 그러나 민주당 현역인 최재성 의원이 강자임을 감안, 곱고 순수한 이미지의 배현진은 승리카드로서는 한계가 있다는 걱정이 제기되었다. 또 보선에 당선된 사람은 대개 다음 선거에는 재선되는 것이 불문율처럼 되어왔기에 더욱 조심스러웠다. 그러나 이곳은 반드시 탈환해야 할 지역이라 공관위의 고민도 깊어졌다. 언론도 가만있을 리가 없었다. 여론 추이를 살필 수 있는 기회라고 생각했다. 배현진에 대한 동정론이 압도적이었다. 복잡한 생각은 바로 정리가 되었다. 선거에 이기는 비결 중 하나가 동정론의 확산이기 때문이다. 송파 을 유권자는 그를 버리지 않았다. 그는 당선으로 보답했다. 유세 능력도 태도도 2년 전보다 훨씬 세련되었다는 것이 유권자들의 반응이었다.

이런 가운데 김은혜 후보는 신청 지역을 또 바꿔야 했다. 강남 병→송파 을→성남 분당 갑, 이렇게 세 군데나 잠정적이지만 지역구를 변경했다. 공관위로서도 그가 경쟁력이 있는 만큼 히든카드로 사용하고 싶어 했다. 역시 기대를 저버리지 않았다. 비록 분당에서 뒤늦게 출발했지만 여당의 강적을 물리쳤다. 나는 유세 현장에서 투지와 순발력, 친절하면서도 소신 있는 모습을 보고 반드시 열세를 뒤엎고 승리하리라 믿었다. 비록 1% 이내의 초접전 승리지만 그녀만이 해낼 수 있었다고 인정한다. 진정 어린 박수를 보낸다. 김은혜와 배현진은 각각 당(비대위) 및 원내 대변인을 맡아 누구보다 열심히 의정활동을 하고 있다. 김웅을 포함한 세 젊은 기수가 국회에 새로운 이정표를 제시해주리라 기대해 본다.

반면에 송파 병에 출마한 김근식 후보는 두고두고 아깝다. 그가 통합당에 합류함으로써 통일문제, 남북문제에서 유연하면서도 적극적인 자세를 갖추게 되리라 기대했다. 또 우리로서는 선거 환경이 쉽지 않은 송파 병을 자원했다. 용기 있는 태도다. 후술하는 천안 갑의 신범철과 더불어 대북 문제를 포함한 외교안보 분야에서 우리가 주도권을 잡는 계기를 마련하리라 기대감이 솟았다. 현장에서 만났을 때도 그는 자신감과 확신에 차 있었다. 정말 든든했다. 그러나 유튜브를 비롯, 일부에서 '좌빨'을 왜 공천했느냐며 과거 행적을 트집 잡았다. 그러면서 고생하는 태극기 세력은 제외시키고 좌편향 인사만 챙긴다며 색깔론을 제기하기도 했다. (사실은 태극기 부대 같은 보수 우파가 훨씬 많이 공천을 받았다.) 선거는 우리 편과 우리 표를 확장하는 것이 기본인데 획일적인 자세를 갖는 한 이기기 힘든 것이다. "종북 좌파만 아니면 다 모여라!" 이런 메시지를 시도 때도 없이 던지며 뭉치고 화합해야 하는데 그것이 부족했다. 명강의 교수 김근식의 정치를 향한 꿈은 여전히 현재진행형이다.

강남 병 김미균과 나의 공관위원장 사퇴

강남구는 우리 당으로선 가장 상징적인 곳이다. 누구를 내세우느냐로 이번 21대 총선 공천의 얼굴매김이 될 정도로 중요한 곳이다. 서울 수도권에서 가장 유리한 곳이기 때문에 더욱 그러했다. 그러나 세 곳 중한 곳(을구)은 탈환해야 하는 곳이고 젊은 층, 서민층도 적지 않아 여러 가지로 신경 써야 하는 곳이다. 갑(태영호:통일외교안보), 을(최홍:실업 금융계, 나중 박진으로 교체)에 이어 병 지역은 우리로서는 가장 유리한 곳이니 시간을 두고 좋은 후보를 찾자고 했다. 되도록이면 젊은여성 기업인 중에서 물색키로 했다. 여러 후보군을 놓고 논의하던 끝에 IT계 스타트업에서 두각을 나타내는 김미균(시지온 대표, 34세) 쪽으로 기울어졌다. 면접을 보고 난 후 최종 판단키로 했다. 면접장에서 스스럼없는 대화가 오고 갔다. 국회 내에서는 IT분야의 원조로서 첨단을 걷는다고 한때 자부해왔었는데 시대 변화를 절감하는 순간이었다.

김미균 면접 후 강남 병 공천을 주자는 게 중론이었다. 나도 동의했다. 그러나 발표는 내일쯤 하는 게 어떨까 했더니 실무자가 내일은 다른 발표사항이 없다 한다. 이것 하나만 덜렁 발표하는 게 좀 뭐하다 싶어 그럼 오늘 다른 후보들과 묶어서 한꺼번에 하기로 했다. 사달은 이렇게 순간에 일어난다. 늦게 집에 들어갔더니 아내의 수심이 가득하다. 우리 딸 또래의 젊은 주부들이 난리라는 것이다.

강남 병은 아이들 교육 문제(더 심각하게는 학원 문제), 부동산 전월세 문제와 재산세 문제가 주 관심사인데 미혼의 젊은 여성은 전혀 맞지 않다는 것이다. 강남 병 주민이면서 지역문제에 얼마나 무심했는지가 한순간 드러났다. 더구나 '문빠'라고 인터넷에서 야단이라고 한다. 대통령 수행단으로 젊은 여성 경제인이 핀란드를 함께 간 사실을 나는 오히려 좋게 평가했다. 이런 사람이 우리 진영에 들어오면 보수의 지평도 넓힐 수 있으리라 생각했다. 다만 홈페이지에 대통령과 박원순 시장 등으로부터 받은 선물을 자랑했다는 것은 좀 걸렸다. 워낙 급하게 이루어진 일이라 그도 자기 홈피에 들어가 심경을 토로하거나 정리할 시간이 없었을 것이다. 하루만 더 여유를 가졌어도 됐을 텐데 발표를 서두른 나의 잘못이다. 그제서야 나는 컴퓨터를 켰다. 공관위원 몇 분도 실무자도 걱정하는 메시지가 와 있었다. 혼자 조용히 생각할 시간이 필요했다. 마음을 정리한 후 내일(3월 13일) 아침 긴급회의를 소집했다. 실무자를 제외하고 공관위원들만 모이기로 했다. 그 자리에서 입장을 밝혔다. "김미균 공천은 철회하고 나는 위원장직을 사직한다."
공관위원들이 술렁거렸다. 설왕설래가 있었지만 나는 입장을 굽히지
않았다. 만류하는 위원들을 겨우 설득한 후 곧장 국회에 가서 입장을
밝히기로 했다.

나의 위원장 사퇴 이유

내가 위원장직 사퇴를 결심한 이유가 몇 가지 있다. 시간이 지날수록
공천 탈락자들과 강성 우파들이 공관위에 불만과 비판을 쏟아내도 이
것을 막아주거나 대응하는 사람도 기구도 없다. 밖에서 계속 집을 흔
들어대는데 안에서는 집을 지킬 수 없다. 나가서 흔드는 세력들과 정
면 대응해야 공관위가 마지막 작업을 마칠 수 있겠다 싶었다. 또 한편
우리 정치의 약점인 책임지는 자세를 보여야겠다는 생각에서였다. 앞
길이 창창한 젊은 여성의 인격과 명예에 큰 타격을 입혔는데 가만있
다는 건 무책임한 일이 아니겠는가. 큰일을 위해서 작은 실수는 눈감
아야 한다면서 짓밟아온 오만한 전철을 되풀이하지 말자는 생각이 들
었다. 이제 공천 업무는 90% 이상 끝났다. 철회된 강남 병과 일부 호남
지역, 그리고 지역과 대상자가 정해진 몇 군데 경선만 사무적으로 처
리하면 되는 것이다. 그래서 공관위원들에겐 미안하지만 더 중요한 일
을 하러 밖으로 나가는 거라고 설명했다. 무엇보다도 내가 안심이 되
는 건 후임이 든든했기 때문이다. 강단 있는 이석연 부위원장이 직무

대행을 맡아 버텨준다면 걱정하지 않아도 될 것이라는 확신이 있었다. 사직 기자회견장에서 직무 대행을 맡기로 한 이 부위원장은 "공관위를 흔든다면 우리 모두 즉각 사직할 것이다!" 배수진을 친 발언을 함으로써 더욱 나를 안심시켰다. 그러나 예상은 빗나갔다.

공관위를 흔드는 세력은 밖에 있는 것이 아니라 안에 있었다. 내가 사직하기를 기다렸다는 듯이 공천이 뒤집어지고 흔들렸다. 바깥 세력에 엄정 대응하겠다는 나의 생각이 완전 틀어진 것이다. 최고위의 공천 무효화 조치는 나로서는 감내하기 어려웠다. 최고위와 각을 세워야 하느냐 마느냐로 심각히 고민했다. 그러면서도 한편으론 공관위가 최고위의 초법적 행위에 엄정 대처하리라 기대했다. 공관위 역시 최고위와 대립할 거냐, 타협할 거냐를 놓고 고심을 한 것 같다. 최고위에 의한 막판 공천 뒤집기를 조금이라도 눈치챘다면 어떤 욕을 먹더라도 공관위원장직을 결코 사직하지 않았을 텐데, 여러 가지로 회한이 밀려왔다. 나는 이리도 어리석다.

인천에서의
냉대

선거 정보가 전혀 없는 인천

인천은 지자체 중에서 가장 '뜨는' 지역이다. 인천항과 인천국제공항, 그리고 송도 신도시는 대표적 성공 사례로 꼽히고 있고 청라지구도 희망이 보인다. 강화도, 백령도 등을 포함해 광역시 규모로도 전국 제일이다. 인구와 GDP가 증가하는 유일한 도시다. 그러나 다른 곳과 마찬가지로 공천과 관련한 자료가 너무 빈약했다. 인천시 당 사무처장으로부터 20~30분 설명 듣는 게 전부였다. 그동안 인천은 거의 여야 당선 비율이 비슷했다. 19대에 6:6이고 20대는 우리 쪽 무소속을 포함하면 6:7로 민주당이 약간 앞선다. 그런데 이번에는 대참패를 당했다. 총 13석 중에서 겨우 배준영 의원 한 석만 건졌다. 우리 후보는 평균 39%를

오답 처리된 공천 답안지 107

얻은 데 반해 민주당은 53%를 얻어 차이가 컸다. 4년 전(20대 총선)에 비해 우리는 겨우 4% 올린 데 반해 민주당은 무려 18%나 신장됐다.* 수도권 전체에서 가장 낮은 득표율이다. 무엇이 민심을 뒤집어놓았는가. 외지인을 투입해서인가(전희경, 박종진). 경쟁력 있는 후보를 배제한 결과인가(윤상현). 후보를 다른 곳으로 이동시켰기 때문인가(유정복, 이중재, 안상수). 아니면 공천을 번복했기 때문인가(민경욱, 정승연). 지나고 보면 모두 다 원인인 것 같다.

그러나 4선에 도전하던 사람(이학재)도, 재선을 노리던 이(정유섭)도, 20년간 의료봉사하며 설욕을 노리던 사람(윤형선)도, 내부의 경선을 통해 공천장을 쥔 사람(이원복, 강창규)도 모두 떨어졌다. 모두 6곳에서 경선을 치렀다. 그중 5곳은 4년 전 후보 그대로 됐다. 민주당은 4선을 거쳐 5선을 달성한 이도, 세 번 연속 패배 끝에 4수에 성공한 사람도, 지역과 연고가 별로 없어도, 공천 과정에 문제가 있어도, 경력과 관록이 평범해 보이는 사람도 모두 당선되었다. 토박이가 아니라도 인천을 바꿀 사람으로 환영받는데 우리는 그 반대였다. 심지어 경선을 했더라도 하자가 있으면 바로 제척시키는 깔끔을 떨었지만 호응은 미지근했다. 우리에게만 너무 가혹한 잣대를 대는 것 같아 서운한 면도

---

* 인천은 4년 전 총선(2016년)에선 안철수의 국민의당에서 18.6%를 획득했다. 이번에 안철수 쪽 인사들이 대거 통합당으로 왔건만 안철수 지지라 할 수 있는 중도층 유권자들은 민주당으로 옮겨 갔다.

있지만 그만큼 눈높이에 못 맞춘 우리 탓이 아니겠는가. 이번을 계기로 선거 구도, 인물, 이슈, 선거운동 방법 등 유권자의 요구와 어떤 차이가 있었는지 면밀한 분석과 검토가 필요하겠다. 아니 그보다 더 근본적인 문제가 따로 있는 것 같다. 그것을 찾아내야 한다. 인천은 한국의 미래인데 그냥 넘어가면 다음에는 더 큰 것을 잃게 될 것이다.

전략적으로 실패한 전략적 배치

우리는 인천 공천에서 핵심 인물의 배치부터 논의를 시작했다. 주로 유정복 전 시장과 윤상현·민경욱 의원 문제였다. 인천 승리를 위해선 대표 인물인 유 전 시장을 편한 곳(?)으로 보내선 안 된다는 의견이 모아졌다. 희망 지역이었던 미추홀 갑 대신에 남동 갑으로 결정했다. 유 전 시장도 쾌히 수용했다. 인천에서 제일 '물'이 좋다는 미추홀 갑은 신청자가 가장 많았다. 그러나 현역인 홍일표 의원은 여러 후보 중 전희경 의원을 요청했다. 압도적인 인물도 없는 데다가 물러나는 현역의원과 껄끄러운 관계로 당선된 경우는 없기 때문에 전희경을 공천했다. 당내 투사로 명성을 날리던 전 의원은 원래 서울이나 경기 격전지에 투입할 계획이었으나 여의치 않았다. 후술하는 윤상현·민경욱 공천이 차질을 빚어 인천 지역에 야당 바람을 몰고 올 새로운 기수가 필요했다. 원적이 충청도인 그가 충청도 출신이 많은 인천에 자리를 잡아서 정치인으로 크게 성장하면 좋겠다는 바람도 작용하여 내 고집을 꺾었다. 그러나 예상보다 큰 표차(6.6%, 8,597표 차)가 난 것으로 봐선 인천 시민과 정서적 공감대를 이루기에는 시간이 부족하지 않았나 싶다. 탄탄한 논리에 뛰어난 연설 능력을 갖춘 그의 장기는 코로나 선거에 막혀버린 것 같다. 당의 귀한 자산인 전희경을 잃은 것이 두고두고 아쉽다.

　윤상현 의원만큼 지역구(미추홀 을)가 탄탄하다는 평가를 받는 의원은 드물다. 4년 전에도 공천받지 못해 무소속으로 출마, 살아서 돌아왔을 정도다. 이번에도 그랬다. 그의 능력이나 실력을 보면 그를 능가할 만한 인물을 찾기가 쉽지 않다. 그런데도 친박의 대표로 낙인찍혀 계속 수모를 당한다. 이번에도 그를 공천하면 인천은 물론 전체 선거에도 나쁜 영향을 미치리라는 지적이 많았다. 정치인은 책임지는 직업이다. 박 대통령의 탄핵과 구속이라는 엄청난 사태에도 친박이든 아니든 누구도 책임 있는 자세를 보이지 않았다고 국민들은 여전히 기억하고 있다. 이번에 불출마 선언을 몇몇이 했지만 늦은 감이 있었다. 이런 후유증이 윤 의원의 발목을 잡았다. 고심 끝에 일단 그를 현 지역구에서 배제한 후 다른 지역구로 옮기는 방안으로 가닥을 잡았다. 그러면 정치적 문제도 다소 해소될 것이고 유·윤 투톱 시스템은 긍정적으로 가동될 것으로 봤다. 그러나 윤상현은 동의하지 않았다. 시간이 너무 늦었다는 것이다. 그를 설득하기 위해 내가 직접 찾아가 만났어야 했는데 그러지 못해 후회스럽다. 나를 포함한 모든 공관위원들이 시간에 쫓기다 보니 이것저것 챙기지 못해 실수를 범한다. 인천 선거가 실패한 가장 큰 이유가 이것이 아니었나 생각한다.

첫 포석이 잘못된 것이다. 그러다 보니 하나둘 이상하게 꼬이게 된 것이다. 몇 사람에게 의사 타진을 했지만 윤상현이 있는 한 버겁다는 반응이었다. 아예 무공천 지역으로도 검토했지만 뒤늦게 안상수 후보가 결심을 내려주었다. 안상수의 등장에도 불구하고 윤상현은 다시 승리했다. 민주당 후보와는 불과 171표 차이다. 언론에서는 왜 안상수를 지역을 옮겨 윤상현과 붙였느냐고 문제 제기를 했다. 지난 총선에서도 황우여를 연수 갑에서 서구 을로 '돌려막기' 해서 여론이 안 좋아 낙선했는데 또 같은 실수를 되풀이했다는 지적을 한다. 이유 여하를 막론하고 뼈아프다. 차라리 무공천을 했더라면 하는 생각이 들기도 한다. 윤 의원의 경우 정치적 책임이냐, 당선 가능성이냐, 두 가지 선택에서 판단을 내려야 하는데 어떤 결정도 쉽지 않다. 전국 선거판과 인천 선거에 각각 미치는 영향에 대한 분석도 미흡했다. 개인적으로는 그가 이런 고난을 극복하고 4선이 되었으니 훌륭한 지도자로 성장해주기를 바랄 뿐이다. 이제 더 이상의 공천 배제라는 불이익이 그에게 없기를 기원한다.

민경욱 의원(연수 을)의 파란만장한 정치적 곡절은 드라마 같다. 다만 해피엔딩이 아니라서 안타까울 뿐이다. 처음 공천 심사에서는 막말 사건에 걸려 컷오프되었다. 막말은 통합당의 아킬레스건과 같다. 다소 경계가 애매하긴 하지만 지지율을 3~4% 갉아먹는 주범이다. 소위 점수 좀 벌어놨다가 다 까먹는 식이다. 파장도 오래간다. 그래서 막말은 이번 공천에서도 중요한 심사 대상 중 하나였다. 특히 선거가 다가오면 막말주의보가 발령되지만 반드시 예기치 않게 한두 번 선거판을 요동치게 만든다. 이번에도 그랬다. 김대호 후보는 중도에 그만두고 차명진은 완주했지만 여론은 몰매를 들었다. 나는 솔직히 민 의원의 활동에 긍정적인 편이다. 투사·전사가 부족한 자유한국당(미래통합당 이전)에 이만한 사람도 드물다는 입장이다. 앞장서 싸우다 보면 말이 거칠어지는데 이것을 도매금으로 취급하는 건 옳지 않다는 생각이다. 민 의원 문제는 공관위 내부에서도 쉽게 결론이 나지 않을 만큼 뜨거운 감자였다. 지역 신청자 면접을 마친 후 분위기가 정리되기 시작했다. 결국 민현주 전 의원을 추천하는 것으로 결론이 났다. 그러나 그 후 최고위의 재의 요구에 의해 다시 경선으로 수정되었다. 보름간의 시간이 지났으니 원외인 민현주도 이름을 알리는 시간을 충분히 가졌으므로 공평한 경선이 되리라 생각했다. 그러나 현역의 벽은 두터웠다. 민경욱은 경선에서 다시 살아났다. 여세를 몰아 본선에서도 승리할 것으로 기대했는데 2.3%(2,893표) 차로 석패했다. 사전투표가 큰 표 차이로 당락을 갈랐다. 민 의원은 여론조사에서 줄곧 앞섰던 만큼 사전투표 조작논란에 불을 붙였다. 상당한 의구심을 지적하는 전문가가 있는 만큼 민 의원 지역부터 빨리 개함해보면 좋겠다.

중도층은 왜 등을 돌리는가

부평 갑의 정유섭 지역도 인천 선거를 이해하는 척도가 될 듯하여 문제 제기를 해본다. 부평 갑 선거구가 신설된 15대부터 20대까지 보수 진보가 3대 3으로 팽팽한 접전을 보였다. 부평 출신이며 해양수산 전문가인 그와 국민의당 문병호, 그리고 민주당의 이성만은 각 당의 공식 후보로서 둘 또는 셋이 동시에 싸우기를 몇 차례 했다. 문병호가 두 번(17, 19대), 정유섭(20대)에 이어 이번 21대에 이성만이 당선됐다. 무엇보다 4년 전엔 정유섭과 문병호 간에 재검표까지 하는 초접전 끝에 정유섭이 전국 최소 득표 차(23표)로 당선된 곳이다. 이번에 이성만도 우여곡절을 거치며 민주당 후보가 됐다.

이런 점에서 문병호의 통합당 합류는 무엇보다 반가웠다. 표의 분산을 막고 문자 그대로 통합당으로 야권 통합을 이룸으로써 승리를 기대했다. 그러나 4년 전 제법 큰 표차로 3위 낙선한 이성만이 이번엔 우리 후보와 15% 차로 낙승했다. 정유섭은 의정활동도 열심히 했고, 친여 시민단체에서 문제 제기하는 수준 이상의 스캔들도 없었다. 무엇보다 문병호와 교통정리도 잘되어 공천 갈등이나 잡음이 없었다. (문은 영등포 갑에 전략공천됐다.) 진보 계열도 출마자가 없어 사실상 여야 일대일 구도였지만 의미는 우리 쪽이 훨씬 컸다. 그런데도 초선의원인 정유섭에게 유권자들이 벌써 싫증을 느꼈는가. 당의 통합은 물론 후보마저 통합했는데 왜 중도 표를 흡수하지 못하는가. 상대인 민주당 후보는 공천자가 뒤바뀌는 내부 진통을 겪었고 시의원 경력에 국회 도전 두 번 만에 당선될 만한 특별한 사유가 있었을까. 정부 여당에 대한 묻지마투표였다는 말인가. 이를 뒷받침이라도 하듯 여야 일대일 구도가 되어 자연스레 여당인 민주당이 승리했다고 단순화하는 주장도 있다.* 이런 식의 접근으로는 해답을 찾을 수 없을 것이다. 내가 공천고백기를 쓰는 이유는 이런 차원을 넘어서고자 함이다. 선거라는 극도로 첨예한 정치 상황에 매몰돼 우리는 더 중요하고 본질적인 것을 놓치고 있는 것은 아닌가. 가치와 의미를 상실한 투표는 순간의 카타르시스는 될지 몰라도 훨씬 더 긴 실망감과 정치 불신, 국민 갈등을 부채질할 것이다. 나의 주장은 이 책의 마지막 부분에서 언급하려 한다.

---

* "표심 분산요인 없이 민주당과 통합당의 1:1 매치가 성사되자 예상한 대로의 결과가 나왔다." (http://me2.do/xC8TTZEh, 나무위키, 부평구 갑 2020. 9. 27.)

경기도에서의
푸대접

심재철과 정병국:지도자의 자기희생

경기도 최다선 의원은 심재철 원내대표와 정병국 전 대표로 5선이다. 두 사람 모두 정치적 감각과 판단이 뛰어나고 정의감과 인성이 바르다. 심재철은 어려운 지역구(안양 동안 을)인데도 지역 관리를 잘하여 안양 일원에서 혼자 당선되는 저력을 보여왔다. 국회부의장에 이어 선거가 임박한 시기에 야당 원내대표를 맡아 최전방 사령관으로서 온갖 궂은일 어려운 일을 진두지휘해야 했다. 그러나 지역이 지역인지라 노력과 헌신에 비해 지지율은 정체되고, 반대파의 비방은 줄지 않았다. 내심 지역구를 바꿨으면 했다는데 차마 말을 못 하고 사지死地로 말을 몰았다. 결국 6선 고지를 넘지 못했다. 80년 초 '서울의 봄'을 주도했던 서울대 총학생회장 출신으로 그 후 온갖 풍상을 겪으면서도 꿋꿋하게 일어선 의지의 표상이다. 공천 작업 중 여러 사람을 부탁했는데 들어주지 못했다. 여러모로 미안하고 아쉬운 생각이 든다.

정병국도 어려운 수도권에서 연속 5선을 하면서 아무런 스캔들 하나 없이 바른길을 걸어온 정치인이다. 장관과 위원장을 역임하는 등 관록을 쌓았다. 정병국은 심재철에 비해 지역 형편이 나았다. 도시화와 전통 농촌이 어우러진 곳이다(여주, 양평). 그러나 그의 사고는 보수에 머물러 있지 않고 늘 깨어 있으며 개방적이었다. 지난 탄핵사건 때 탈당하여 바른정당을 창당한 뒤 계속 당을 지켰다. 이것이 큰 짐이 되었다. 정 의원은 경기도를 대표하는 의원으로 간판스타 역할을 맡아야 했다. 당의 대표급 의원들의 험지 출마와 궤를 같이하는 것이다. 영남권 다선의원들은 불출마를 권유받고 있는데 통합열차를 타고 본인 지역구로 가겠다는 것은 무리였다. 경기도 중심인 수원 출마를 권유하였다. 수원은 남경필 이후 공략이 난망한 상태다. 권토중래를 노리는 정미경 최고위원에 정병국만 가세한다면 이곳도 해볼 만한 싸움이 되리라 생각했다. 그러나 그의 대답은 의외였다. "내 스타일은 파고드는 선거에 강하다. 그러나 코로나 사태로 대면접촉이 안 된다. 외지인인 나를 알릴 수단이 없는데 어떻게 이기겠는가." 그는 깨끗이 접었다. 결국 수원 선거는 5석 중 한 석도 건지지 못하였다. 정 의원은 언제나 솔직했다. "전략공천 아니면 내 지역구로 갈 수 없다. 그러나 나 때문에 예

116

외는 인정하지 말라. 나를 컷오프시켜달라. 아예 불출마하겠다." 자기
를 공천해 달라는 풍토에서 현역의원 입에서 이런 말을 듣다니 너무나
신선해서 충격이었다. 결국 공관위는 지역 관리를 잘한 김선교 후보를
공천했다. 3월 9일 공천 발표를 하는 날, 정 의원은 바로 입장문을 냈
다.* 진정성이 우러나오는 감동적인 글이었다. 그동안의 피로가 싹 가
시는 신선함과 함께 목이 잠겼다. 그런데 어찌 정병국 같은 사람이 중
앙선대위에서 역할하지 못했을까.

민주당 정책은 반대해도 민주당 후보는 지지한다?

신상진은 성남 중원구 현역 국회의원이다. 그 지역구는 우리 당 누가
나와도 당선되기 어려운 대표적 험지다. 그 역시 본 선거에서 낙선했
다가 보궐선거를 통해 살아 돌아오는 등 험난한 정치 역정을 통해 4선
고지에 올랐다. 신 의원도 신 의원이지만 부인도 고생이다. 부부가 이
런 고생을 하면서 왜 국회의원을 하는지 안쓰러운 생각이 들 때가 한
두 번이 아니었다. 그는 서울의대를 나온 '운동권 의사'로서 의사협회
장을 지낸 서민 지향형 정치인이다. 내가 당의 원내대표 때 부대표로
수고해서 그의 인성이나 능력을 잘 안다. 이번에 당선됐으면 5선 의원
으로 코로나와 공공의대 문제 등에 적극 역할할 수 있었을 텐데 정말

---

* 정병국의 발표문 전문(3월 5일자)은 「부록」(263~264쪽)을 참고.

안타깝다. 사족을 붙인다면 내가 원내대표 때 수고한 부대표 출신들이 이번에 공천 신청했으나 낙점되지 못했다. 그분들은 신 의원처럼 단독 신청이 아니었다. 당내 경쟁자에 비해 상대적으로 지명도도 높아서 은근히 기대했을 터인데 결과에 승복한 것은 마지막까지 내 체면을 지켜 주려고 그런 것이 아닐까. 재삼 미안한 마음 금할 수가 없다.

고양시는 일산 신도시를 머금은 서울 서북권 최대 도시이며 인근 파주 두 곳까지 포함하면 6개 선거구다. 결과는 전패로 나타났다. 이곳은 김현아(고양 정) 의원이 밭을 갈고 있었다. 비례대표 출신의 원내부대표로서 토론하는 모습을 눈여겨보았다. 특히 부동산 전문가로서 입지를 굳혀 제3기 신도시를 개발하겠다는 정부 정책의 부당성을 신랄하게 지적하여 주민들로부터 많은 호응을 얻었다. 공천 잡음도 없었는데 예상보다 큰 표차(약 8%)로 졌다. 4개 선거구가 거의 비슷한 수준으로 밀렸다. 당협위원장으로 고생해온 고양 갑의 이경환 변호사는 초반에 심상정 후보와 접전을 벌였으나 나중에는 힘에 부쳤다. 고양 을의 당사무처 출신인 함경우와 고양 병의 김영환도 낙마했다. 김영환은 그곳 시도의원 출신들의 지지를 받아 역시 가능성 있다고 보고 지역을 옮겼다. 유세 현장에서 옛 민주당 인사들도 많이 만났다. 그를 통해 우리가 당초 기대했던 보수의 지평을 넓힌다 생각하니 흐뭇했다. 운동권 출신으로 시인이며 치과의사인 그는 한때 나와 같은 국회 상임위에서 여야로 나뉘어 치열하게 다투던 사이다. 내가 야당 상임위원장 시절인 김대중 정부 때 40대 중반의 나이에 소관 상임위인 과기부 장관으로 발탁될 정도로 능력을 인정받았다. 그런데 여전히 정정한 모습으로 새 선거구에서 새로운 도전을 한 것이다. 이번에 지역을 옮겨 성공한 사례는 영남권을 제외하면 한 명도 없는 셈이다.

고양시와 파주시 모두 6개 지역에서 단 한 석도 얻지 못한 원인은 무얼까. 우리 후보는 출신 배경, 직업, 활동 이력이 다양하고 다채롭다. 연령층도 30대에서 60대까지 고루 분포되었고 여성 후보도 두 명이다. 공천 후유증이나 선거과정에서 큰 실수도 없었다. 그런데도 완패했다. 초반에 해볼 만하다던 접전 지역은 후반으로 갈수록 밀렸다. 가장 적은 득표율 차가 7~8%이며 23% 이상 차이 난 곳도 있고, 2곳만 1만 표 가까운 표차일 뿐 나머지는 언급하기가 민망할 정도다. 일산 신도시는 아파트 가격이 상대적으로 평가 절하되어 있어서 주택정책에 불만이 많았다. 인프라도 같은 시기에 조성된 분당에 비해 열악하다. 주위에 계속 신도시가 들어서서 주거환경을 더욱 악화시키고 있다. 이를 주도한 장관은 이 지역 출신 의원이고 대규모 시위도 여러 차례 했다. 그런데 선거 결과는 정반대로 나왔다. 민주당 정책은 반대해도 민주당 후보는 지지한다? 무엇이 잘못됐는가. 민주당 후보자는 모두 신인이었는데 거뜬히 당선되었다. 전국적 지명도가 있거나 오랫동안 표밭을 관리해온 경우도 아니라 할 수 있다. 대표적인 중산층 지역에서 운동장은 왜, 어떻게 기울어졌는가. 이대로 넘어가면 다음도 기약이 없다.

전패한
대전광역시

대전 지역은 이번에 7석 모두 전멸했다. 누구도 예상 못 한 결과였다. 구청장 출신의 대전 동부 지역 대표 3인방이 아슬아슬하게 고배를 마셨다. 동구의 이장우 후보는 3.4%, 중구의 이은권 후보는 2.1%, 대덕구의 정용기 후보는 3.1% 차이로 낙선했다. 모두 당일 투표는 이겼지만 사전투표에서 뒤집어져서 더욱 안타깝다. 이들은 각각 동구청장, 중구청장, 대덕구청장을 역임한 행정과 정치 경험이 풍부하기에 더욱 아쉽다. 특히 이은권 후보는 관내 사전투표를 포함한 개표까지도 이겼지만 관외 사전투표에서 3,205표 차이, 최종 2,808표 차이를 극복하지 못하고 뒤집어지고 말았다. 우리 후보는 3월 1일 2명, 4일 3명이 단수 공천되고 나머지 두 명은 3월 16일 경선으로 확정되었다. 빠듯한 공천 일정에 비해 빠르지도 늦지도 않았고 특별한 공천 잡음도 없었다.

대전의 선거 트렌드를 파악하기는 매우 까다롭다. 지역 중심의 당이 나오면 표심이 쏠린다. 18대에는 자유선진당이 6석 중에서 5석을 차지했고, 15대와 16대에는 자민련 바람이 불어서 7석과 3석을 각각 가져갔다. 다음에는 대전을 동서로 가르는 지역 경계에 따라 보수, 진보 성향을 보여주기도 한다. 20대와 19대 총선에서 통합당과 민주당이 3:4와 3:3 거의 균형을 이루었다. 동부에 위치한 동구, 중구, 대덕구에서 의석을 확보했던 것이다. 그런데 이번에는 7석 모두를 민주당에 내주었다. 문제는 지난 대선과 2년 전 전국지방선거에서 대전시장에 이어 이번까지 연속 세 번째 전 지역 완패라는 데 있다. 또 통합당 계열이 한 석도 차지 못한 경우가 15대, 17대와 18대에 이어 이번이 네 번째가 된다. 대전의 민주당 현역 4인은 모두 수성에 성공했지만 우리 쪽 현역 3인은 모두 실패한 것이다. 우리 쪽 관계자 누구도 예상 못 한 결과다. 그만큼 대전은 예측이 어렵고 성향을 파악하거나 대책을 세우기가 쉽지 않다.

특히 대전의 서부 지역은 우리로서 완전 불모지나 다름없다. 대전광역시로 승격된 이래 서구와 유성구에서 당선된 후보는 단 한 명도 없는 실정이다. 서부 지역에서 가장 관심을 모은 곳은 단연 서구 갑이었다. 민주당 박병석 의원의 아성에 이영규 변호사가 내리 다섯 번째 도전장을 냈다. 동일 인물끼리 다섯 번을 싸우는 것은 아마 선거 사상 최초인 것으로 알고 있다. 4전 5기냐, 국회의장이냐 이슈로 주목을 받았지만 끝내 이영규 후보는 10% 넘는 표차로 벽을 넘지 못하고 말았다. 이외에 양홍규, 장동혁, 김소연 등 법조인 출신 세 후보도 자질과 역량면에서 결코 뒤지지 않는 인물이었지만 선거의 구조적 불리함을 넘지 못했다. 특히 38세의 젊은 여성 변호사 김소연은 민주당 소속 대전광역시 의원이었으나 용기와 소신 있는 행동으로 주목을 받았고, 경선을 통해 통합당 공천을 받았지만 끝내 민주당 후보와의 격차를 좁히지 못했다.

그런데 이해할 수 없는 일이 대전 중구에서 벌어졌다. 집권당인 민주당에서 이번 선거의 흑역사를 쓴 것이다. 민주당은 2018년 지방선거 당시에 울산시장 선거개입사건 연루 의혹으로 재판을 받고 있는 황운하 씨를 공천했다. 황운하 씨는 경찰공무원 신분을 유지한 채 공직선거에 출마하는 기이한 현상을 연출했다. 게다가 총선이 끝나자마자 선거캠프가 압수수색을 당하고, 경선 이전에 권리당원 명부를 부당하게 사용한 혐의 등으로 캠프 관계자가 구속되기도 했다. 앞으로 결과를 더 지켜봐야겠지만 불법으로 경선을 치러 공천을 받았다면 이는 공정가치를 크게 훼손하는 처사라 할 것이다.

대전 싹쓸이와 관련해 대전의 유력 일간지는 의미심장한 사설을 썼다. "대전 총선 '숨은 공신'은 대전시장이라고도 할 수 있다."* 물론 대

---

* 「대전 총선 당선자가 '빚 갚을 차례다」, 〈중도일보〉(19면) 2020년 4월 23일자 사설에서.

전시장이 불법 관권선거를 했다는 뜻은 아니겠지만 야당의 입장에선 할 말이 있어야 한다. 반면에 통합당 공천 잘못을 지적한 기사는 어디에서도 검색할 수 없었다. 지엽적인 문제에 얽매이지 말고 근원적인 해법을 찾아야 한다.

지난 2004년 17대부터 지금까지 다섯 번 치러진 대전 지역 국회의원 선거에서 한나라당-새누리당-미래통합당 후보가 당선된 수는 불과 6명(중복자 포함)에 불과하다. 대전 전체 선거를 합친 총 당선자가 32명인 점을 감안하면 당선율은 겨우 18.8%에 불과하다. 한 명도 당선되지 못한 때도 5회 중 3회나 된다. 이것만 놓고 보면 대전 지역은 자민련 바람이 꺼진 후 그 뒤를 민주당이 이어가고 있는 셈이다. 현 국민의힘 지도부가 광주광역시를 찾아 과거사를 사과하고 국민통합위원회를 발족하여 활동을 개시했지만 대전 지역에도 더 많은 관심을 가져야 한다. 대전의 인재양성과 발전정책을 내놓고 지역민들과 호흡을 자주 나누지 않으면 앞으로도 희망을 가지기 어렵다. 중부권의 중심을 잃고 선거를 이길 수는 없는 노릇이다.

중부권(충청·강원도)마저
반타작

역경을 뛰어넘는 정치인

강원도 선거 하면 권성동 의원이 먼저 떠오른다. 권 의원이 무소속으로 당선되었기 때문에 다소 길지만 그 과정을 소상히 밝히고자 한다. 공천 막바지에 권 의원 문제가 최대 관심사로 부각되었다. 컷오프 의원은 자발적이든 타율적이든 거의 마무리되고 강원도만 남았다. 권 의원도 애초 명단에 포함되어서 조용히 만나 사실을 말했더니 펄쩍 뛰었다. 그럴 리 없다는 거다. 만약 사실이라면 자기 재판 판결이* 나온 시

---

* 권성동 재판:이른바 '강원랜드 채용비리사건'으로 재판에 회부되었으나 1, 2심 모두 무죄 선고를 받았다. 2심 선고일은 2월 13일. 무죄 선고는 났지만 친여 성향의 시민단체와 일부 언론들은 판결 전후로 문제를 삼았고 이것이 여론조사 시점과 맞물려 불리하게 작용했다는 주장이다.

기에 여론조사를 했기에 그럴지도 모르니 꼭 한 번만 더 해달라는 것이다. 그를 아끼는 입장에서 특별히 예외를 두기로 했다. 정밀 여론조사를 한 번 더 했다. 유일하게 두 번 한 경우다. 첫 번째 여론조사 시기에서 20여 일의 기간이 지났으니 제대로 된 결과가 나오기를 내심 희망했다. 여론조사는 신뢰받는 전문기관 두 곳에서 모두 1천 명 주민을 상대로 동시에 같은 문항으로 조사해서 종합한다. 놀라운 일이 벌어졌다. 첫 번째와 두 번째가 똑같이 나왔다. 교체지수만 극히 미미한 변화가 있을 뿐 순위도 변동이 없었다. 하도 이상해서 실무자가 속으로 귀찮아 할 정도로 꼬치꼬치 따져 물었다. 이번에는 지난번 조사기관과 다른 곳이라 한다. 나는 권 의원에게 또 한 번 사실을 통보하고 결심해 줄 것을 종용했다. 순순히 수락할 리가 없었다. 그에게는 용퇴를 종용했지만 강원 선거의 중요성과 그의 역할을 생각하면 쉽게 결론 내릴 수도 없는 일이었다.

공관위 전체회의에 부쳤더니 역시 논란이 뜨거웠다. 그를 컷오프하는 대신에 최명희 전 시장과 양자 경선시키는 쪽으로 대체로 의견이 모아졌다. 그러나 다시 분위기가 바뀌었다. 정병국도 컷오프하는데 예외를 둬선 안 된다는 결론에 이르렀다. 그에겐 "시대의 강을 건너는 다리가 돼달라"고 부탁했다. 대외적으로 컷오프됐다는 불명예를 안기고 싶지 않았다. 그러나 그는 역시 정치인이었다. 억울하게 공천에서 희생됐다는 점을 지역 유권자에게 강력하게 호소했다. 지난 탄핵 때 법사위원장으로서 법에 정한 검사 역할을 했을 뿐인데 정치 보복이라고 억울함을 호소했다. 지역정서가 반전되기 시작했다. 뒤늦게 공천받은 홍윤식은 지역에 정착하는 데 애를 먹었다. 오랜 공무원 출신으로 장관까지 지냈지만 성실하고 순수하게 살아온 그답게 정치적 제스처가 부족했다. 강릉은 권 의원에 이어 최 전 시장까지 출마하여 보수 분열의 양상을 보였으나 선거 막판 결집 현상을 보여 권성동이 무소속으로 당선됐다. 애초 마음먹었던 대로 경선했으면 될 일을 장고 끝에 악수를 둔 것이다. 후보들과 당을 지지했던 유권자들에게도 미안한 마음이다. 나는 인정(人情)과 원칙 사이를 오가며 또 한 번의 실수를 한 것이다. 컷오프 리스트가 아무리 과학적 객관적 방법으로 작성되었다 하더라도 인간의 미묘한 심리를 다 담아낼 수 없다는 점을 비싼 대가를 치르고 깨달았다. 여론조사는 여론조사일 뿐이다.

또 한 번 입증된 스윙보터 지역

청주의 정우택 의원은 충청권의 대표주자다. 4선을 하는 동안 원내대표를 비롯, 주요 직책을 맡아 당을 이끌어왔다. 그러나 그 역시 교체지수가 높게 나왔다. 다선일수록 피로도가 누적돼 일반적으로 교체지수가 높게 나타난다. 특히 야당 다선의원일수록 그렇다. 충북을 대표하는 간판스타라는 점을 고려, 홍덕구로 옮겨 도종환 의원(전 문화부 장관)과 맞장을 붙게 했다. 명분도 서고 바람도 일으키는 일석이조의 효과를 기대했다. 그는 결단을 내렸다. 고마웠다. 충북은 이제 전열을 갖추게 돼 싸워볼 만한 구도였다. 그런데 어떻게 된 일인지 컷오프(공천 배제) 때문에 지역구를 옮겼다고 소문이 나기 시작했다. 흥덕구민의 자존심을 자극했다. 이게 패인이 아니었나 싶다.

흔히 충북 선거가 전국 선거의 바로미터라 할 만큼 대표적인 스윙보터 지역이다. 20대 총선에선 여야가 4:4로 균형을 이뤘는데 이번엔 5:3으로 역전당했다. 청주 4석을 모두 잃었다. 이 중 윤갑근(상당구)과 최현호(서원구)는 3천 표 내외의 2~3% 차이로 석패했다. 혹자는 "정우택을 상당구에 그냥 뒀어야 했는데 황교안의 대학과 검찰 후배인 윤갑근을 내세우려 정우택을 쫓아내 둘 다 잃었다" 하는데 이는 사실과 다르다. 나는 윤갑근을 전혀 모르고 황 대표에게 부탁받은 기억도 없다. 이 글을 쓰려 인터넷을 뒤적이니 정우택이 선거 때 이미 컷오프 관련 부분을 시인도 부인도 않는 기사를 봤다. 그가 그만큼 올곧다는 것을 보여주지만 이런 소문이 상당히 파급되어 있었던 것도 사실인 듯하다. 아무튼 그가 국회에 들어와서 해야 할 역할이 있을 텐데 여러모로 아쉬움이 그치질 않는다.

정진석(충남 공주·부여·청양)은 왜 봐주었냐라는 말을 가끔 들었다. 나는 정우택이나 정진석이나 특별히 가깝거나 멀지도 않다. 다만 둘 다 원내대표를 지냈기에 재임 시 의원활동 평가서를 독자적으로 작성하여 대외비로 보낼 것을 부탁한 적 있고 그들은 다른 원내대표들과 마찬가지로 성실히 작성하여 보냈다. 나는 간간이 그들이 보내준 평가서를 들여다보며 참고했다. 이 기회를 빌려 원내대표를 역임한 정진석, 정우택, 김성태, 나경원, 심재철 의원에게 감사를 전한다.

얘기가 옆길로 샌 김에 부연하자면 국회의원에 대한 평가는 의정활동을 얼마나 잘했느냐는 것이 가장 중요한 기준이 되어야 한다. 그런데 우리 국회는 아직까지 의원들의 의정평가 기준도 마련하지 못하고 있다. 당연히 평가 결과도 없다. 내가 원내대표 때 나름대로 기준지침을 만들어 개별 의원들에 대해 항목별로 평점을 매겨 차기 공천에 참고하고자 만든 게 있는데 어떻게 되었는지 아는 사람이 없다. 인수인계 과정에서 사라진 것 같다. 지금이라도 국회가 전문가에게 용역을 의뢰, 올바른 의정활동 평가기준을 마련하면 좋겠다. 여기에 각 당이 주안점을 두는 사항을 보완하면 나름의 의정활동 평가서가 될 것이다. 의정활동 평가라는 주요한 잣대를 기본으로 하고, 여기에 지역구 활동이나 도덕성, 인성 등을 살피면 공천 심사가 객관성을 띠지 않을까. 우리 국회가 언제까지 청와대(여당)나 대표(여·야당), 또는 계보 보스 같은 실세에게 줄서기 하고 눈도장 잘 찍어서 공천받는 후진성을 되풀이할 것인가.

정진석도 4선의 중진의원이다. 그러나 교체지수는 고비를 넘겼고 지역 내 경쟁자들도 아직 위협 수준은 아니었다. 이번에 5선에 당선되어 국회부의장 물망에도 오르내렸다. 중부권의 대표주자로서 앞으로 그의 역할이 주목된다. 또 혹자는 나이 많은 의원들은 다 쳐내면서 왜 홍문표(홍성·예산)는 살려두느냐는 얘기도 비판을 곁들여 한다. 나이가 절대적 기준이 될 수도 없지만 그를 대신할 만한 인물이 뚜렷하지 않다. 이번에도 지역 관리를 잘하기로 소문난 그대로 결과가 나왔다. 경선을 거쳐 1만 표 가까운 표차로 너끈히 4선 고지에 올랐다. 지금 와서 밝히자면 당의 교체지수 평가(컷오프 리스트)에서 가장 좋은 점수를 받은 사람은 서산·태안의 성일종 의원이다. 전체 1등이니 당연히 예상대로 당선됐다.

신범철 후보는 참 아쉽다. 외교안보 전문 경력과 친화력, 인성 등으로 볼 때 그가 당선되면 전문성을 발휘하여 국회가 뭘 해야 하는가를 보여줄 인물이었다. 이런 사람을 지역구에 보낸다는 생각에 공관위원들도 은근한 자부심을 가졌다. 그러나 1,300표 1.4% 차이로 충남 정치 1번지인 천안 갑구에서 아깝게 낙선했다. 비판하는 사람들은 천안 갑에 인지도가 높은 이정만 전 지청장을 보내고 을 지역은 박찬주 육군 대장을 보냈으면 둘 다 당선될 수 있었다며 공천이 잘못됐다고 비난한다. 결과를 보면 그림이 보이긴 하지만 반드시 그림대로 되는 것은 아니다. 더 못할 수도 있다. 박 대장은 본의 아닌 구설수 때문에 공천을 주기 어려웠다. 악재는 선거구 경계를 넘어 선거판 전체에 부정적 영향을 준다. 인터넷은 리얼타임으로 전국에 퍼지기 때문에 무서운 거다. 상대방의 유언비어에 약한 당 체질 때문에 더욱 그렇다.

검사로서 천안 지청장을 지낸 이정만은 용기 있고 유능한 사람이다. 그러나 외교안보통이 전무한 20대의 전철을 밟지 말자는 차원에서 신범철을 택했다. 그가 비례대표로 가지 않고 지역구를 신청한 것은 대단한 용기라고 생각한다. 주로 서울에서 활동했기에 인지도는 좀 떨어지지만 고향 사람들이 따뜻하게 맞아주리라 예상했다. 이정만은 인지도가 있으므로 을 지역에서도 통하리라 봤다. 동시에 치러진 천안시장 선거에서는 우리 후보(박상돈)가 고령(70세)임에도 신승했다. 그러나 국회의원 3석은 모두 잃었다. 무엇이 이런 결과를 가져왔는가. 아무리 좋은 후보라도 유권자의 호감을 얻지 못하면 떨어진다. 우리로서는 시간도 부족했지만 코로나 선거에서 후보를 알리는 방법도 개발하지 못했다. 또 준비 기간이 짧으면 무엇보다도 네거티브 공격을 막아내기 힘들다. 이로써 충남은 11석 중 민주당이 6석, 미래통합당이 5석으로 또 한 번 열세가 되었다.

한 자릿수 지지율,
호남권

공관위 활동 초기에 김무성 전 대표를 광주에 공천하자는 얘기가 나왔다. 일부 위원들이 긍정적 반응을 보였다. 김무성 의원도 당에서 가라 하면 몸을 던지겠다고 했다 한다. 나는 일단 다음에 차분히 논의하자고 덮었다. 호남에 대한 나의 입장은 솔직히 달랐다. 호남은 일회적 차원이나 이벤트성으로 접근해서는 결코 안 된다는 생각이다. 그동안 지역감정 해소를 명분으로 얼마나 언론용으로 남용한 일들이 많았는가. 이럴수록 오히려 더 멀어진다. 한나라당 원내대표 시절(2006~2007년) 호남에 대해 "진정성 현장성 계속성" 3대 원칙을 발표하고 지키려고 앞장서 노력했다. 내 지역구는 호남 사람이 부산에서 제일 많았고 내 주변에도 호남 친구가 많기에 그 정서를 어느 정도 알고 있다고 자부한다. 그런 준비가 안 되어 있으면 차라리 안 하는 게 낫다. 정치적으로 이용한다는 소리는 듣지 말아야 한다. 솔직히 이번에 호남 지역에 대한 대책을 제대로 세우지 못했다. 늘상 하는 얘기지만 시간도 빠듯했지만 무엇보다 연구·정책 인력이 부족했다.

당선자를 낼 만한 상황이 아닌 만큼 호남에 정서적으로 다가가는 계기라도 마련해야겠다고 마음먹었다. 우선 공천자를 가급적 많이 내야 한다. 그래서 수차례에 걸쳐 공모를 했다. 그래도 신청자가 거의 없어 기한을 정하지 않고 수시로 접수하기로 했다. 또 호남 지역에 한해 공천 면접비를 받지 않고, 공천된 사람에게는 선관위에 내는 기탁금 1천 5백만 원을 당에서 전액 지원하기로 했다. 그래도 지원자는 적었다. 공천자 선정 순서는 이렇게 정했다. 호남의 지역 연고자가 신청할 경우 특별한 하자가 없는 한 우선적으로 후보로 추천하고, 남은 곳은 계속 추가 모집을 한 후, 마지막으로 당내 인사를 투입하겠다는 계획을 세웠다. 그리하면 호남 유권자들도 우리의 진정성을 어느 정도 믿어주리라 생각했다. 그때에 김무성을 비롯한 몇몇 사람에게 요청할 계획이었다. 그러나 내가 막판 하차하는 바람에 이 계획도 틀어졌다.

그런 가운데 대구 출신 젊은 변호사 천하람(33세)의 도전은 무모하지만 신선했다. 청년벨트에 포함되어 수도권에서 공천받을 자격이 있음에도 과감히 순천 갑에 지원했다. 또 통합에 참여한 주동식은 호남이 달라져야 한다는 소신으로 광주 서구 갑에서 투혼을 발휘했다. 그러나 뜻하지 않은 막말 프레임에 걸려 당에 부담을 준 측면이 발생했다. 평생 자유민주주의의 수호와 보수 야당을 위해 고군분투하며 열심히 자갈밭을 가꾸어온 김경안의 익산 갑 출마도 용기 있는 도전이다. 전주 을의 이수진 교수의 도전도 아름다웠다. 호남 전체 총 12명의 도전자, 한 분 한 분에게 갈채를 보낸다. 비록 이번은 한 자릿수 지지율에 머물렀지만 머지않아 두 자리 숫자를 얻을 날을 기약한다. 호남 대책은 심모원려深謀遠慮가 필요하다. 앞으로 참고가 되었으면 하는 바람에서 두 가지 의견을 말하고 싶다.

첫째, 장기간에 걸쳐 지속적이고 일관된 인물 관리를 해야 한다. 일시적인 이벤트로 그쳐서는 안 된다. "진정성 현장성 계속성"의 3대 원칙에 입각해야 한다는 말이다. 당내에 호남 연구팀이 없다는 것은 무엇을 말하는가. 민주당의 동진은 성공하고 있는데 우리 쪽의 서진은 왜 실패했는가. 호남 분위기나 사람 탓으로 돌린다면 평생 답을 못 찾을 것이다. 민주당의 노력이 훨씬 더 치열하고 끈질겼음을 인정하고 본받을 점을 찾아야 한다. 나는 당의 인재영입위원장으로 2006년 선거 당시 전남·전북지사와 광주시장 후보를 영입한 경험이 있어서 호남 인물 발탁이 얼마나 어렵고 힘든 일이라는 걸 잘 알고 있다.

둘째, 비례대표 공천을 호남을 비롯한 우리의 취약지역 출신에게 몰아주도록 한다. 당선 후 이들에게는 구체적 지역을 사실상 관리하게 하여 차기 선거에는 출마토록 한다. 또한 지역에 출마한 후보 중에서 성적이 좋은 사람은 차기 선거에 비례대표나 지역구 재출마를 보장한다. 광주, 전남·북과 대전, 제주 등이 이에 해당할 것이다. 이런 특단의 대책을 세우지 않는다면 영남당으로 전락할 우려가 크다. 지금이라도 비례대표로 지역 대표성을 보전하고 전국 정당을 지향하는 당의 입장을 하루라도 빨리 밝힐수록 좋을 것이다. 사정이 급하다고 느끼는 사람이 나뿐이 아니길 간절히 바란다.

참고로 이 글을 쓰면서 당에서 작성한 『총선백서』를 살펴봤다. 그동안 선거 후 총선 평가서가 몇 차례 나왔지만 거의 형식적이거나 면피용이었다. 이번엔 상당히 공을 들였지만 여전히 조심스러웠다. 공천에 관한 뼈아픈 지적도 있다. 의견이 다른 부분이 있지만 일일이 해명하지 않겠다. 입장과 위치에 따라 견해도 진단도 규명 방법도 다를 수밖에 없기 때문이다. 여기서는 팩트 하나만 지적하고자 한다. 당협위원장의 65.5%가 무더기 공천 탈락했다고 뼈아픈 지적을 하고 있다. 살아남은 사람은 불과 34.5%라는 말이다. 도표까지 제시했다(『총선백서』 47쪽). 나는 이것을 검증할 어떤 자료도 없다. 그런데 호남 쪽 당협위원장 전원인 19명(광주 6, 전북 8, 전남 5) 모두가 공천 탈락자로 분류되어 있다. (물론 '출마율'로 도표는 정리됐지만 제목은 "무더기 공천 탈락"이므로 누구든 탈락자로 이해하게 되어 있다.) 앞서 말했지만 호남에 공천 신청을 독려하고 신청자에게는 특별 배려를 했다. 공관위 출범 몇 달 전에 당협위원장(자유한국당)은 전원 사퇴한 상태였다. 그러나 호남 쪽 당협위원장 출신이 공천 신청했다면 거의 받아들였을 것이다. 어렵게 당을 지켜온 이분들에게 좀 더 적극적으로 공천을 신청하도록 권하지 않은 데 대한 지적은 받을 수 있다. 그러나 신청하지도 않은 이를 탈락시켰다고 하는 건 좀 그렇다. 위 통계자료가 정확한지 나로선 확인할 수 없지만 그대로 받아들이더라도 호남을 빼면 당협위원장으로서 공천장을 쥔 사람은 열 명 중 네 명(39.8%)이다. 통계상으론 그게 그것 아니냐 하겠지만 호남 지역을 완전 배제했느냐 아니냐의 관점으로 볼 수 있기에 지적할 뿐이다. 당의 통계를 그대로 받아들여도 주로 서울(34.2%)과 부산(33.3%)의 공천율이 저조했기 때문이다. 당 통합과 새 인물 영입, 인지도 열세 등으로 그동안 수고한 당협위원장들에게 공천 탈락의 아픔까지 주게 돼 거듭 미안한 마음 금할 수 없다.

제주도민들이
가르쳐준 길

제주도 총선만 생각하면 마음이 무겁다. 쓸까 말까를 몇 번이나 망설였다. 제주는 나와 인연이 깊은 곳이다. 내 지역구였던 부산 영도는 제주도 사람들이 한때 전국에서 가장 많이 살았던 지역이다. 부산의 제주도민회관도 영도에 있고, 각종 제주도민 행사도 영도에서 열린다. 내가 처음 치른 국회의원 선거사무실도 제주도민회관에 둥지를 틀었다. 제주 출신 주민들은 그래서 당선되었노라 곧잘 얘기한다. 한때 영도 지역 지방선거에서 제주도 출신이 시·구의원의 3분의 1이나 될 정도로 영도와 제주, 나와 제주는 마치 가족같이 친밀한 관계다. 나는 또 제주도 명예도민이기도 하다. 그러니 제주도 출신 의원들과도 자연스레 가까울 수밖에 없다. 특히 양정규, 현경대, 변정일 의원은 모두 내가 존경하는 선배들이다.

이번 제주도 선거에서도 우리는 3석 전부를 잃었다. 16년간 4연패를 당했는데 이번 참패로 20년간 5연패를 당하는 셈이다. 우리 쪽에서 보자면 제주 갑은 2000년 현경대 의원의 당선이 마지막이고 제주 을은 2002년 양정규 의원의 보선 당선이 마지막이다. 서귀포는 이보다 더해서 1996년 변정일 의원이 마지막으로 당선된 후, 한 번도 통합당(현 국민의힘)의 깃발을 올리지 못했다. 그러니까 제주도 3석이 모두 민주당으로 넘어간 건 2004년 17대 총선부터다. 이번까지 민주당이 5연승으로 싹쓸이했다. 무엇이 이 아름다운 섬을 보수 정당의 불모지로 만들었는가.

이번에 우리는 제주 3곳을 모두 100% 국민경선으로 후보를 결정했다. 40대 1명, 50대 2명으로 공무원 또는 변호사 출신이 후보로 결정됐다. 검사 출신의 40대 부상일 후보는 새누리당 계열로 두 번의 낙선 끝에 세 번째 도전했으나 역시 분루를 삼켰다(제주 을). 공무원과 시민단체 활동을 했던 장성철 후보는 4년 전 국민의당으로 출마한 경력도 있어 표의 확장성에 기대를 걸었지만 역시 낙마했다(제주 갑). 검사장 출신으로 5년 전부터 고향에서 터를 닦아왔던 강경필 후보는 국회의원 선거에 처음 도전했으나 역시 실패했다(서귀포). 세 사람의 평균 득표율은 민주당 후보보다 10% 이상 차이가 났다(52.9%:40.2%). "제주도에서 이기면 전국에서 이긴다"는 말이 있을 정도로 한때 충청도와 더불어 대표적 스윙보터 지역이었는데 어쩌다 우리에게 자갈밭이 되었는지 모르겠다. 그리고 이 말은 우리 가슴에 또 한 번 비수를 꽂았다.

인터넷에 들어가 관련 보도를 찾아보니 지역 후보의 말실수나 막말 등을 내세운다. 이건 누가 봐도 본질이 아니다. 또 막말은 주관적 판단일 뿐이다. 연령, 출신, 경력 등 후보로서는 손색이 없다. 경선도 결선투표를 할 만큼 빡빡하지도 않았고 후유증도 눈에 띄지 않았다. 특히 제주 갑은 우리 쪽 후보가 단일화되었고 분열도 없었지만 표를 제대로 흡수하지 못했다. 4년 전에 그가 받은 표(24%)와 새누리당 후보 표를 단순 합산해도 민주당보다 크게 앞섰기에 하는 말이다. 민주당은 여론조사 1위 후보를 내치고 전략공천 지역으로 제주 갑 후보를 결정했다. 당연히 지역 민심은 민주당의 공천을 비난했다(잘못됐다 44.2%:잘된 일 26.9%).* 더구나 민주당의 전략공천에 반발해서 여론조사 1위였던 사람이 탈당하여 무소속 출마까지 했다. 표의 분산이 예상되었으나 오히려 민주당으로 표가 결집되었다. 다시 우리는 패배했다. 20년간 우리 쪽 의원이 없는 지역이 되어버렸다.

왜 그럴까. 제주의 독특한 선거문화가 있는 것은 사실이다. 그러나 최근 선거 동향을 보면 너무 안타깝다. 제주도민의 정서를 살펴야 비로소 이해가 된다. 제주의 중심 이슈는 4·3이다. 4·3사건은 제주의 아

---

* 총선과 관련해 공동 보도키로 한 제주 언론 4사가 한국갤럽에 의뢰한 여론조사 결과(2020년 1월 22일자 「헤드라인 제주」 참고).

픈 원혼의 상처이자 미완의 역사다. 이런 점에서 보수당은 구조적으로, 정치적으로 아니 심정적으로 이를 극복하지 못했다. 대선에서 이명박과 박근혜 후보는 제주에서의 승리를 낚았다. 이어 박근혜 대통령은 '제주 4·3희생자 국가기념일' 지정을 실천했으나 제주도민이 고대하던 추념식에는 참석치 않았다. 반면에 민주당은 노무현 대통령 시절에 공식 사과를 하고 올해 문재인 대통령이 추념식에 참석, 제주도민의 애환을 확실하게 풀어주었다. 선거는 심리다. 선거 직전 대통령의 방문이 제주 유권자들에게 어떤 심리적 영향을 미쳤는지는 따로 설명할 필요가 없다.

내가 국회의장 시절, 제주 4·3추모공원을 별도로 방문했다. 우리 쪽 3부 요인으로는 최초의 방문이었다. 정치적·역사적 논리보다 더 시급한 것이 상처받은 마음과 함께하는 따뜻한 가슴이다. 제주야말로 이제 '기울어진 운동장'의 전형이 된 것이다. 앞으로 제주 선거는 장담할 수 없게 되었다. 대중과 아픔을 함께하지 않는데 누가 표를 주겠는가. 그들이 오로지 민심을 표할 수 있는 방법은 선거밖에 없다. 주권재민. 제주도민들이 가르쳐준 길이다.

민주당이 약진한
부울경(PK지역)

내가 태어났고 부모님이 돌아가신 곳, 정치적으로 성장한 공간이다. 누구보다 아끼고 사랑하는 선·후배, 동료들이 많은 곳이다. 그러나 이들 중 상당수의 정치생명을 끊어야 하는 기구한 역할을 맡게 되었다. PK지역이 모범을 보이지 않으면 이번 선거는 희망이 없다는 것이 내 지론이었다. 수십 년 정치 인연을 마감해야 하고 그들로부터 결코 좋은 소리를 듣지 못할 것을 생각하니 직을 맡은 것이 새삼 후회스러웠다. 정치를 다시 할 양이면 이렇게 단호하게 하지는 않았을 것이다. 내 편을 만들고 챙겨주었을 것이다.

부산은 가장 많은 현역이 불출마를 선언했다. 현역 13명 의원 중 5명만이 출마했다. 부산 사람답게 화끈했다. 그런데도 부족하다는 여론이

들썩거렸다. 유기준 의원에 이어 이진복 의원까지 불출마 선언을 하니 현역의 과반이 차기 선거에 스스로 나오지 않겠다는 것이다. 나중에 유재중 의원이 불출마에 가담하고 불출마 선언했던 김도읍 의원은 다시 공천을 받는 곡절을 치렀다. 결과적으로 지난번 부울경 전체 의석은 26석이었으나 이번에는 32석으로 늘었다. 민주당 7석과 무소속 1석 등 8석을 잃었으나 4년 전에는 14석을 잃었고 무소속만 4명이었다. 공천 과정의 요란함에 비해 후유증은 컸다고 볼 수 없다. 그러나 민주당 지지세가 어느 곳보다 약진하고 있는 곳이다. 4년 후는 누구도 장담할 수 없겠다.

부산 공천의 핵:이언주

부산 공천 최대 관심사는 단연 이언주 의원이었다. 그는 경기 광명에서 민주당으로 두 번 당선되었지만 재선 후 얼마 되지 않아 탈당하여 자기 길을 모색했다. "보수의 여전사"란 칭호를 받을 정도로 열심히 정권과 싸웠다. 그는 부산 영도에서 초중고를 졸업했다. 영도에 출마 의사를 숨기지 않았다. 나도 그녀의 영도 출마에 호의적이었다. 공관위원장을 맡기 전의 일이지만 지역의 몇 사람도 소개해주었다. 나는 "정권에 맞서 온몸으로 투쟁한 사람과 그렇지 않은 사람을 같은 선상에 놓을 수는 없다"라고 공언해왔다. 비단 그만을 위한 발언은 아니지만 그도 짐작 가는 바가 있었을 거다. 그런데 영도에는 약 1년 전부터 서구에서 온 곽규택이 당협위원장이 돼 열심히 밭을 갈았다. 당연히 이 언주를 반대했다. 이런 민감한 시기에는 언론도 민감하게 반응한다. 이언주의 전략공천설이 보도되었다. 곽규택은 공개적으로 삭발하며 경선을 요구했다. 심지어 국회 앞까지 와서 일인 시위를 했다. 그에 대한 동정론이 일순간에 공관위 흔들기로 비쳐 위원들이 불편해졌다. 또 이언주는 중·영도의 현역인 김무성 의원과도 불편해졌다. 지역 언론의 비판적 기사가 경쟁적으로 보도되었다. 나를 잘 이해해주던 지역 중견 언론인도 분위기가 좋지 않게 흐른다고 걱정했다.

시간이 갈수록 우리 쪽은 편이 나뉘어지는데 경선 후유증 등으로 다소 어수선했던 민주당은 한쪽으로 결집되어갔다. 부산 선거 전체 판을 위해서도 어떻게든 영도의 후보자 간 교통정리가 필요했다. 고심 끝에 이언주 의원을 영도에서 빼내 다른 지역으로 보낼 수밖에 없었다. 남구 을은 민주당 현역의원이라 그를 보내 한 석을 빼앗아 올 수 있는 명분이 있었다. 동시에 이언주와 맞섰던 곽규택은 원래 자기 지역인 서구·동구에서 경선에 임할 것을 종용했다. 두 사람 모두 완강했지만 다른 선택지는 없었다. 결국 차선책을 수용했으나 이 의원은 본선에서 민주당 후보에게 석패했고 곽규택은 결선행 최종 경선에서 분루를 삼켰다. 이언주는 짧은 준비 기간임에도 열전을 벌여 당일 본선 투표는 이겼는데 사전투표, 그것도 관외 사전투표에서 민주당 몰표가 나오는 바람에 분패했다. 사전투표 제도의 문제점에 대해서 제대로 짚어봐야 할 대목이다. 이렇듯 경쟁의 룰은 잔인하고 냉정하다. 누군가는 눈물을 흘려야 한다. 둘 다 앞날이 창창한 사람이기에 힘들고 원망스럽겠지만 곧 털고 일어나리라 믿는다.

민주당의 거점인 부산진 갑의 김영춘 의원의 대항마로 서병수 전 시장을 차출했다. 지난 총선에서 민주당은 18석 중에서 6석을 차지하는 기염을 토했다. 그 중심에 김영춘이 버티고 있다. 해수부 장관 출신에 가슴속에 꿈이 있고 나와도 관계가 나쁘지 않다. 그러나 이번에 민주당 기세를 꺾지 않으면 증식을 막기가 더 어려워진다. 신청자 중에서 김영춘과 싸울 상대도 뚜렷이 안 보였다. 예상대로 서병수는 무소속 후보와 내전을 치르면서도 김영춘을 꺾었다. 민주당에 넘겨줬던 의석 중 3석을 되찾는 성과를 올렸다.

후진을 위해 꿈을 접은 경남의 중진들

경남 지역을 생각하면 이주영 의원이 맨 먼저 떠오른다. 5선 의원에 현역 국회부의장이며 나와는 정치 여정을 함께한 동지적 관계다. 항상 도움을 받았고 힘든 일 있으면 그에게 부탁했다. 그러나 그를 공천에서 배제해야 했다. 이 무슨 운명의 장난인가. 이 부의장은 다른 사람은 몰라도 자기만큼은 내치지 않을 것이라 믿고 있었을 것이다. 그러나 경남에서 최다선이자 국회부의장까지 역임한 이주영을 그냥 둔 채 혁신공천을 할 수는 없었다. 결심을 분명히 했다. 그를 필두로 많은 경남, 울산 의원들이 옷을 벗었다. 같은 부의장 출신인 울산의 정갑윤 의원은 고교 후배다. 그도 내 입장을 확인하고 불출마 선언을 택했다. 마음이 아팠을 텐데도 오히려 후련하다며 통 큰 모습을 보여줬다. 품위 있는 인격자로 알려진 진주의 김재경 의원은 본인의 불출마로 인해 민주당에 헌납하는 결과가 올까봐 걱정했다. 그러나 결과적으로 걱정은 기우로 끝나서 다행이다. 사천, 남해, 하동의 여상규 의원 역시 고교 후배다. 능력과 인품을 갖추었기에 가장 인구가 적은 지역(하동)인데도 3선을 이루었다. 일찍이 불출마를 선언해서 급할 때 편히 의논하려 했다. 그런데 지역 신청자 중 아무개를 추천하고 싶다고 하더니 하루 만에 취소했다. 나에게 부담 주지 않겠다며 내 판단을 믿고 존중하겠단다. 고마운 마음이다. 이 지역은 경선을 통해 하영제 후보가 공천을 받고 배지를 달았다. 이주영을 비롯한 정치 선배들의 희생과 바른 자세를 후배 정치인들이 이어가기를 바란다.

김해 을의 장기표 후보는 예상 못 한 깜짝 카드였다. '민주화의 산역사'인 장기표는 70대 중반의 나이임에도 용기 있는 결단을 내렸다. 노무현 대통령의 기념관이 있는 특별한 지역으로 몇 사람을 염두에 두었지만 최종적으로 민주화 투쟁 경력과 통합의 상징적 인물로 장기표만 한 인물이 없었다. 다만 그의 마지막 여의도 도전기가 실패로 끝나 가슴이 아프다. 만일 비례대표 당이 별도로 만들어지지 않았다면 그의 민주화 업적과 이번 당 통합의 기여도를 감안할 때 전국구 영입이 우선적으로 고려됐을 것이다. 그와 함께한 과거의 모든 동지가 예외 없이 국회의원이 되었는데 유독 장기표만 이상하게 배지 운이 없음은 세상이 다 안타까워하는 일이다.

김태호 의원을 생각하면 가슴이 아린다. 좋은 인상에 대중 친화력을 지녀 나에게도 곧잘 형님 형님 하며 따랐던 친구다. 언론에서 수도권 험지 차출론을 제기하며 홍준표, 김태호에게 압박을 가할 때 내 생각은 좀 달랐다. 홍준표와 김태호는 각각 분리해야 한다고 봤다. 홍준표는 수도권에, 김태호는 경남의 험지로 가는 것이 좋겠다고 생각했다. 서울에 특별한 연고도 없는 김 의원을 도매금으로 취급하고 싶지도 않았다. 거창 사무실을 찾아간 2월 6일 일요일 오후 솔직한 대화를 나눴다. 앞으로 얘기가 잘될 줄 알았으나 그 후 점차 꼬이기 시작했다. 그러나 끝내 고향 거창 출마를 고집하여 그의 희망대로(?) 공천에서 배제당하고 무소속으로 당선됐다. 그에게 큰 기대를 걸고 있었기에 고향 밖으로 끌어내려던 내 계획은 실패했다. 당은 또 한 석을 잃었다.

TK지역(대구·경북)은
언제까지 아성일까

TK지역 대책은 매우 단순하지만 세부적으로는 매우 미묘하고 쉽지 않았다. 서울, 수도권에선 "말뚝만 박아도 당선되는 곳이니, 대폭 물갈이 해서 당의 변화된 모습을 보여야 다른 곳에서 승리할 수 있다"는 입장인 반면에 대구·경북 의원들은 정반대의 생각이다. "TK가 무슨 수도권의 불쏘시개냐, 한두 번도 아니고 선거 때만 되면 왜 우리를 희생양으로 삼는가. 우리를 만만하게 보면 TK 선거도 위험하다"는 등 거부 반응이다. 초반엔 수도권은 물론 TK지역에서도 대폭 교체론이 우세를 보였으나 중반 이후부터 TK 여론이 서서히 바뀌기 시작하더니 지역 언론이 대놓고 "현역 옹호, 물갈이 반대, 김형오의 전횡"을 비판하는 데 앞장섰다. 공관위가 구성되기 훨씬 전인 당의 총선기획단에선 TK 현역 50% 교체를 목표치로 정한 바 있다. 부산도 이미 과반이 교체됐는데 이곳을 미적거리다간 유야무야될 것이란 생각에 초심을 다잡았다.

불출마 의원의 값진 희생

다행히 경북에서 가장 먼저 장석춘 의원이 2월 18일 불출마 선언을 했다. 이어 김광림 최고위원이 2월 20일 용단을 내리자 뒤이어 최교일 의원도 불출마 대열에 합류, 물꼬를 터주었다. 이런 불출마 선언은 코로나가 확산되기 시작하면서 주춤거리다가 더 이상 나오지 않았다. 장 의원은 한노총위원장 출신의 초선이며 한창 일할 나이인데도 흔쾌히 당을 위해 몸을 던졌다. 김 의원은 당의 정책통이면서 지역구 관리도 잘해왔고 무엇보다도 인격자이다. 그래서 솔선수범했고 또 그래서 고맙다. 나는 두 지역에 두 의원의 의중을 존중해서 새 후보를 단수추천했다. 사실상 전략공천이다. 지역 언론은 또 낙하산 공천이라고 비난했지만 물러나는 현역의원의 지원을 받지 않은 신인은 TK라 하더라도 쉽지 않은 것이다. 좋은 후보를 추천해준 덕분에 그들은 다 당선됐고 나는 짐을 덜었다.

포항 남구의 박명재 의원은 인물이다. 그러나 솔직히 대놓고 말하기는 어려워도 그의 나이가 걸렸다. 몇 차례 종용했지만 완강했다. 경북의 리더로서 손색이 없지만 후배를 위해 변화의 바람을 거스를 수도 없다. 그는 컷오프를 원했다. 여차하면 무소속 출마도 고려하는 것 같았다. 포항 남구는 아마 그의 나이 때문인 듯 신청자들이 많았다. 인지도는 부족하지만 가장 젊은 신청자 두 사람을 과감하게 경선에 부치기로 했다. 박 의원의 제안도 받아들일 겸 분위기를 일신하려는 차원이었다. 고맙게도 박 의원은 불출마 선언을 해주었고 경선에서 이긴 42세 김병욱이 배지를 달았다.* 포항도 젊어지고 있다.

경주 김석기 의원은 극적으로 구제되었다. 그의 끈질김에 대해선 공관위원들이 모두 혀를 내둘렀다. 컷오프된 의원이 살아 돌아온 유일한 경우다. 내가 초재선 때 흔히 듣던 말이 국회의원 하려면 "논두렁 정기라도 타고나야 한다" 했는데 이 말이 새삼 떠오른다. 김 의원 지역은 많은 신청자들이 몰리는 바람에 경쟁이 치열했고 그의 마음고생도 많았다. 모르는 사이도 아닌데 나의 매정함 때문에 무척 서운했을 터인데도 아무 말을 하지 않아 더 미안하다.

'보수의 아성'이 치른 진통

참신한 여성 후보를 찾는 것은 공관위의 또 다른 임무였다. 18대 때 비례대표를 한 이두아 변호사와 전국여성유권자연맹 중앙회장 출신의 양금희를 발탁했다. 그러나 대구 지역 반발이 거셌다. 이두아에 대한 반감이 워낙 강해 최고위의 재의 요구에 경선으로 돌렸으나 결국 살아

---

* 박명재 의원 불출마 선언과 당 공천자인 김병욱을 지지하는 기사(〈뉴시스〉 3월 22일자). 「부록」(264~265쪽) 편에서 참고.

남지 못했다. 양금희는 며칠 시차를 두고 올렸기에 최고위를 무사통과(?)했는지 모른다. 대구, 경북은 워낙 인물이 많아서인지 '서울 TK'와 '대구 TK'로 구분한다. 이두아 같은 사람이 초중고를 대구에서 나와도 '서울 TK'로 몰리면 진땀을 빼는 모양이다. "보수의 심장"이 구심력을 잃을까 걱정이다. 양금희는 대구에서 대학까지 나왔으나 막말사건으로 컷오프된 현역의원의 반발이 만만찮았다. 막말사건이라 했지만 그로서는 무척 억울할 것이다. 공관위로서도 판단이 쉽지 않아 당시 방송 상황도 재검토하고 논란 대상이 된 해당 지역 후보들의 의견도 들었다. 상대 당의 프레임 덧씌우기에 약한 당 체질로서는 전국 선거에 악용될 것 같아 고심 끝에 단안을 내린 것이다. 선거 과정은 치열했지만 결과는 양금희의 낙승이었다. 대구 유일의 여성 의원으로 자리 잡게 해준 유권자들이 고맙다.

4년 전 대구 유일의 민주당 후보로 당선된 김부겸 의원 대항마에 주호영 의원을 선발했다. 생존 의원 5명 중 유일한 중진이었다. 수성구 을에서 수성구 갑으로 지역구를 옮겨야 했다. 주호영은 기대했던 대로 김부겸을 꺾고 개선, 21대 첫 원내대표가 되었다. 정치 거목이 되려면 온갖 풍상과 곡절을 견뎌내야 하는 모양이다. 그는 20대에는 무소속으로, 이번에는 지역구를 옮겨 살아남았다. 수성구 을의 빈자리는 경선 끝에 이인선 여성 후보가 공천장을 쥐었으나 뒤늦게 무소속으로 출마한 홍준표에게 석패했다. 이것을 운명이라 해야 하나.

공천 작업과 관련해 TK 언론으로부터 가장 욕을 많이 먹었다. 그런데도 총선 성적은 가장 좋게 나왔다. 대구, 경북에서 살아남은 현역은 총 9명에 불과했다. 사실상 50%에 이르는 현역 교체율이다. 이런 각고의 노력에 유권자들은 25석 중 24석을 몰아주었다. 오히려 민심과 언론은 같은 입장이다. 애정을 가졌기에 비판도 있는 것이다. 다시 한 번 TK지역 유권자와 언론에 감사드린다.

Chapter
3

안타까움, 참담함,
그리고 대안 모색

아,
박근혜 대통령

나는 왜 박근혜 석방을 주장했나

공관위원장 취임 이후 문득문득 박근혜 전 대통령이 생각났다. 주말이면 광장을 뒤덮는 태극기 부대들의 절규도 맴돌았다. 우리 사회의 극렬한 분열상은 탄핵에서 비롯됐고 아직도 진행 중이기 때문이다. 감옥에 있는 그를 생각할 때마다 "극좌만 아니면 다 뭉쳐라. 이것만이 이기는 길이고, 다시는 역사의 패배자가 되지 않는 길이다"라는 처절함이 내 마음 깊이 자리 잡아갔다. 그러나 광장 세력은 다루기 쉽지 않다. 열정과 충정이 넘쳐나고 또 행동으로 표출하는 이들이다. 애국과 분노로 이글거리는데 탁상머리에서 나오는 웬만한 얘기가 먹혀들 리가 없는 것이다. 또 일부에서는 태극기 세력을 배제해야 보수가 승리한다는 주장도 나온다. 지난 4년간 보수는 줄곧 엄청난 타격을 받으면서 뒤안길로 밀려났다. 전직 두 대통령 모두 감옥에 가고 야당 지도부는 수시로 교체되니 구심점이 생길 수 없다. 인재를 끌어모을 별다른 유인책도 사라졌다. 흩어지고 나뉘어지며 분열하는 사이, 보수의 가치는 흔들리고 정체성은 위협받기 시작했다.

지난해부터 박근혜 신당설이 나돌았다. 야권 분열을 노리는 여권의 공작설도 가세했다. 자유한국당으로는 희망이 없다는 전제가 깔렸다. 정통 보수 정당의 공관위원장으로서 이 문제에 대한 입장 정리가 먼저 되어야 했다. 공천 구도와 직결되기 때문이다. 박 대통령은 금년(2020년) 3월이면 옥중 구속 만 3년이 된다. 역대 대통령으로서 최장기 수형 생활을 기록하고 있다. 잘잘못을 떠나서 70이 가까운 몸으로 버티기에는 너무 가혹한 처사라고 생각한다. 태극기 부대만 무죄 석방을 외칠 뿐 누구도 이 문제에 대해 입을 열지 않는다.

나는 어려울수록 상식에 바탕을 두고 정도로 가야 한다고 믿어왔다. 복잡한 정치공학적 계산은 접어두기로 했다. 정치적 유불리만 따지다 보면 이도저도 다 놓친다. 오직 인권과 인도주의적 입장에서 박근혜 대통령이 영어(囹圄)의 몸에서 풀려나는 것이 절실하다고 생각했다. 오해받고 욕을 먹더라도 혼자 뒤집어쓸 각오가 됐다. 내 생각을 발표하는 시점(타이밍)도 중요하다. 혹여나 청와대가 설날 특사로 고려하고 있는데 내가 입바른 소리 하면 일을 그르칠 수 있겠다 싶었다. 그렇지 않으면 설날 연휴 지나서 바로 해야겠다고 마음먹었다. 조짐이 안 보였다. 마음먹은 바를 바로 옮겨야겠다 하고 설날 끝나자마자 결심을 밝히기로 했다.

1월 27일 공관위 회의가 끝나고 기자 브리핑 말미에 개인 의견임을 전제로 박근혜 석방을 힘주어 말했다. 뜬금없다는 평에서부터 친박 학살을 위한 사전 포석이라는 등 다양한 반응이 나왔다. 이런저런 음모설, 계략설 등에 빠지면 사물의 정면을 보지 못하고 할 말도 못 하게 된다. 가슴에 응어리졌던 말을 하고 나니 속이 후련했다. 나의 발언 이후 기자들은 당 지도부에 의견을 물었고 황 대표를 비롯한 당내에서도 석방 당위성이 잇따라 나왔다. 그러나 끝내 정부는 아무런 조치를 취하지 않았다. 이 정권은 인권, 인도주의마저도 이중 잣대로 적용하나 보다. 만약 청와대나 민주당에 통 큰 전략가가 있었다면 이때 박 대통령을 풀어주는 단안을 내렸을 것이다. 그랬다면 정권의 국내외적 신인도가 훨씬 올라갔을 것이다. '혹시나'가 '역시나'가 되었다.

내 발언이 있고 얼마 지나지 않아 어느 날 밤, 뜻하지 않은 손님으로부터 연락이 왔다. 박 대통령 시절 청와대에 근무하던 주요 참모였다. 조용한 곳에서 단둘이 만났다. 유영하 변호사를 통해 내 발언을 그대로 박 대통령에게 전달했더니 나와의 정치적 인연을 말하더라는 것이었다. 일단 좋은 반응이다. 나도 함께 일했던 추억이 떠올랐다. 2004년 천막 당사 시절, 그는 대표로 전국 유세를 쉴 새 없이 다녔다. 사무총장인 나는 선대본부장으로서 내 선거를 포기할 양으로 천막 당사를 지키며 총선을 치러낸, 박근혜를 빼면 유일한 현역이었다. 나도 기적적으로 당선되었지만 절체절명의 위기에서 121석을 건지는 선거 사상 놀라운 일이 일어났다. 그때의 눈물겨운 애환들이 주마등처럼 지나간다. 그 이후 박 대표는 '선거의 여왕'이 되었다. 박 대표 2년 3개월간 민주당 대표는 선거 패배 책임 등으로 9번이나 바뀌었던 것으로 기억한다. 그 이후 나는 친박도 비박도 아닌 나만의 길을 걸어왔다. 우리는 서로 감사의 뜻을 전하며 이번 총선의 중요성에 대해서도 공감했다.

보수는 왜 뭉치지 못하는가

얼마나 지났을까, 3월 4일 박 대통령의 옥중 친필 성명이 발표되었다. 깜짝 놀랐다. "더 나은 대한민국을 위해 기존 거대 야당을 중심으로 태극기를 들었던 모두가 하나로 힘을 합쳐주실 것을 호소드립니다. 서로 분열하지 말고 역사와 국민 앞에서 하나 된 모습을 보여주시길 바랍니다. 여러분의 애국심이 나라를 다시 일으켜 세울 수 있습니다. 저도 하나가 된 여러분들과 함께하겠습니다"는 내용이었다. "나를 밟고 지나가라"는 식의 표현이 없어 다소 아쉽기는 했지만 역지사지^{易地思之}해보면 이것만 해도 대단한 결단이다. 역시 박근혜였다. 또박또박 정연한 글씨에 정성이 묻어나 있었다. '거대 야당을 중심으로'라는 방점이 무엇을 의미하는지, 명확한 메시지였다. 나는 기쁘고 고마웠다. 즉시 환영

입장을 밝혔다. 각 정파들은 친필 성명이 미칠 영향에 대해 수 계산에 바빴다. 여당은 당황한 듯 선거법 위반이라며 엄포를 날렸다. 그러나 후끈했던 열기가 식으면서 이상한 방향으로 흘러갔다. 박근혜 대통령의 성명이 결코 거대 야당의 판세에 유리하지 않다는 설부터, 보수 대단결의 계기를 마련했다는 설까지 각양각색이었다. 나는 정파적 입장을 떠나 그의 진정성을 느낄 수 있었다. 그러나 정치의 비정함이란 이런 것인가. 박근혜 대통령의 용기 있는 태도, 호소와는 다른 방향으로 움직였다.

보수 우파의 통합은 중도 세력으로 국한되었고, 태극기 부대는 힘을 합치기는커녕 오히려 더 분열되었다. 1월 31일 전광훈 김문수의 자유통일당 창당, 2월 25일 홍문종의 친박신당 창당, 3월 3일 조원진 김문수의 자유공화당 창당 등등이 줄을 이었다. 이들은 연동형 비례대표제에서 단 한 석이라도 건지려고 분투하는 모습이었고 통합에는 소극적이었다. 연동형제라는 미끼가 야권 분열에 한 역할을 한 것이다. 1월 하순 김문수와 만나 지역구 출마를 제안했으나 그는 다른 길을 선택했다. 결국 박근혜의 호소를 담아내지도 엮어내지도 못했다. 이러고도 어찌 승리를 바랄 것인가.

사족이지만 나는 유영하 변호사가 대구나 구미에 출마하면 좋겠다고 염두에 두고 있었다. 그런데 그는 지역구보다 비례대표를 원한다는 말이 들렸다. 비례대표는 당이 다른 미래한국당 몫이다. 미래한국당은 위성정당의 한계에도 불구하고 독자 노선을 걷는 것처럼 보였다. 유 변호사의 배제는 정파적 이해를 떠나 너무 성급한 판단이었다. 이런 점에서 통합당과 미래한국당은 전략적 제휴나 연결고리도 부족했다. 선거 결과 미래한국당이 19석을 얻었지만 그것은 통합당이 손발도 묶이고 공중전을 포기한 희생의 대가일 수도 있다. 여당의 회심작으로 만들어진 '이상한 선거법'은 의도했든, 의도하지 않았든 보수를 분열시켰고 결과적으로 여당에는 대박을, 야당에게는 쪽박을 가져다주었다. 이명박, 박근혜 이후 보수는 작은 이익에 분열하고 서로 손가락질하는 정당으로 전락한 것 같아 가슴이 아프다. 그러나 우리는 이번 공천을 통해 보수의 약점과 문제를 과감히 혁파하는 시대 청산, 계파 해체, 인적쇄신을 위해 매진하였고, 이를 언젠가는 알아주리라고 자위해본다. 물극필반物極必反. 나는 천막 당사 사무총장으로서 가장 밑바닥 정치 현장을 지켜봤던 사람이다.

홍준표는
살아남는다

당의 큰 자산 홍준표

홍준표 전 대표에 대한 유권자의 선호도는 갈린다. 좌우 진영만큼이나 서로 극단적이다. 그의 선명성과 투쟁력, 그리고 조직 장악력과 사이다 같은 발언에 환호하는 지지자들이 있는가 하면, 막말과 거친 입 그리고 독선주의(일명 '도꼬다이')로 인해 질색하는 당원들도 적지 않다. 그러나 현실적으로 당의 중요한 자산임은 틀림없다. 당 대표를 두 번 지내고 당의 대통령 후보까지 한 사람이다. 이번 총선의 중요성이나 어려움을 감안하면 홍준표 같은 대표급 선수들은 무조건 수도권에 출마해야 한다는 공감대가 널리 퍼져 있었다. 그러나 그는 고향(창녕·밀양)에서 출마하겠다며 선거사무소까지 차려놓고 절대 올라갈 수 없다고 강하게 버티고 있었다. 솔선수범해주기를 바랐지만 쉽지 않았다. 직접 만나 설득하는 길을 택했다.

누구에게도 알리지 않고 혼자서 일요일 아침 경남 밀양으로 향했다. 아직 2월 초순이지만 훈풍이 콧잔등에 상그럽다. 저 멀리 고향 하늘을 본다고 생각하니 마음이 푸근해진다. 도착 한 시간 전쯤에 홍 대표에게 전화해서 지금 있는 곳으로 가겠다고 했다. 자기 사무실에서 만나자고 한다. 제법 많은 지지자와 당원들이 모여 있었고 기자도 와 있는 듯했다. 한 50여 분간 여러 얘기를 나눴다. "고향을 지키겠다"는 그와 "고향은 안 되니, 서울 지역구 두 개쯤 제시하라"는 주장이 엇갈렸다. 분위기는 좋았지만 당연히 합의에 이르지는 못했다. 나는 "고향은 절대 안 된다. 그러면 배제할 수밖에 없다"며 대화를 마쳤다. 지지자들에게도 같은 취지로 간단히 말하고 사무소를 나섰다. 웃음소리가 문밖으로 들려 합의가 되는 줄 알았다는 기자의 후문도 있었다. 돌아오는 길에 메시지가 왔다. "목을 베기 위한 수순일지 몰라도 (찾아와줘) 기분은 좋았다"고 했다. 홍준표다운 인사였다. 동시에 자신의 SNS에도 올렸다. 그는 누구보다 SNS 정치에 능한 인물이다. 언제나 자극적이고 현란한 표현으로 기자들의 주목을 끌었다. 그는 당에 대해 서운함이 많았던 모양이다. 복귀한 지 1년 몇 개월 지났지만 당 대표나 책임자로부터 전화 한 통 없었고 만난 것은 내가 처음이라고 했다. 내가 이곳까지 내려온 것처럼 당신이 먼저 전화하거나 찾아가면 되지 않느냐고 되물었지만 그는 생각이 달랐다. 나는 그가 절대로 창녕·밀양에선 출마하지 않으리라는 나름대로의 분석과 확신이 있었다. 철수 명분을 주기 위해 발품을 팔기로 했던 것이다.

며칠간 떠들썩 정가를 달구더니 한마디 상의도 없이 선거사무소를 철수, 민주당 김두관 후보가 출마하는 양산 을로 지역구를 옮겼다. 당에서 알아서 하라는 배짱이었다. 이로 인해 경남 선거판이 사실 더 꼬여버렸다. 기자들의 잇단 질문에 "절반의 수확"이라고 짧게 말했지만 속내는 복잡해졌다. 홍준표는 수도권에, 양산 을에는 김태호나 다른 사람을 붙이겠다는 구도였는데, 그의 전격작전으로 구도 자체가 어긋나버렸다. 이참에 김태호는 고향 거창을 지키겠다는 각오를 굳히는 듯했다. 두 거물급 정치인이 대의와 명분보다는 실리를 택한 것이다. 이해를 못 하는 바 아니지만 전체보다는 독자 노선을 고집하는 모습이 공관위원장으로서 안타깝고 속상했다.

왜 홍준표를 컷오프했나

경남 지역 공천 날짜가 다가오자 경남 정치인들이 홍에 대한 거부감을 숨기지 않았다. 부정적 효과가 경남 전체에 퍼질 거라는 주장이다. 공관위원들 사이에서도 논란이 컸다. 홍에 대한 무게감 때문에 이러지도 저러지도 못하고 다들 버거워하는 눈치였다. 공천에서 배제해야 한다는 명분도 만만치 않았다. 이유는 세 가지. 첫째, 2018 지방선거 대참패에 대한 책임에서 당 대표로서 자유로울 수 없다는 점이다. 이로써 당세가 거의 반으로 쪼그라들어 현재까지도 당의 어려움이 계속되고 있다는 점이다. 둘째는 막말이다. 보수의 품격을 떨어뜨리고 지지율에 부정적 영향을 준다는 것이다. 오죽하면 지난 지방선거 당시 후보들이 당 대표의 유세를 원하지 않았겠냐고 상기시킨다. 또 막말로 여러 유력 후보를 컷오프시키는 마당에 그를 살려두고서 어떻게 공정하다고 말할 수 있겠냐는 것이다. 셋째, 당의 대표급 선수들이 예외 없이 수도권과 험지에 출마하는데 당의 대통령 후보였던 분이 홀로 영남 지역에 출마하는 것은 형평에 맞지 않고 공관위 원칙에도 어긋난다는 점이다. 나는 이 세 번째가 특히 중요하다고 봤다. 시간은 다가오고 결심을 해야 했다. 일단 공관위 회의에 올려서 자유토론 후에 표결에 부치기로 했다. 이때까지 만장일치제로 운영해왔는데 유일한 예외적 사례로 기록되었다. 다수가 위의 원칙을 지지했다. 표결 결과는 탈락이었다. 그의 반응은 예상대로 격렬했다. 언론에 발표하기 전 나는 홍 전 대표에게 전화를 걸어 양해를 구했다. 일방적 통보지만 그래도 사전에 알려주는 것이 도리일 것 같았다. (※ 참고로 홍준표 문제를 다룰 때 그와 다소 껄끄러운 사이라는 박완수 총장은 완전 배제되었다. 회의 참석도, 일체 발언도 없었다.)

그런 홍이 또 대구 수성 을로 옮겨 무소속으로 출마하리라곤 생각지도 못했다. 세 번째로 선거구를 옮긴 것이다. 모두 당과 무관하게 이루어진 것이다. 특히 경남에서 대구로 올라온 것은 홍이 아니라면 상상할 수 없는 행동이었다. 연고가 없지는 않지만 고향도 아니고 도지사 했던 경남도 아니었다. 더구나 힘든 경선 끝에 여성이 공천장을 쥔 곳이 아닌가. 수도권은 거부하고 왜 이런 결정을 내렸을까. 가장 큰 이유는 이번 총선에서 반드시 살아남겠다는 집념이 작용한 탓일 것이다. 그의 정치 감각으로 수도권은 현실적으로 어려울 거라고 판단한 것 같다. 당은 수도권이 어렵기 때문에 그에게 SOS를 친 것이고 그는 이를 거절한 것이다. 그가 이번에 당의 부름을 받고 서울에 출마했다면, 설사 떨어지더라도 대선 후보로는 가장 유력하게 접근하리라는 내 믿음이 있었다. 또 마찬가지로 (양산에서) 컷오프의 분루를 삼키며 당의 공천 후보들을 지원하러 전국을 누볐다면 대권 후보의 이미지가 굳어지지 않았을까. 어쨌든 개인적으로는 무소속이라는 힘든 과정을 거치면서 국회의원 당선이라는 목표를 달성했다. 승자가 되면 모든 것이 묻히긴 하지만 당 대표와 대통령 후보를 지낸 인물로서 통 큰 선택은 아니었다.

이쯤에서 정치의 금도를 다시 생각하게 된다. 정치를 왜 하는가. 정치는 경우에 따라 대의명분이냐, 실리 추구냐를 선택하지만 죽어서 살기도 하고, 살아서 죽는 경우도 있다. 그의 당선으로 당은 지역구 1석이 아닌 2석을 잃은 셈이다. 대구 수성 을의 이인선 후보는 물론, 양산을의 나동연 후보도 근소한 차이로 패배했기 때문이다. 당에서 실시한 사전 여론조사에서는 나동연 전 양산시장은 당내외 누구보다도 당선 가능성과 후보 경쟁력이 높게 나왔었다. 그도 내상만 없었다면 유리한 입지에서 선전했을 것이다. 선거는 이렇듯 민감하게 표심이 움직이는 것이다. 공천 탈락 후 나에 대한 공격이 모질기도 하고 장난 같기도 해서 낯이 화끈거릴 정도지만 나 한 사람이면 족하다. 보다 통 큰 정치, 품격 있는 언행으로 목표를 향해 나아갔으면 좋겠다. 아니 그리하리라 믿는다. 공천 탈락 전까지 나에게 보낸 정중하면서도 예의 바른 문자 메시지를 보며 위로를 찾는다.

아픈 이름,
김병준 위원장

지난 총선을 통틀어 가장 무겁게 호출해야 할 이름이 있다면 김병준
(전 자유한국당 비대위원장)이다. 그를 생각하면 가슴이 먹먹하다. 그는
정치판에서 순수하고 합리적인 길을 지향하고 있는 신사이면서 학자
다. 자기를 던질 줄도 안다. 이번 공천 과정에서 그는 살신성인의 길을
걸었다. 작년 가을, 대구 수성 갑 김부겸의 대항마로 부상하여 지지율,
적합도 모두 1위를 달렸다. 그러나 대표급 인물의 험지 차출이라는 당
의 요구에 한 번의 주저함도 없이 안방 대구를 포기했다. 대구로 돌아
오라는 민원성 출마 요구가 잇따랐지만 단호히 거절하고 줄곧 가시밭
길을 자청했다. 황 대표가 종로 출마를 숙고하자 당에서 원하면 종로
출마도 마다하지 않겠다고 했다. 그 지역에서 20년간 거주해서 해볼

만하다고 했다. 고마웠다. 그에게서 장수의 기개를 느꼈다.

황 대표가 종로 출마를 선언하자 이번엔 또 하나의 험지인 세종시 출마를 자원했다. 솔직히 전혀 예상 못 했다. 종로 양보의 대가로 강남 같은 양지를 요구해도 숙고해야 할 처지였는데 이 사람은 나의 세속적 판단력을 부끄럽게 만들었다. 선거판이니 당선을 위해 최선을 다하겠지만 그는 당선보다 국민과 정치 지망생에게 어떤 가치와 메시지를 전할까를 먼저 생각하는 듯했다. 세종시는 특별한 연고가 없음에도 행정수도 설계자라는 자부심 하나로 맞섰다. 보수주의 지도자라면 응당 갖추어야 할 자기희생과 헌신의 모습을 그대로 보여주고 있지 않은가. 학자라 하기에는 너무 대담하고 정치인으로 보기에는 지극히 양심적이다. 그는 국회의원 배지를 한 번도 단 적이 없고, 당이 가장 어려웠던 시절 비대위원장을 8개월 맡아 수고만 했다. 국회의원 출마도 이번이 처음이다. 당의 혜택을 받기는커녕 당이 그에게 신세만 졌다. 험지에 출마해야 할 마지막 사람인데 맨 먼저 손을 들었다. 이기적이고 탁하고 거친 정치판에서 김병준은 늘 푸른 나무, 상록수 같다. 선거기간 중에 그 지역에 한 번도 가보지 못해 더욱 아리다. 그가 던지고자 하는 메시지가 우리의 혼탁한 정치판과 메말라가는 우리 사회의 공동체 회복을 위한 큰 울림으로 다가올 날을 기대해본다.

두 딸의 아버지로서 자식의 성장과정에서 부모의 역할과 가정의 소중함을 한 폭의 수채화처럼 담담하게 그려낸 그의 책을 최근에야 읽었다. 아이들의 "교육(미래)을 위해서" 강남 요지에서 강북으로 이사했다. 그곳이 종로구 평창동이었다는 사실도 책을 통해 알았다. 진정한 교육자요 지도자라면 가야 할 길을 뚜벅뚜벅 걷는 사람이다. 노무현 대통령 시절 청와대 정책실장으로 있다가 2006년 여름 부총리 겸 교육부장관으로 임명되어 국회 청문회장에 섰다. 당시 나는 제1야당인 한나라당 원내대표였다. 논문 표절사건이 터져 야당은 호재를 만났다. 그가 조기 낙마하게 된 결정적 이유였다. 논문의 표절자는 그가 아니라 그의 제자였음은 뒤늦게 알았다. 나는 늘 미안해했는데 이 책에는 나와 한나라당에 대한 한마디의 서운함도 없다. 정치생리를 꿰뚫고 있었다. 아내 '키티'와의 풋풋한 사랑 얘기도 나온다. 무엇보다 제목이 너무 아파 쉽게 손이 가지 않았으나 일단 잡으면 눈을 뗄 수가 없다. 세상의 아빠들에게 일독을 권한다. 『아빠, 세상에서 가장 무거운 이름』.

검증의 허실,
두 여성 희생자

검증은 아무리 강조해도 지나치지 않다. 요즘 같은 인터넷 시대에는 모든 정보를 투명하게 누구나 다 볼 수 있으므로 영입 인사를 발표하면 당원과 언론은 즉각 검증에 들어간다. 그러나 시간에 쫓기다 보면 아차 소홀히 하는 경우도 있다. 그때 꼭 사건은 터진다. 이번 공천에서는 두 건이 터졌다. 한 번은 공천 초기에 하지원 대표였고, 또 한 번은 공천 마지막 김미균 대표였다.* 결론부터 말하자면 두 여성은 훌륭한 인물이었고 다만 검증을 치밀하게 했더라면 얼마든지 낙마하지 않을 수도 있었다는 점이다. 지금도 개인적으로 미안하고 아쉬움이 남는다.

---

* 김미균에 관해서는 103~105쪽에서 언급했음.

하지원 대표가 운영하는 에코맘코리아는 국내 환경업체 가운데 유엔환경계획(UNEP)의 유일한 공식 파트너로 알고 있다. 좌파 진보가 주도하고 있는 환경 관련 단체에서 에코맘은 거의 유일하다시피 좌파를 벗어난 단체로 보수 정당의 부족한 부분을 메꿔줄 훌륭한 자원으로 봤다.

기분 좋게 영입 발표를 하고 돌아오자마자 난리가 났다. "금품을 수수했다, 뇌물죄로 벌금을 받았다"며 공관위원들이 사태를 심상치 않게 보고 있었다. 나는 아차 했다. 어렵게 영입한 윤희숙(경제학)과 이수희(서민 변호사)만으로 여성 특별영입이라기엔 너무 단출해서 하지원까지 급히 포함시켰는데 좀 더 세밀히 살피지 못한 결과였다. 선거법 위반과 뇌물죄는 금액 고하를 떠나 성격이 다르고 국민과 유권자들이 받아들이는 감정이 확연히 다른 것이다. 보수 정당의 부패 이미지를 떨치기 위해 청교도적으로 임하고 있는데 먹칠을 할 수는 없었다. 즉각 공관위는 영입 취소 결정을 발표했다. 영입 인사를 취소한 첫 사례였다. 나중에 얘기 들으니 또 무슨 이런 경우가 있나 싶다. 그는 가벼운 선거법 위반이지 결코 뇌물죄가 아니었다. 바쁠수록 돌아가라고 하지 않는가. 그 후 그녀는 이런 잘못된 기록을 바로잡지 않으면 안 되겠다 싶어 해당 언론에 정정 기사를 청구하여 바로잡아가는 중이라 했다. 또 한 번 더욱 미안했다. 그녀의 환경사업이 잘되기를 진심으로 기원한다.

공관위의
자포자기

마지막까지 순조롭게 끝나지 않았다. 모두 6명의 후보가 최고위에 의해 공천이 뒤집힌 것이다. 3월 16일 앞서 말한 최홍 공천을 무효화한 후, 19일은 김원성(부산 북강서 을)을, 그리고 25일 밤에 개최한 당 최고위는 성원 미달로 불발되어 26일 새벽 6시에 다시 소집하여 또 4곳을 무효화했다. 그중 2곳은 공천자를 교체하고, 2곳은 새롭게 선정할 각 두 명에 대해 사상 초유의 ARS 여론조사 경선을 결정했다. 후보자 등록 마감 하루 전이었다. 당 생활을 제법 오래한 나도 처음 듣는 무효화 규정을 꺼내 들어 무리한 조치들을 강행했다. 내가 물러난 후의 일들이므로 자세히는 알 수 없지만 관련 추이를 통해 뼈아픈 통찰을 했으면 한다.

당에서 외면받는 '청년벨트'

최종 교체된 4곳을 중심으로 말해보겠다. 의왕·과천, 화성 을, 그리고 부산 금정과 경북 경주이다. 앞의 두 곳은 청년벨트를 해체하고 청년 신인 대신 기존 인물을 임명했으나 두 곳 다 실패했다는 사실은 앞에서 이미 언급했다.

한마디만 덧붙이겠다. 인지도가 낮다, 경쟁력이 떨어진다는 게 무효 처리한 명분이었는데 법적 근거가 없는 지극히 자의적 해석이다. 젊은 층이 많은 신도시나 신흥 아파트 밀집지역에선 우리 후보 누구라도 어렵기는 마찬가지다. 정치(인)에 무관심한 사람이 많고 이사도 잦다. 과거에 무엇을 했다는 것으로는 관심을 끌 수도 없다. 미래를 이끌 후보로 한다는 게 공관위원들의 생각이었기에 이곳을 청년벨트로 묶어 젊은 신인을 발탁한 것이다. 그중 한 명은 전국 12곳의 퓨처메이커 지역 중 유일하게 단수추천 아닌 확대면접 방식을 통해 선발한 젊은 여성이다.* 공관위원들이 장난삼아 시켜본 게 아니다. 청년벨트의 일각이 당 (최고위)에 의해 허물어짐으로써 청년 여성과 신인에 대한 당의 태도가 드러났다. 그렇잖아도 어려운 선거 환경에서 싸우는 다른 청년 후보들에게도 찬물을 끼얹은 행위가 어떤 결과를 가져왔는지는 따로 설

---

* 의왕·과천 지역 퓨처메이커 후보를 3월 15일 확대면접 실시하였다. 심사위원 구성은 해당 선거구 책임당원, 사무처 당직자, 국회의원 보좌관 등에서 추천한 각 5명과 공관위원 5명 등 20명으로 하였으며, 공천 신청에는 4명이 응모하였다. 최종 결정된 이윤정(33세, 여)은 2014년 전국 최연소 기초의원으로 당선되었으며 새누리당부터 8년간 정당생활을 해온 경력이 있다.

명이 필요 없다.

　뒤의 두 곳은 후보 결정 과정이 몇 번이나 엎치락뒤치락하다가 결국 경선을 통해 백종헌(부산 금정)과 김석기(경주)로 최종 결정되어 둘 다 '고맙게도' 여의도 진입에 성공했다. 워낙 급히 경선을 치르다 보니 정상 절차를 거치지 못하고 ARS로 요식 절차만 갖춘 꼴이 되었다. 제대로 여론조사를 해도 신뢰성에 문제가 있을 수 있는데 응답률도 낮고 성별, 연령별, 지역별 분류도 정확히 되지 않은 채 ARS 방식으로 하니 인지도 조사 수준에 불과했다. 더구나 공관위가 주관한 것이 아니라 최고위가 직접 했다. 최고위가 공천권을 직접 행사할 수 있다는 법 조항은 어디에도 없다. 절차, 과정, 형식이 다 문제가 많다. 이런 식으로 공당의 후보를 뽑은 경선은 처음이 아닌가 한다. 그래서 우리 후보를 선택해준 지역 유권자들에게 진심으로 고맙다는 표현을 쓴 것이다. 두 사람은 우여곡절을 겪은 만큼 의정활동을 더 잘해주기를 간절히 바란다.

　그러나 여기서 몇 가지 사항은 짚고 넘어가야겠다. 최고위가 공관위가 결정한 후보를 일방적으로 무효로 판정 내릴 수 있는가 하는 것이다. 최고위도 격론이 일고 공관위 내부에서도 심도 있는 논의가 있었다고 전해 들었다. 최고위의 "후보자격 무효" 결정은 다분히 초법적 행위이다. 당헌당규에 따르면 최고위가 무효화시킬 수 있는 권한은 당내 경선 등에서 "불법 선거운동이나 금품수수 등 현저한 하자"가 있을 때

행하는 사후적, 최종적 조치이다.* 이번에 무효 처리된 사람들은 공관위가 적절한 절차를 거쳐 후보로 선정했지 당내 경선을 치르지도 않았다(최고위에서 이들을 무효시킨 후 그중 두 사람은 사후에 경선해서 결정됐다). 그러므로 최고위는 법(당헌당규)을 빙자했을 뿐 법에도 없는 짓을 한 것이다.

당은 왜 '공천 뒤집기'를 했는가

혹자는 대표가 '당무우선권'을 발동한 것이라 한다. 이것도 틀린 말이다. 당무우선권이란 당의 대통령 후보가 한시적으로 갖는 비상대권이다.** 대표나 최고위가 대통령 후보도 아니며 지금은 총선기간이지 대통령 선거기간이 아니다. 법률 전문가인 대표를 비롯한 최고위가 초법적 조치를 하는데도 법률가가 한두 명이 아닌 공관위는 왜 추인을 했을까. 공관위는 이 부당한 행위에 대해 최고위와 정면 대결을 하느냐 마느냐의 고민을 깊이 한 것 같다. '싸움'은 해본 사람이 잘한다. '프로' 정치인과 아마추어 공관위가 싸워봤자이다. 공천 문제로 두 기관이 싸우는 모습을 국민들이 어떻게 볼 것인가 생각하니 공관위가 마음 약해질 수밖에 없지 않았나 싶다. 공관위만이라도 "파국을 막아야겠다"는

---

* 당헌당규에는 최고위와 공관위의 상호 독립적이면서도 보완적인 관계가 잘 정립되어 있다. 또 당무우선권에 대해서도 명확히 규정하고 있다. 자세한 조항은 「부록」(269~272쪽)에서 참고 바람.
** 「부록」(272쪽) 참고.

'순수한' 생각에서 최고위의 결정을 마지못해 수용했을 것이다. 최고위는 공관위의 그런 마음까지 계산하고 일을 저질렀는지도 모른다. 앞서 최홍 건으로 재미 본(?) 최고위는 그다음부터 무효화를 '전가의 보도'처럼 휘둘렀다. 두 곳의 청년벨트를 해체하고 무효화시키자, 공관위는 그럼 아예 최고위가 후보를 선정하라고 백지위임을 했다. 공관위의 자포자기다. 또 부산 금정과 경주는 우리 후보가 당선되었으니 망정이지 선거기간 내내 가슴을 졸였다. 유권자들에게 거듭 감사드린다.

물론 당(최고위)도 그동안 많은 압박을 받았을 것이다. 연이은 불출마 선언 의원들에 이어 속출하는 낙천자들의 비등한 불만을 해소해 줄 어떤 여과장치도 없었다. 야당은 여당과는 달리 공천 외는 줄 자리도 없다. 대표와 최고위원들에게 숱한 항의가 쏟아졌을 것이고 대표의 자존심과 리더십까지 들먹이며 울분을 토했을 것이다. 최고위의 막판 '뒤집기'에 대해서는 후련하다는 사람도 있다. 황 대표의 리더십이 복원되는 계기라고 보는 견해도 있었다. 잘못된 공천을 바로잡기 위한 대표의 지도자로서의 결단이라는 것이다. 그러나 여론은 싸늘하게 돌아섰다.* 공교롭게도 이때 비례대표 선정 문제로도 사달이 났다. 미래통합당과 자매정당인 미래한국당 양쪽에서 공천 문제로 내홍을 치르

---

* 여론조사 추이:내가 물러난 3월 중순(3월 13일 사직)까지 민주당과의 격차는 3% 내외였는데 공천 파동이 있은 마지막 주는 10% 이상 크게 벌어졌다. 그리고 그 이후부터는 계속 내리막길이었고 끝내 만회하지 못했다. 관련 여론조사는 「부록」(256쪽) 편에서 참고 바람.

는데 좋게 볼 국민은 드물 것이다.

내가 공관위에 남아 있었다면 최고위가 이런 결정을 하였을까. 만약 그랬다면 나는 어떤 태도를 취했을까. 나의 대답은 너무나 분명하다. 그러나 모든 것이 나의 불찰에서 기인한다. 최고위의 '뒤집기'를 조금도 생각하지 못했다. 공천이 사실상 끝난 시점에 내가 물러난다고 생각했는데 갑자기 나타난 커다란 암초와 힘겹게 공관위원들은 싸워야 했다.* 이후 당 지지도마저 현격히 떨어지게 됐으니 공관위의 수고는 간데없고 결과에 대한 모든 책임만 떠안게 되었다. 할 말이 없다. 내가 끝까지 자리를 지키지 못해 이런 일이 일어났다고 생각하니 그야말로 몸 둘 바를 모르겠다. 국민과 유권자 그리고 당을 지지해준 많은 분들께 다시 한 번 고개 숙여 나의 부족함과 무능함을 고백한다.

---

* 이런 상황에 대해 공관위에 참여했던 김세연 의원은 자신의 페이스북에 심정을 남겼다. 도저히 참을 수 없었던 모양이다. 그의 회상기 전문을 「부록」(266~267쪽)에 싣는다.

운명의
재난지원금

"21대 총선 출구조사설문 분석결과를 보면 코로나19 때문에 투표에 영향을 끼쳤다는 응답이 63%였다. 이는 조국과 검찰개혁이 투표에 영향을 끼쳤다는 응답 43.5%보다도 훨씬 더 높은 수치다."(『21대 국회의원 총선백서』 90쪽) 3월 18일 서울시, 24일 경기도를 비롯, 전 지자체가 재난기본소득 지원을 발표했다. 또 정부는 100조 원 규모의 금융시장 안정화 방안을 발표했고 문재인 대통령은 4대 보험료, 전기료 등 공과금 면제 신속조치를 지시했다.

지자체 외에도 시도교육감, 복지부 장관 등이 재난지원금 지원에 나섰다. 3월 30일 긴급재난지원금 도입 방안을 발표, 4월 5일 국민 대상 1인당 50만 원 지급안을 제시했다.(『총선백서』 91쪽) 출마자들은 재난지원금을 총선 패배 원인의 세 번째로, 출입기자단은 열 번째, 사실상 마지막 순위로 꼽았다.(『총선백서』 92쪽) 당에서 발간한 『총선백서』에서도 지적한 것처럼 재난지원금에 대해 중앙당은 '혼선'을 빚었다. 오락가락했다. 총선 패배 원인으로 기자들은 이성의 눈으로 보니 공천 문제를 비롯한 당 내부 문제와 전략 부재에 방점을 두었다. 그러나 출마자들의 생각은 달랐다. 그들은 당의 전략 부재, 공천 잡음 다음으로 재난지원금 문제를 꼽았다.* (1순위 응답 17.8%, 중복 응답 33.6%)

이 문제(재난지원금)가 심각한 것은 3월 하순 공천 번복(지역구 및 비례대표)으로 당은 내분상을 보일 때 여권은 국민의 환심책을 발표한 것이다. 한쪽은 서로 싸우는데 다른 쪽은 선심정책을 쓴다. 여론이 어떻게 움직이며 표가 어디로 갈지 너무나 분명하지 않은가. 내가 걱정하는 것은 이번에 단단히 재미 본 여권으로서는 앞으로 선거 때마다 이와 유사한 방법을 쓸 것이라는 점이다. 원래 포퓰리즘적 성격이 강한 정권인데다 전국의 지자체 지방의회는 물론이고 교육감까지 여당 출신이 압도적이므로 현금 살포하는 선심정책은 방해받지 않고 계속 진화할 것이다. 교묘한 수법으로 그리고 점점 더 많이 광범위하게 살포될 것이다. 재난지원금이 얼마나 효과적이었냐는 것은 강남 젊은 주

---

* 『총선백서』는 정부의 재난지원금 지급 상황은 매우 간단히 설명하고 대신에 총 8쪽(184~191쪽)에 걸쳐 자세히 도표로 제시하고 있다. 지자체별로 모두 102건 중 78건(76.5%)이 총선 전에 발표되었고, 그중 39건(38.2%)은 총선 전에 지급되었다. 유권자의 마음을 흔들어놓기에 충분하였다. 여기에는 정부의 긴급재난지원금은 포함되어 있지 않으니 그 규모의 방대함을 실감할 만하다.

부들의 마음까지 흔들어놓을 정도였으니 이론의 여지가 없다. 당(선대위)은 속수무책이었다. 포퓰리즘으로 반대하다가, 선별지원에서 일괄지원으로, 종내는 침묵이었다.

나는 여론이 출렁이는 것을 직감하고 당 선대위에 급한 불을 끄기 위해 우선 '구호'라도 내걸도록 주문했다. 자유당 선거 때 야당인 민주당의 구호가 생각났다. "돈은 주는 대로 받고, 표는 똑바로 찍자!"였다. 그때 시골의 초등학교 상급반인 나도 이런 구호를 외치고 다녔던 기억이 난다. 당시 고무신 선거, 막걸리 선거, 돈 선거에 대항할 수 있는 유일한 무기는 국민의 식지 않은 양심에 호소하는 길밖에 없었기 때문이다. 김종인 선대위원장 취임 일성이 "못 살겠다 갈아보자"였지 않은가. 자유당의 폭정에 대한 민주당의 대항 구호로 우리 선거 사상 명구호로 손꼽힌다. 그때는 좀 뜬금없다 싶었지만 이런 일을 예상하고 나오지 않았는가 할 정도였다. 그러나 중앙당은 어떤 지침도 대책도, 하다못해 구호 하나 내려 보내지 않았다. "못 살겠다……" 같은 복고조로는 유권자의 환심을 사지 못한다고 판단했을까. 그렇다면 다른 대안이라도 제시했어야 했다. 거듭 말하지만 선거는 심리다. 유권자의 마음을 파고들지 못하고, 구호로라도 맞대응 못 한다면 심리전에서 지고 들어가는 것이다.

이 문제를 지적하는 이유는 공천 문제의 책임을 회피하려는 뜻이 아니다. 다음번 선거, 다다음 번 선거 때도 여권은 현금살포성 정책을 계속 써먹을 거라는 거다. 선거를 앞둔 1차 재난지원금의 목적은 너무나 분명하다. 애초 기획재정부가 하위 70% 지급안을 마련했는데 민주당이 밀어붙여 전 국민에게 무차별적으로 지급했던 것이다. 그때 모두 18조 원을 풀었지만 부가가치 창출효과는 그 절반인 9조 원 또는 그보다 훨씬 못한 것으로 나타났다.*

KDI의 분석에 따르자면 지급 금액의 63~74%가 헛돈이 된 것이다. 헛돈이 아니라 자유당 때의 고무신값, 막걸리값처럼 이번 선거에서 단단히 재미를 봤다. 나는 간이 작아 국회의 예산심의 때 나랏돈 1억 원도 꼬치꼬치 캐물었는데 이 사람들은 몇 조 단위에도 눈 껌뻑 않을 정도로 통이 크다. 총선은 압승으로 끝났다. 느긋해진 여당은 이번 2차에는 총 7조 원을 선별 지급하기로 했다. 나랏빚도 걱정해야 한다면서. 그러나 다가올 4월 서울시장, 부산시장 보선을 앞두고 또 얼마나 배포 큰 선심책을 쓸지 모른다. 야당은 또 이러지도 저러지도 못하고 어정쩡한 반응을 보일 것인가. 과도한 복지와 환심정책으로 국민은 서서히 나태해지고 국력은 기울어져 간다. 선량하고 정의롭고 양심적인 우리 국민들이 떨쳐 일어나 나라를 다시 세우려면 지금부터 모진 마음으로 준비해야 한다. "돈은 (주는 대로) 받더라도 표는 똑바로 찍자!"

---

* 〈조선일보〉 2020년 9월 8일자 사설 및 KDI(한국개발연구원) 발표(2020. 12. 23) 참고. 더구나 KDI는 정책 효과가 26.2~36.1%에 불과하다고 발표했다.

획기적인 경선 개혁,
그러나 결과는

경선은 어떨 때 해야 하는가

경선은 당내 후보자를 결정하는 가장 합리적이며 공정한 방법이라고 한다. 그래서 '국민경선', '(완전)자유경선'이라는 수식어까지 붙여 경선을 좀 더 미화한다. 이런 추세라면 앞으로 어느 정당 할 것 없이 경선이 대세를 이룰 전망이다. 그러나 경선을 전반적으로 실시하기에 앞서 제도 개혁과 보완이 먼저다. 다음은 우리 정당 사상 처음으로 제대로 된 국민 경선을 실시하기까지의 과정과 그 밋밋한 성과를 정무적으로 분석 정리한 것이다.

경선은 공천 책임자의 책임 회피 방법으로, 해당 지역에는 기득권 유지 방법으로 곧잘 이용되기도 한다. 예컨대 지역을 오랫동안 관리해온 사람은 누군가가 자기 지역을 넘보면 무조건 경선하자고 한다. 도전자가 아무리 유능하고 이름이 많이 알려지고, 또 참신하더라도 자기 지역에서만큼은 누가 와도 자신 있기 때문이다. 가끔은 그 반대의 경우도 있다. 권력이나 당권파에 밉보였지만 탈락시켜야 할 뚜렷한 사유나 명분이 없을 때 '작전세력'을 동원하여 제거하는 방법으로 이용되기도 한다. 주로 힘 있는 여당이 사용하지만 야당도 가끔은 맛을 들인다. 나도 야당일 때 당해봤다.

이번에는 시일도 촉박하고 신청자는 넘쳐나서 공천자를 정하기가 쉽지 않았다. 뚜렷한 한 사람에게 줄 수 없을 때는 경선이라는 '편의적' 방법으로 공천자를 결정했다. 편의적이라 한 것은 공관위 입장이고 당사자에겐 피를 말리는 싸움이다. 그래서 책임 회피란 말까지 썼다. 경선에 비판적이라 하면서도 뒤의 〈표〉에서 보는 바와 같이 무려 85곳에서 실시했다. 그러나 나름대로 원칙을 정립하였다. 우선 경선은 최대한 같은 조건일 때 실시했다. 예컨대 국회의원(급)끼리 붙든지, 아니면 신인들끼리 경쟁하게 했다. 이름이 덜 알려진 신인들은 경선을 통해 자기를 지역 유권자에게 알리는 기회로 삼도록 했다.

물론 신인들 간의 대결만 있을 수 없다. 대부분 신인들은 기성 정치인과 대결해야 한다. 이들에게 진입 문턱을 낮추고자 그동안 당은 나름대로 노력해왔다. 그러나 규정대로 해선 신인이 후보가 되기는 낙타가 바늘구멍에 들어가는 것만큼이나 어렵다. 최근까지 개선된 경선

룰은 첫째, 해당 지역 당원 50%와 일반 국민 50%의 지지율로 판가름한다. 당원은 그냥 일반 당원이 아니라 당비를 내는 권리당원을 말한다. 당을 위해 헌신 봉사해온 당원의 노고를 반영한 것이기도 하다. 그러나 바로 이 점 때문에 현역의원이나 지역을 관리해온 당협위원장은 절대적으로 유리하다. 좀 과장하면 100점 만점에 당원 표 50점은 그냥 먹고 들어가는 것이다. 어떤 도전자도 돌파하기 힘든 구조다. 현역이나 당협위원장이 유능하지 않다는 뜻이 아니라 당원들만 장악하고 있으면 선거 때마다 공천은 그대로 받게 된다는 것이다. 변화가 있을 수 없다. 이번에는 보수 통합이라는 대의가 있다. 국민 전체로부터 지지받는 후보를 선택해야 한다는 명분이 있기에 이 벽을 과감히 허물기로 했다. 당원 50% 투표 조항을 없애버렸다. "경선 여론조사는 그 지역 유권자 100%를 모집단으로 해서 실시한다. 당원 비당원 유무를 가리지 않겠다"고 발표했다.

왜 기존 제도를 바꾸려 했는가

보수 정당 최초의 일이다. 전면적, 전체적으로 실시된 것 역시 우리 정당 사상 처음이다. 2008년 대선을 앞둔 당내 경선에서 박근혜 후보가 당원 표에서는 앞섰으나 국민 여론조사에서 많이 이긴 이명박 후보가 최종 결정된 것을 기억하는 국민들이 많다. 이처럼 당원과 비당원(국민)의 의사 반영비율을 어떻게 하느냐는 후보자 입장에선 초미의 관심사였다. 이번에 전 국민(유권자)을 대상으로 직접 지지 여론을 묻겠다는 방식이야말로 당이 획기적으로 변하는 모습으로 국민들이 받아들이리라 생각했다.

오랫동안 지역 관리를 잘해온 지구당에서 불만이 터져 나왔지만 당원 관리를 잘해왔다면 지역 관리도 잘해온 것이니 큰 문제 될 게 없다는 게 공관위원들의 생각이었다. 그러나 문제는 또 있다. 국민 일반 즉 지역 유권자 전체를 대상으로 할 경우, 상대 당이나 그 지지자들이 우리 쪽 유력자를 사전 제거하는 차원에서 우리 후보 중 비교적 약한 쪽을 지지할 것을 우려했다. 이른바 역선택이다. 하지만 이인실 위원을 중심으로 심도 있는 검토를 한 결과 이번 경우에는 경선 결과에 영향을 미치지 않는다는 결론에 도달했다. 모집단을 1,000명으로 하고 열흘 전에 휴대전화 안심번호를 신청해야 한다. 여론조사 기관 두 곳에서 각각 500샘플씩 조사한 뒤 나중에 취합한다.

그러나 투표권을 행사할 수 없게 돼 하루아침에 영향력을 상실한 핵심 당원들의 불만을 달래지 못한 것도 지금 생각하면 잘못됐다. 공관위가 특별성명이라도 발표하고 전 당협(지구당)에 편지라도 보내 이해를 구했어야 했는데, 평생 정치를 해온 사람답지 않게 나도 참 미욱하다. 고도의 정치 행위인 공천 작업에 너무 실무적으로 임했던 것 같다. 공관위원장이 일에 매몰되면 안 된다는 것을 다시 한 번 느꼈다.

다음은 가산점 제도다. 그동안 당이 노력해서 신인에게 최대 50%까지 가산점을 줄 수 있도록 규정했다. 획기적 제도이긴 하지만 진입장벽을 낮추는 데 별 기여를 하지 못했다. 예컨대 현역의원과 신인 간에 경선을 하게 된 경우, 현역의원은 40%의 지지율을 받는데 신인은 겨우 20%를 받았다. ('겨우'라고 했지만 신인이 당내 경선에서 20% 지지를 받기란 힘들다.) 그러면 신인은 자신이 받은 점수의 50%를 더 가산하더라도 20+(20×0.5)가 되어 총 30%의 지지 점수로 '멋있게' 떨어지고 마는 것이다. 50%는 특별한 신인이나 받을 수 있는 최대치이기에 대부분은 이보다 낮은 가산점을 받게 된다. 어쨌든 50% 가산점 제도는 당의정 입힌 약이라 할 수 있다. 당의정이 벗겨지는 순간 신인들은 쓰디쓴 맛을 보는 것이다.

그래서 가산점이라는 당의정을 걷어내고 이와는 완전히 다른 기본점수제를 채택하기로 했다. 역시 이인실 소위에서 방안을 마련했다. 소위와 전체회의에서 여러 차례의 논의 결과 최대 기본점수를 20점까지 부여하는 방안을 마련했다. 30대 여성으로 선거 첫 출마자는 최대점인 20점을 받는다. 나이, 성별, 출마 경력 등으로 세밀히 분류하고 장애인, 탈북자, 다문화 가정, 사무처 당직자, 국회의원 보좌관 등에게도 혜택이 돌아가도록 했다. 우리 방안의 실효성을 점검하고자 어렵게 구한 4년 전 20대 총선 경선자료에 대입해보았다. 참고로 20대는 이번과 비슷하게 85곳에서 경선을 했고 이 중 50지역은 다자경선, 35지역은 양자경선이었다. 양자경선 지역에 우리의 기본점수제를 적용해보니

양자·다자 경선 도표(당선자)

지역		양자경선(당선자)	다자경선(당선자)
수도권	서울	12(1)	3(1)
	인천	5	1
	경기	12(1)	2
소계		29(2)	6(1)
영남권	부산	4(4)	6(5)
	대구	3(2)	2(2)
	울산	5(5)	
	경북	6(6)	2(2)
	경남	3(2)	5(4)
소계		21(19)	15(13)
중부권	대전	2	
	세종		
	충북	2(1)	
	충남	5(2)	
	강원	2(1)	
소계		11(4)	
호남·제주	광주		
	전북		
	전남		
	제주	2	1
소계		2	1
총계		63(25)	22(14)
전체		85(39)	

※ 결선지역(8) : 수도권 3곳(인천 연수구 갑, 경기 구리시, 용인시 병)
　　　　　　 영남권 4곳(부산 서구·동구, 사하구 갑, 경남 창원시 진해구, 사천시·남해·
　　　　　　 하동군)
　　　　　　 중부권 1곳(대전 유성구)

1~2위 순위가 바뀌는 곳이 여덟 군데나 나왔다. 정치 신인에게 그만큼 유리하다는 것이 입증되었다. 우리는 쾌재를 불렀다.

정치 신인과 청년 여성을 위한 획기적 방안으로 당의 새 모습을 보이는 계기가 될 것으로 기대했다. 순차적으로 진행된 경선 결과 발표 때면 우리 공관위원들은 언론의 관심을 끌 뉴 페이스의 등장을 기대했다. 그러나 이변은 일어나지 않았다. 기본점수제라는 획기적인 방법을 도입했지만 결과는 4년 전과 마찬가지였다. 당협위원장을 비롯한 기존 인물들이 관리를 잘한 덕분인지 신인들의 진입장벽은 여전히 두터웠다. 또 이런 획기적인 변화의 노력이 유권자와 국민 일반에게 잘 알려지지 않았다. 잘 알리지도 못했고 알아도 보도에 인색했다. 공관위 조직의 한계이기도 하지만 이것 역시 우리 불찰이다. 국민과의 소통은 언론을 통해 이루어지는데 노상 시간에 쫓기는 상황에서 언론 친화적인 제도, 기구, 사람도 없었으니 당연한 결과로 받아들여야 하겠지만 뒷맛은 씁쓸하다.

다음은 좀 마이너한 것 같지만 경선 결과 동점이 나오거나 오차범위 내로 순위가 갈릴 경우는 재경선하기로 했다. 수시로 변하는 게 사람의 마음인데 한순간의 여론조사로 정치 인생을 결정짓지 말자는 공관위의 공감대가 작용했다. 이때까지는 0.1%라도 높은 사람이 승자가 되고 동점일 경우는 연장자가 차지하는 게 룰이었다. 마치 이를 알았던 것처럼 이번에 희한한 사건이 발생했다. 서초 을의 경선이 그랬다.

전·현직의원 간에 붙었는데 신기하게도 소수점 한 자리까지 같았다. 재경선 결과 현역인 박성중 후보가 당선되어 재선의 고지에 올랐다.

획기적 제도 개혁, 초라한 결과

경선은 당사자에게는 피를 말리는 싸움이지만 관전자들에게는 흥미를 제공한다. 이 흥미가 관심도로 변하고 지지도를 이끌어내는 효과까지 있다. 그러나 이번에도 적지 않은 곳에서 경선을 치렀음에도 큰 흥미와 관심을 일으키지는 못한 것 같다. 이것 역시 차기 공관위가 잘 살펴봐야 할 점이다.

이번에 경선이 치러진 85곳을 개괄적으로 분석해보자. 3인 이상의 다자경선 지역이 22곳, 양자경선은 63개 지역이었다. 앞서 말한 오차 범위 내 등의 이유로 경선을 한 번 더 해 결선까지 간 곳도 여덟 군데나 된다. 당내 경선을 통해 힘들게 공천권을 따냈지만 영남권을 제외하면 당선율은 높지 않다.* 또 신청자가 많은 곳은 공관위에서 1차 인지도 조사를 하여 경선자를 축소 선정했다. 예컨대 10명이 신청한 서울 용산은 기초 인지도 조사를 근거로 5인으로 축소한 후에 정식 인지

---

* 22개 지역에서 다자경선한 경우, 영남권은 15곳 중 13곳이 승리한 데 반해 비영남권은 7곳 중 한 곳만 이겼다. 결선까지 간 8곳 중 본선 승리한 3곳은 모두 영남 지역이다. 또 양자 대결한 63개 지역 중 영남권은 21곳 중 19곳서 당선된 반면, 비영남권은 42곳 중 6곳에 지나지 않는다. 이런 간단한 통계조차도 이 글을 쓰기 위해 처음 정리 발표되는 만큼 공천·총선 관련한 사전 준비도, 사후 정리도 모두 미진했음을 알 수 있다. 부록(255쪽)에 조금 더 설명한다.

도 조사로 다시 3인으로 최종 경선자를 결정했다. 9명 신청한 경기 파주 을은 마찬가지 방법으로 1차 4인, 2차 양인으로 최종 경선자를 축소해 나갔다. 이렇게 어려운 과정을 거친 파주 박용호는 석패했지만 용산의 권영세는 8년의 공백이 있음에도 서울 강북에서 유일하게 당선되는 저력을 발휘했다. 현재 국민의힘 인재영입위원장으로 활동 중이다.

이렇듯 힘들게 치러진 경선이지만 비영남권에서는 앞의 〈표〉에서 보는 것처럼 초라한 성적표다. 이는 다음 세 가지로 요약할 수 있겠다.

1) 후보자의 문제, 예컨대 기득권의 높은 벽으로 새 인물이 드문 점.

2) 파격적·획기적인 경선제도 개선책에 대한 홍보 부족으로 국민의 관심도, 주민의 참여도가 낮은 점.

3) 경선 당선자 즉, 공천자에 대한 홍보 전략도, 경선 낙선자에 대한 위로나 배려책도 없었다는 점이다.

차기 제도 개선 때는 반드시 참고했으면 한다.

경선에서 탈락한 후보의 원망은 예나 지금이나 마찬가지다. 이번에도 별의별 음모론까지 제기되었지만 원래 이런 데는 신경 쓰지 않는 성격 탓에 개의치 않았다. 다만 경선 후유증을 수습 치유하는 방안은 적극 검토해야 할 것이다. 경선 낙선자에게 공관위원장 이름으로 위로 전문을 보내는 게 내가 할 수 있는 전부였다. 경선 참여자는 무소속이나 타당으로 입후보할 수 없도록 규정되어 있다. 분루를 삼키고 당선자를 도와주도록 하는 제도적 장치지만 실제로는 잘되지 않는다. 이번처럼 선거 준비 기간이 짧은 경우는 내부 갈등 때문에 정작 자기 선거운동을 제대로 못 한 경우도 있다. 분명한 것은 유형무형의 경선 불복자에게는 결코 다시는 기회가 돌아가지 않는다는 점이다. 나의 오랜 경험으로 이것만은 장담할 수 있다. 민주주의라는 제도가 정착하려면 민주시민 의식을 먼저 정립해야 한다. 경선 승리자는 좀 더 고개 숙여야 하고, 낙선자는 승자의 당선을 위해 발 벗고 뛴다면 오히려 다음 기회가 쉽게 올 수 있다. 새옹지마 같은 정치판의 묘미이기도 하다. 이 나라의 민주주의는 결국 개인의 의식에서부터 꽃피기 시작할 것이다. 경선, 가야 할 길은 분명하나 가다듬어야 할 부분이 많다.

연동형 비례대표제의
시작과 끝을 보며

비례대표의 진실

요즘 국회에서 신원식, 전주혜, 조수진 의원 등의 활약상을 보면 야당이 존재해야 하는 이유를 느낀다. 이들은 비례대표 의원이다. 미래한국당 비례대표 1번은 윤봉길 의사의 장손녀인 윤주경 의원이다. 항일독립운동과 민족 정통성을 이어받겠다는 상징적 의지로 풀이된다. 탈북자 지성호도, 장애인 피아니스트 김예지도 모두 비례대표 국회의원이다. 국회에 들어오면 지역구든 비례대표든 똑같은 국회의원으로서 권한과 책임을 갖는다. 한때 비례대표는 돈 많이 내야 공천받는다고 해서 돈 전 자 전국구錢國區 의원으로 비아냥받기도 했다. 전형적 매관매직賣官賣職이지만 돈 없는 야당에게는 선거자금의 효자 노릇을 담당하기도 했다. 이로 인해 선거 때만 되면 돈으로 금배지를 사거나 권력 주위에서 비위를 맞추고 선량이 되려는 정치꾼들로 여의도가 북적대기도 했다. 그러나 요즘은 여야를 막론하고 이런 악습은 거의 사라졌다. 한때 비례대표에 대한 불신으로 무용론이 대두되기도 했지만 지역구 의원의 인적 구성상 다양성 부족과 대표성 미흡을 보완한다는 뜻에서 여전히 운용되고 있다. 오히려 이번 선거법 개정 과정에서 비례대표를 늘리자는 주장이 여론을 뜨겁게 달구기도 했다.

이번에 비례대표를 위한 정당이 따로 생겨서 지역구 공천과 서로 아무런 연계가 없었다. 물론 같은 당이라 해도 당헌당규상 지역구 후보와 비례대표 후보 추천기구를 각각 별도로 조직하고 운영하도록 되어 있다. 그러나 어느 정도 교통정리와 소통은 가능하리라 본다. 당이 다른 것과는 근본적인 차이가 있다. 다들 알고 있지만 황교안 대표조차 자기가 만들다시피 한 비례대표 당에 의견을 관철하기가 얼마나 어려웠는가. 법적으로는 사실 그렇다. 그런 점에서 아쉬운 부분이 많다. 인재 영입의 전제는 지역구보다 비례대표이기 때문이다. 지역구는 영입을 해도 당선된다는 보장이 없다. 그래서 특정 지역 몇 개를 제외하면 영입 인물에게 줄 카드가 마땅치 않다. 그런 아까운 사람 중에 장기표 같은 인물이 있다. 비록 살신성인의 자세로 고향인 김해 지역구 출마 요청을 수용했지만 그의 정치적 비중이나 재야 경력을 감안하면 예의가 아니었다.(142쪽 참조) 이외에도 이미 어렵게 영입해서 입당하신

분, 또 평생을 봉사하신 분, 용기 있는 행동으로 사회에 경종을 울린 분 등 비례대표로 선정되어도 손색이 없는 인물이 많았지만 더 이상 방법이 없었다. 비례정당의 창당으로 영입 인물 관리도 혼란스러웠다. 입도선매해놓고도 제대로 활용하지 못해 영입된 인물로부터 불만을 샀다. 앞으로는 영입 인물에 대한 정책이 보다 체계적이고 전략적으로 보완되어야 할 것이다.

연동형제의 진실

작년(2019년) 이맘때였다. 이름도 정체도 생소한 연동형 비례대표제라는 말이 처음 나왔다. 국회의원 선거에서 제대로 민의가 반영되고, 국회가 제대로 일하기 위한 새로운 제도라고 선전하기 시작했다. 현행 1구 1인제는 지역구별로 최고 득표자 한 명만 뽑기 때문에 낙선자 표는 그대로 사표死票가 된다. 유권자의 표심을 정확히 반영하고 죽은 표를 살리기 위해 필요하다는 거다. 다분히 정략적 냄새가 났다. 이 어렵고 생소한 제도는 기본적으로 다당제를 전제로 하고 있으나 의원내각제 국가조차도 극히 일부 나라에서만 채택하고 있다. 기존 비례대표제의 문제점은 그대로 놔둔 채 당선되는 배분 방식만 바꾸자는 것이었다. 우리 정치문화의 최대 약점 중에 하나인 내용(소프트웨어)은 안 바꾸고 형식(하드웨어)만 바꾸는 짓을 되풀이한 것이다. 개정 절차와 과정은 더 문제였다. 선거법은 게임의 룰이다. 반드시 여야 합의가 전제되어야 한다. 아니 그렇게 주욱 해왔다. 그런데 국민의 대표를 뽑는 선거법을 다른 쪽 당사자를 배제시킨 채, 찬성하는 사람들끼리 모여 일방적으로 처리하는 경우는 독재정권에서도 보기 드문 일이다.

자유한국당(국민의힘)은 제1야당 죽이기로 규정하고 이 '악법'을 저지하겠다며 극렬 저항했다. 그러나 민주당을 비롯한 군소 야당이 힘을 합쳐 결국 강행 통과되었다. 이 법으로 이번 총선을 치른 것이다. 결과적으로 여당이 승리를 했지만, 입법 취지나 명분을 전혀 살리지 못하고 좋지 못한 선례만 남겼다. 적극 가담했던 소수야당은 '국물'도 챙기지 못했다. 이번 연동형제는 철저한 당리당략에 따라 누더기법이 되어버렸다. 이름도 '준연동형'으로 바뀌었다. 한마디로 세계 어느 나라에도 없는 기형적 선거제도다. 나는 연동형제를 하려면 현재의 대통령제를 내각제나 분권형 대통령제로 개헌한 이후에나 가능하다고 줄곧 주장해왔다. 대통령은 막강한 권한을 행사하면서 상대적으로 약한 국회는 여러 정당으로 갈라놓아 분산시키는 것은 정의롭지 못하다고 본다. 권력에 대한 견제와 균형의 원칙에도 맞지 않는다.

결국 자유한국당은 연동형제에 대항하고자 미래한국당이란 비례대표용 정당을 만들었다. 자유한국당에서 미래통합당으로 이름이 바뀐 이 당은 비례대표를 단 한 명도 추천하지 않는 방법을 쓴 것이다. 묘수를 찾은 듯 당은 선거전을 돌파할 자신감에 넘쳤다. 놀란 것은 여당인 민주당이었다. 군소 야당과 더불어 국회를 장악하려는 의도가 뒤틀리

게 된 것이다. 미래통합당의 비례 전용 정당 출현을 그렇게 비난했던 민주당은 언제 그랬냐는 듯 그대로 따라 했다. 위성정당 더불어시민당의 등장이 그것이다. 사표 방지를 위한 가장 합리적 대안이라며 강행 통과시켰던 여당이 스스로를 짓밟는 기묘한 일이 벌어진 것이다. 연동형이든, 준연동형이든 현실 정치에 맞지 않는다는 것을 스스로 증명해 보였다. 이런 편법과 유권자에 대한 속임수가 횡행하는데도 민주당은 압승하고 야당은 대패했다. 책임 정치는 실종되었다.

이제 좀 분석적으로 살펴보자. 비례대표는 득표율에 따라 의석을 배분함으로써 미래한국당이 19석, 더불어시민당이 17석, 열린민주당이 3석을 받았다. 그러나 지역구는 철저히 승자 독식이므로 득표수와 의석수가 크게 어그러졌다. 지역구에서 민주당은 49.9%를 얻고 의석은 163석을 가져갔다. 지역구 전체 의석의 64.4%를 독식한 것이다. 반면 통합당은 지역에서 41.5%를 득표하고 의석은 84석, 의석률은 33.2%에 그쳤다. 8.4%의 득표율 차이가 의석률에서는 두 배 가까이 벌어졌다. 표의 공정성과 합리성을 주장하는 연동형제를 지역구 득표율로 대입해보면 결과는 확연히 다르게 나온다. 민주당은 37석이 줄어 126석이 되고, 통합당은 21석이 늘어나 105석이 된다. 물론 지역구만 그렇다. 이것이 애당초 민주당이 주장해왔던 표심을 제대로 반영한 국회 의석인 것이다. 지역구가 모두 253석이니 나머지 22석은 군소 정당이나 무소속의 몫이 된다. 유권자의 표심을 제대로 보장하자는 것이 연동형

득표율과 의석수(지역구)

	민주당		미래통합당		비고
	득 표 율 (득표수)	실제 의석수 (득표율의석수)	득 표 율 (득표수)	실제 의석수 (득표율의석수)	(민주:통합)
전국	49.91% (14,345,425)	163 (126.27)	41.46% (11,915,277)	84 (104.89)	126 : 105
서울	53.53% (3,049,272)	41 (26.22)	41.90% (2,386,630)	8 (18.01)	26 : 18
부산	43.99% (870,104)	3 (7.91)	52.92% (1,046,758)	15 (9.52)	8 : 10
대구	28.92% (395,807)	0 (3.47)	60.18% (823,722)	11 (7.22)	3 : 7
인천	52.89% (826,617)	11 (6.87)	39.03% (610,044)	1 (5.07)	7 : 5
광주	75.89% (595,307)	8 (6.07)	0.76% (5,966)	0 (0.06)	6 : 0
대전	53.73% (430,237)	7 (3.76)	43.51% (348,386)	0 (3.04)	4 : 3
울산	39.11% (252,808)	1 (2.34)	49.75% (321,542)	5 (2.98)	2 : 3
세종	57.13% (101,949)	2 (1.14)	35.86% (63,991)	0 (0.71)	1 : 1
경기	53.93% (3,836,642)	51 (31.81)	41.12% (2,925,564)	7 (24.26)	32 : 24
강원	45.26% (390,332)	3 (3.62)	42.81% (369,240)	4 (3.42)	4 : 3
충북	48.68% (415,971)	5 (3.89)	48.49% (414,310)	3 (3.87)	4 : 4
충남	49.78% (545,822)	6 (5.47)	45.32% (496,912)	5 (4.98)	5 : 5
전북	64.75% (658,847)	9 (6.47)	2.20% (22,380)	0 (0.22)	6 : 0
전남	66.65% (705,617)	10 (6.66)	2.08% (22,027)	0 (0.20)	7 : 0
경북	25.38% (378,359)	0 (3.29)	61.27% (913,389)	13 (7.96)	3 : 8
경남	37.6% (709,557)	3 (6.01)	53.31% (1,005,956)	12 (8.52)	6 : 9
제주	52.94% (182,177)	3 (1.58)	40.24% (138,460)	0 (1.20)	2 : 1
실제 의석	163 : 84		지역별 합산		126 : 101

비례대표제의 도입 취지인데 선거 후 대승한 여당은 물론 참패한 야당도 이 문제는 입 다물고 있다. 득표율대로 하면 권역별에도 현재와는 큰 차이가 난다. 여기에 분석 도표를 제시한다. 이런 식으로 보면 부산, 대구가 결코 보수 야당의 안방이 아니라는 사실을 금방 알 수 있다. 분발 각성이 촉구되는 대목이다. 또한 서울, 인천, 경기 등 수도권 참패는 다소 완화된다. 선거법을 어떻게 만들고 적용을 어떻게 하느냐에 따라 이렇게 의석수가 확연한 차이를 보이는 만큼 지속적인 검토와 개선이 필요함은 말할 것도 없다.

제왕적 대통령에 맞서려면

그런데 공교롭게도 지난 대선 때 문재인 후보가 받은 표와 이번에 통합당이 받은 표가 거의 일치한다. 지난 대선에서 문재인 후보는 41.1% 득표(1,342만 표)로 대통령이 되었고 이번에 통합당은 41.5% 득표(1,192만 표)로 대참패하였다. 야당은 문 대통령이 받은 표보다 0.4% 많이 득표했지만 표수는 150만 표 적다. 지난 대선 때 투표율이 이번 총선 투표율보다 10% 높았으므로(77.2%:66.2%) 득표수 차이는 큰 문제가 될 것이 없다. 오히려 문제는 41% 득표한 대통령은 전권을 행사하는데, 같은 득표율을 얻은 통합당은 민주당의 절반 의석(지역구)으로 줄어들고 국회에서 전혀 힘을 못쓴다(64.4%:33.2%). 무슨 뚱딴지같은 소리냐 하겠지만 득표율과 의석 점유율이 이렇게 불균형을 이루고 있음을 지적하는 것이다.

대통령제 헌법하에서는 불가피하다고만 하지 말고 과반 이하의 득표(유효투표의 41.1%)로 제왕적 권한을 행사하는 것은 심각한 문제가 아닐 수 없다. 개헌논란이 일 때마다 중임제와 결선 투표가 빠지지 않고 나오는 것도 이 때문일 것이다. 그런데 국회가 여러 정파로 나뉜다면 견제는커녕 대통령 권력에 의해 조종될 뿐이다. 다당제의 취약점이다. 대통령제 독재국가에서 가끔 보는 현상이기도 하다. 그러므로 다당제는 의회를 중심으로 다양한 세력들이 연립정부를 구성하여 당의 정책이 정부의 정책으로 반영되고 이에 대한 결과에 책임을 지는 의원내각제 국가에서나 타당하다. 더구나 연동형제는 의원내각제 국가에서도 극히 일부에서만 채택하고 있다. 따라서 강력한 대통령의 권한은 축소하지 않은 채 국회만 연동형제를 취하는 것은 민주주의 시스템을 근본적으로 흔드는 정략적 방편일 뿐이다.

국민의 대의기관인 국회에서 국민의힘(미래통합당)은 의석이 103석으로 3분의 1 수준이기 때문에 국회에서 하는 일마다 한계에 부딪힐 것이다. 이에 반해 여당은 확실한 의석만 183석(민주당 163석 + 더불어시민당 17석 + 열린민주당 3석)으로 60%를 거뜬히 넘어 어떤 법률이든 마음먹은 대로 처리할 수 있다. 여기에 정의당 등을 합하면 190석까지 바라볼 수 있다. 공천 책임자로서 면구스러움과 비참함은 이루 다 말할 수 없지만 그래도 용기를 내서 한마디 하고 싶다.

제왕적 대통령과 거대 여당 앞에서 이제 야당은 무엇을 해야 하는가. 유감스럽게도 할 수 있는 것이 없다. 지금보다 의석수가 훨씬 적은 지난 회기에도 군소 야당까지 끌어들여 엉터리 선거법을 만들고 공수처법을 밀어붙인 여당인데 이제 무엇을 망설이겠는가. 더구나 석연찮은 이유로 국회 상임위원장 7석까지 모두 포기한 야당이 아닌가. 자신감을 상실하고 무력감에 빠진다면 국민의힘(미래통합당)이 국민에게 무슨 힘이 되겠는가. 기껏 반대 의견을 기록용으로 남기고 어정쩡한 타협 법안 몇 개 통과시킨다고 누가 알아주겠는가.

　다행히도 야당에겐 시간이란 보약이 있다. 대통령 임기가 내리막길에 접어들고 또 다른 선거가 기다린다. 공화당의 유신정권 이후로 거대 여당이 장기 집권에 성공한 적이 없다. 특히 청와대 중심의 경직적 리더십으로는 시간이 갈수록 지지가 실망으로 바뀌게 될 것이다. 야당이 지금 가장 필요한 것은 무슨 전략이나 방책이 아니라 자신감의 회복이다. 끈질긴 문제 제기와 철저한 자기무장만이 난국을 돌파하고 국민의 사랑을 회복하는 길이다. 지금 집권당이 야당일 때는 이보다 더 적은 숫자로 정국을 주도하고 민심을 사로잡은 때가 한두 번이 아니지 않은가.

공천제도의 개혁,
시스템 공천을 제안한다

개혁공천은 계속되어야 한다

무엇보다 할 일은 많았고 시간은 부족했다. 의지와 정신력으로 버티는 것도 한계가 있다. 영입과 검증, 발표와 홍보, 소통과 조정 등을 동시다발적으로 하기에는 무리였다. 그러나 공관위의 독립성과 개혁성을 주창해온 나로서는 당과 일정한 거리두기가 불가피했고, 부메랑처럼 돌아온 무거운 짐을 덜어내기가 어려웠다. 이때까지 완전 독립적인 공관위가 처음인 만큼 시련과 도전, 그리고 준비가 모두 낯설었다. 무엇보다 뼈저리게 느낀 것은 공천은 시스템이 하는 것이라는 사실이다. 이제부터 내가 겪은 시행착오와 아쉬웠던 점, 그리고 공천 과정에서 느꼈던 제도적, 운영적 문제를 같이 생각해보기로 하자. 앞으로도 독립적인 공관위는 계속되어야 한다는 대전제가 있어야 함은 물론이다.

공천 과정에서 힘들지 않은 것이 없었지만 그래도 그중에서 가장 힘든 것은 '물갈이'였다. 현역의원을 컷오프시키는 것이 얼마나 고통스럽고 힘든 일인지는 해보지 않고서는 실감할 수 없으리라. 그것도 한두 명도 아니고 50명이나 되는 현역의원에게 '의원직 사형선고'를 내리는 것은 참으로 끔찍한 일이다. 이미 당 총선기획단에서 만들어놓은 지침은 대폭 물갈이였고, 초재선 의원들도 당의 어떤 결정에도 승복하겠다는 결의를 했다는 것은 이미 언급했다. 그만큼 상황이 절박했다. 공천개혁이 오직 대폭 물갈이뿐인 것처럼 여론의 관심도 한쪽으로 경도됐다. 이 과정에서 순순히 받아들이고 협조해준 현역의원들에게는 엎드려 절하고 싶을 정도로 고마웠다. 그러나 내가 왜 희생이 되어야 하냐고 따지는 현역에게는 설득하는 이외의 다른 방법이 없다.

오로지 기준은 컷오프 리스트였다. 앞서 말한 5개 항목을 여론조사를 통해 작성한 일종의 인덱스값이다(66쪽 참조). 솔직히 어찌 이것만으로 4년간 의정활동을 평가하고, 당선 가능성의 기준으로 삼을 수 있겠는가. 여론조사 수치만으로 현역의원의 생사 여부를 판단하는 것은 무리지만 다른 자료나 기준은 없는 실정이다. 물론 같은 시기에 한 당원 대상 여론조사와 공관위 출범 훨씬 전에 한 당무감사 자료도 있고 내가 원내대표들에게 부탁하여 임의로 만든 의정활동 평가서도 있지만 참고용으로 쓸 수밖에 없었다. 그러니 공천 시즌만 되면 불투명하고, 불확실하며, 불가측성으로 인해 온갖 유언비어와 가짜 뉴스가 난무하게 되는 것이다. 또 승복하지 않고 버티더라도 후유증을 해소하기가 쉽지 않은 것이다. 이번 공천을 통해서 이렇게 무리하게 물갈이할 필요 없는 자연스럽고 예측 가능한 방법이 떠올랐다. 물론 당헌당규에 제도화해야 한다. 이렇게 되면 공관위는 정치적 위상보다 관리적, 실무적 역할이 강조될 것이다. 여기에서 이 방안을 제안하고자 한다.

의정활동이 공천에 직결되어야 한다

첫째, 바로 시스템 공천이다. 이번 공천에서 고생하며 얻은 값진 결론이다. 시스템 공천의 핵심은 평소의 객관적인 평가 자료다. 이것은 원내와 원외, 모두에 해당된다. 먼저 현역의원에 대한 의정활동 평가 자료다. 매년 투명하고 공정한 평가 자료가 생산된다면 사실상 공천은 거의 50% 끝난 것이나 다름없다. 다만 당 대표나 권력자 또는 실세가 당권 장악용으로 왜곡하지 못하도록 당헌당규에 못 박아야 한다. 이를 위해서는 모든 의원들이 납득할 수 있는 객관적인 평가기준을 마련해야 한다. 아직까지 제대로 된 평가기준은 없다. 권력자가 자의적으로 주무르고 싶었기 때문에 굳이 필요성이 제기되지 않았다. 그러나 공천 제도가 개혁되지 않는 한 정치 발전은 공염불에 그칠 뿐이다. 반드시 시스템 공천으로 가야 한다. 여야 간 유불리^{有不利}나 숫자 싸움 차원이 아니라 대한민국 국회가 바로 가야 하고 정치가 발전해야 하기 때문이다. 우선 의원 평가기준은 국회가 주도하여야 한다. 그리해야만 보다 정확하고 객관적이며 중립적인 작품이 된다. 이를 '의정활동평가지침서'('지침서')라 하자. 각 당에서 추천한 전문가를 중심으로 태스크포스를 구성하여 '지침서'를 제대로 만들어야 한다. 각 당은 이것을 가지고 기여도, 평판, 도덕성 등 가치기준에 따라 특화하여 적용시키면 될 것이다. 이것이 '당별 지침서'가 된다. 우리 국회만큼 욕먹는 데도 드물 것이다. 신뢰의 결핍 때문이다. 그런 국회가 바람직한 의원상 정립을 위한 매뉴얼 하나 없다는 건 부끄러운 일이다. 민간이나 시민사회단체가 거의 매년 선정 발표하는 우수 국회의원에 대한 신뢰도가 낮은 것도 같은 이유다. 국회 예산의 극히 일부만 사용하면 국회의원의 현재 활동과 국회의 미래를 기대하게 될 것이다.

이 '지침서'가 시스템 공천의 중추, 인체로 치면 허리뼈가 되어야 한다. 각 당은 이에 따라 '평가위원회'를 따로 구성하여 매년 국정감사와 정기국회 활동이 끝나는 연말쯤 이 '지침서' 기준에 따라 철저하게 평가, 랭킹을 매겨 이를 공개한다. (평가 내용 등 민감 사항은 비공개로 하더라도 순위는 반드시 공개해야 한다. 그것도 어려우면 상위 10% 명단이라도 공개.) 이 중 매년 상위 10%에게 공천을 보장하면 4년간 40%는 공천이 보장되는 의원이 확정된다. 중복 의원을 감안하여 첫해는 상위 10%, 다음 해는 20%, 그다음 해는 30% 이런 식으로 하면 된다. 이렇게 하면 4년 뒤 40% 의원은 공천이 확정된 상태이므로 나머지 60% 의원들에 대해서만 경선이든, 물갈이든 결정하면 된다. 첫해는 준비 관계로 안 된다면 둘째 해부터라도 실시하면 된다. 이렇게만 하면 선거에 임박해 컷오프 리스트를 만들어 공천에서 배제하는 일은 없게 된다. 공천이 확정된 의원은 자율적이고 독립적으로 소신껏 의정활동을 할 수 있게 된다. 당은 목소리가 다양해지고 활동은 다이내믹해질 것이다. 국민을 적극적으로 대변하게 되어 정당 불신과 정치 불안도 해소할 수 있다. 선거가 있는 한 정당의 공천제도는 사라지지 않을 것이다. 이렇게 되면 선순환의 공천이 자리 잡게 될 것이다.

지역 관리 잘하면 공천 보장한다

다음은 원외위원장(당협위원장)의 공천 문제다. 여기에도 객관적이고 투명한 기준이 있어야 한다. 현재로서는 아무리 지역구를 잘 관리하더라도 언제 공천자가 낙하산으로 내려올지 몰라 전력투구할 수 없다. 실제로 원외위원장은 임시 대리인 같은 대우를 받고 있는 것이 현실이다. 이번 공천에도 당협위원장들이 불리한 대접을 받았다고 불만이 많았다. 사실 이들의 희생과 양보가 없었다면 혁신공천은 애초부터 불가능했을 것이다. 거듭 송구스럽게 생각하며 여기에 대한 개선책을 제시한다. 먼저 당 차원에서 그동안 당무감사의 경험과 노하우를 살려 누구라도 납득할 수 있는 평가기준과 방법을 만들어야 한다. 여의도연구원이 주관하고 외부의 전문가가 참여하여 이 또한 제대로 만들어야 한다. 매년 '감사위원회'는 이 기준에 따라 당무감사를 실시하고 그 결과를 공개한다. 이렇게만 하면 평가기준이나 가중치가 일정하지 않아 감사반원에 따라 평가 결과가 다르게 나와서 신뢰성을 갉아먹는 일은 사라질 것이다. 평가 결과를 전부 공개하기 어려우면 적어도 상위 10%라도 발표하여 사실상 공천을 확정한다. 매년 상위 10%에 들어가는 우수 당협도 있으므로 앞의 요령으로 해마다 숫자를 늘린다. 반면에 하위 10%는 안됐지만 매년 재공모하는 방식으로 한다. 기존 당협위원장도 재공모에 응할 수 있다. 당협위원장의 평가는 총선 전 세 번 정도는 가능할 것이다. 객관적 방법과 투명한 절차를 거친 경쟁과 평가는 당근과 채찍이 되어 당에 대한 국민의 신뢰도를 재고시키는 역할을 하게 될 것이다.

자유민주주의를 지키는 힘은 자유와 경쟁, 그리고 탈락자 실패자에 대한 구제 시스템이란 것을 다시 한 번 강조한다. 40% 정도의 당협위원장이 미리 공천을 보장받는다면 이들은 안정적이고 헌신적으로 지역구를 관리할 수 있다. 특히 원외 지역구에 대해서는 현역의원보다 일찍 공천 심사에 들어가는 것도 좋은 방법이다. 지역구 활동을 하루라도 빨리 스타트하게 하는 것이 당선으로 가는 길이기 때문이다. 원외 당협이나 현역의원이 상위권에 중복 발표된다면 지역구민의 신뢰와 지지는 더욱 증대되어 차기 선거에 더 유리한 기반이 조성될 것이다. 다만 당무감사는 원내외를 막론하고 전 지역구(당협)에 모두 실시해야 한다. 원내 의원 중 중앙에서의 활약은 돋보이나 지역 관리가 소홀한 경우가 더러 있다. 반면에 중앙 정치는 별로인데 지역 관리에만 열중하는 의원들도 가끔 본다. 둘 다 문제다. 국회의원은 국민에 대한 봉사자로서 언제나 헌신을 요구당한다. 이런 자세와 정신을 가다듬기 위해서도 위의 두 제도는 필수적이다.

이번 공천 작업의 말 못 할 애로가 인재 발굴과 영입이었다. 이런 시스템이 조기에 안착될수록 뜻있는 사람들이 자기가 원하는 지역을 찾아 정치의 꿈을 키울 수 있게 될 것이다.

포청천 윤리위를 상설하고 공천도 사전 검증한다

둘째, 당 윤리위 활동을 공천과 연계시킨다. 사실상 당 윤리위가 평상시 공관위 활동을 대체할 정도로 강력한 권한이 주어져야 한다. 진보는 타락해도 버티지만 보수는 도덕적 잘못이 있으면 당 전체가 비난받는 세상이다. 형식적인 윤리위가 아닌 실권을 행사하는 '포청천 윤리위'가 되어야 한다. 국민의 정서를 자극하거나 지탄의 대상이 되는 언행이 있으면 즉각 윤리위를 소집해서 활동에 들어가야 한다. 엄격한 심사를 거쳐 결정을 하면 당(최고위)은 이를 그대로 수용해야 한다. 보수가 거듭나는 길은 우선 윤리적으로, 도덕적으로 떳떳해야 한다. 윤리위의 결정은 전적으로 100% 공천에 반영되어야 한다. 또한 '벌'뿐만 아니라 '상'도 윤리위에서 주관할 필요가 있다고 본다. 반드시 정권을 다시 찾아오겠다는 각오가 있어야만 이런 제도가 제대로 작동될 것이다. 군소 야당으로 적당히 살아남는 게 내심의 목표라면 이렇게 빡빡하게 할 필요가 없다.

이번 공천 심사 과정에서 검증 작업은 말 못 하는 고역이었다. 검증 시스템이 전무한 상황에서 지역 내 경쟁자에 대한 갖가지 불리한 자료들은 산더미처럼 들어왔다. 이화여대 부총장인 최대석 소위원장이 중심이 되어 검사장 출신의 조희진 위원, 과학기술인 엄미정 위원 등이 수시로 모여 작업했다. 다행히 본격적인 활동을 시작하기 직전에 청와대에서 인사 검증을 담당했던 유일준 위원이 동참하여 큰 힘이 됐다. 솔직히 민원성 서류가 너무 많아 실무자들이 1차 걸러냈지만 소위에 회부된 안건만 해도 결코 만만치가 않았다. 하나하나 신중하고 심중히 판단해야 했기에 소위원장과 소위위원들은 부담이 컸다. 이분들의 노력으로 큰 하자 없이 검증 업무를 마쳤지만 제도적 보완이 시급하다.

공천 관련한 후보자에 대한 검증 업무도 이제부터는 당의 윤리위가 맡아야 한다. 당연히 윤리위는 상설기구로서 작동하고 관련 전문가들이 권위 있게 포진해야 한다. 윤리위의 엄정한 검증을 통과한 공천 신청자에 대해서만 공관위는 심사를 한다. 역할 분담도 되지만 내실 있는 심사가 될 수 있다. 이렇게만 되면 공천에 대한 신뢰성도 권위도 한층 확보될 것이다. 이런 것이 개혁 정당다운 모습 아닐까.

공관위는 5개월 전 구성한다

셋째, 공관위를 구성하는 시기의 문제다. 늦어도 선거일 5개월 전에는 구성해야 한다. 당헌당규에는 선거일 120일 전에 구성하도록 되어 있지만 이번에는 82일 전에 구성하였다. 결국 후보자 등록일까지 공천이 마무리되지 않아 허둥지둥하는 모습까지 보여줬다. 당 지도부는 힘의 공백을 우려해서인지 늘 촉박하게 구성한다. 그러나 시스템 공천이 이루어지면 투명하고 공정한 평가 자료를 근거로 실무적으로 처리하기 때문에 지도부가 우려하는 '힘센 공관위'는 현실적으로 나오기 어렵다. 사실상 매뉴얼대로 관리하고 양심껏 처리하면 된다.

때를 놓치지 않고 공관위를 구성하는 일이야말로 총선 승리로 가는 첫 번째 단추다. 당의 생존과 위상에 직결되는 공관위 구성을 이런저런 이유로 늦춘다면 지도부는 책임을 져야 할 것이다. 만일 당 지도부가 공관위를 5개월 전에 구성하지 못하면 일괄 사직하고 당은 비상대책위(비대위) 체제로 전환해서 즉각 공관위를 구성하도록 해야 한다. 또한 공관위는 3개월간 집중 작업을 하여 늦어도 선거일 두 달 전까지 공천을 완료해야 한다. 지지자는 물론 유권자에 대한 예의다. 이번으로 치면 2월 15일까지 공천을 완료해야 한다는 뜻인데 그때까지 우리는 불과 4인밖에 공천하지 못했다. 1월 23일 공관위가 처음 구성된 후 23일이 지나 첫 작품을 낸 것이다. 2월 17일에야 당 통합(미래통합당)이 이루어졌기 때문이다. 여러모로 시간에 쪼들렸던 공관위다. 이런 전철을 다시는 밟지 않도록 하려면 시간 개념을 엄수해야 한다. 이번 공관위는 두 달 남짓 기간(63일)에 그 많은 일을 처리했으므로 석 달이면 더욱 밀도 있고 능률적으로 해낼 수 있을 것이다.

이상을 요약하면 원내든 원외든 활동력이 좋고 평소 지역 관리를 잘한 상위 40%는 공천 보장을 받는다. 원외 당협위원장 하위 10%는 매년 교체될 수 있다. 공관위는 나머지 60%에 대한 심사를 석 달간 집중적으로 하고 선거일 두 달 전에 끝내야 한다. 여기에 당 윤리위를 비롯한 제도적 감시 장치가 상시 가동해야 한다는 것이다.

공관위의 독립성이 보장되어야 한다

넷째, 당 지도부는 어떤 경우라도 공관위 활동을 통제하거나 관여해서는 안 된다. 이것은 당헌당규에 명문화는 물론, 실제 운영상으로도 보장되어야 한다. 공관위원장에게 공관위원 선임권과 회의 운영에 관해서 전권을 부여해야 한다. 공관위원장에게 전권을 부여한 것이 잘못되었다거나 공관위원장의 언론 접촉까지 견제하려는 지도부라면 문제가 있는 것이다. 공관위원장은 부분의 승리가 아니라 전체의 승리를 위해 목숨을 건다. 정파의 요구를 들어주기 시작하면 배가 산으로 간다. 공관위원장은 이런 외압을 막고 독립적이고 공정한 공천을 이끌어가야 한다. 당헌당규에 보장된 권한은 철저히 존중되어야 한다. 또 공관위원장이나 공관위원은 주어진 권한 이상의 행위를 해서는 안 된다.

이번 공천 막바지에 터져 나온 지도부의 초법적 월권행위는 더 이상 재발되어서는 안 된다. 공관위에 대한 재의요구권은 존중되어야 하지만 최고위가 공천자를 무효화할 수 있다는 규정은 삭제하든지 아니면 명확하게 정해야 한다. 현재 당규상으로도 최고위의 이러한 결정은 위법이 틀림없지만 정치 행위로 그냥 어물쩍 넘어갔다. 심지어 시간이 없다는 이유로 최고위가 마지막에는 공천까지 직접 결정했다. 이런 최고위의 탈법 행위를 어떻게 막을 것인가. 재발 방지를 위해 제도적 개혁은 필수적이다. 제도화에 못지않게 지도부와 공관위원장의 의지 또한 중요하다.

또 하나 당규의 문제, '지역구 국회의원 후보자 추천규정' 제32조에 규정된 국민공천배심원단에 관한 사항이다. 나는 이를 없애는 것이 맞다고 본다. 사실 이번 공천에서는 적용하지 않는다는 예외 조치를 관철시켰다. 50명(35명 국민 추천 + 15명 당 추천)의 배심원단이 공천자 전원을 대상으로 부적격 여부를 판단하겠다는 내용이다. 배심원단 선발 근거나 기준도 애매할 뿐만 아니라 규정에는 부적격 여부를 어떤 자료와 어떤 기준으로 판단할지에 대해서는 명시되어 있지 않다. 현실적으로 특정 정파의 입김에 휘둘리거나 포퓰리즘에 의해 좌우될 수밖에 없다. 이름과 무늬만 그럴듯하지 공관위의 활동을 건전하게 견제하는 장치도 아니다. 이것은 오히려 혁신공천과 인적쇄신의 걸림돌로 작용할 위험성이 크다. 굳이 배심원제를 채택하겠다면 제대로 해야 한다. (설명하려면 얘기가 옆길로 샐 것 같아 여기서는 생략한다.) 이런 포퓰리즘적 절차는 없어지는 것이 맞다. 우리마저 지켜야 할 가치와 영혼을 점점 잃어간다면 설사 정권이 교체된다 하더라도 제대로 해나갈 수 없다. 아류亞流 정치는 이류 내지 삼류다. 남 따라 하는데 어찌 표를 주겠는가. 이런 정치 행태로는 결코 승리할 수 없다.

여의도연구원이 제대로 연구해야 한다

마지막으로 당의 싱크탱크인 여의도연구원(줄여서 '여연'汝研)을 간단히 언급하겠다. 이번 공천 과정에서 '여연'의 역할이 없었다. 도움을 주지도 받지도 못한 것이다. 다만 여론조사실 소속 직원들만 연락하고 정리하느라 바빴다. 정당은 선거에 이기기 위해 존재한다. 정강정책에서부터 현안에 대한 입장, 당의 전략과 선거 대책까지 여연이 당의 두뇌요 신경중추 역할을 해야 한다. 예컨대 수도권 선거의 기본 대책은 어떻게 세워야 하는지, 경기도의 수원 성남 안양 고양은 어떻게 같고 다른지, 화성 갑·을·병은 인구분포나 직업 지형 교통 문화 교육 종교 연령대가 어떤지 등 기본 자료를 제공해줘야 한다. 이번에 우리 공관위원들은 당의 기본 전략에서부터 권역별, 당협별 특징이나 고려 사항이 뭔지도 모른 채 공천 업무에 매몰됐다. 충분한 정보도 충실한 자료도 없이 공관위원들은 각자의 경험과 감에 의존했다. 역대 공관위가 다 그랬는지는 알 수 없다. 그러나 앞으로 이래선 안 된다. 인공지능 빅 데이터 시대에 '여연'이 새로 태어나야 한다. 충분한 예산과 인력이 뒷받침되어야 한다. 때로는 지도부에 쓴소리도 할 수 있어야 한다. 구태 정치, 보스 정치, 패거리 정치, 진영논리, 집단이기주의가 우리한테는 없는지 엄밀히 살펴야 한다. '여연'의 싱크탱크 기능이 살아나야 당의 미래가 있다.

공관위가 보완해야 할
과제들

아쉬운 점이 한둘이 아니다. 공관위를 조기에 구성하자는 제안은 나의 뼈아픈 경험에서 비롯된 것이다. 숨 가쁘게 달려야 하는 운전은 위험천만하다. 도로 상태를 살펴 가다가는 시간 내에 도착할 수 없다. 그래서 여유 있는 출발은 성과를 위한 기본 전제가 된다. 가장 아쉬웠던 점은 시간이 촉박한 관계로 당이나 국민과 소통이 부족했다는 점이다. 이것은 공관위가 공천에 관한 전권을 행사하는 것과 별개의 문제다. 또 공관위원 10명과 당 사무처 기조국의 소수 지원만으로 "이기는 공천, 투명한 공천, 국민이 공감하는 공천"을 구현해낼 수 없음을 절감했다. 공관위를 받쳐주는 지원 조직이 있어야 가능한 목표다. 실제 현장을 지휘한 사람으로서 아쉽고 부족했던 점을 지적한다.

시스템 공천을 주장하면서 매년 의정활동 평가와 당무감사를 통해 40%의 공천자를 사실상 미리 확정해두자고 했다. 야당이라는 제약 속에서 공천이 선거 1, 2년 전인 조기에 확정된다는 것은 대단한 축복이 아닐 수 없다. 물론 막강 여당이 우리 쪽 공천 내정자에게 흔들기를 계속하겠지만 지지자를 중심으로 야당의 텃밭을 공고히 다져나갈 수가 있다. 이제 공관위는 나머지 60%에 대한 집중적 심사를 함으로 충분한 시간 속에서 공천 업무를 심도 있게 할 수 있게 된다. 더구나 제대로 갖추어진 여의도연구원에서 전략 방향을 비롯한 충분한 지원을 하게 되면 오류나 실수를 최소화할 수 있다.

공관위는 공관위원들로만 구성되어서는 안 된다. 전략기획단, 홍보지원단과 대변인, 그리고 검증단은 반드시 있어야 한다. 이것이 없이 공관위만 설치되면 또 이번처럼 공관위가 독박을 쓰고 선거에도 나쁜 영향을 미치게 된다. 이들 세 개 지원단은 공관위원장의 리더십 아래서 움직여야 한다. 공천이라는 절체절명의 상황에서 일사불란한 지휘계통이 아닌 중구난방 식으로 움직이면 결과는 뻔하다. 당 지도부나 외부의 눈치를 보겠다는 사람은 철저히 배제되어야 한다. 그러나 당 지도부와의 전략적 교류나 공감대는 절대적으로 필요하다. 공관위원장과 전략기획단장의 정치력이 요구되는 부분이다. 전략기획단과 홍보지원단에 대해서는 서두에 설명했고(60~62쪽) 검증단에 대해서는 앞 장에서 언급했으므로 설명을 생략한다. 일사불란한 조직일수록 그

내부는 자유롭고 민주적으로 움직여야 한다. 이러한 경륜과 민주적 리더십이 있는 사람이 공관위원장이 되어야 한다. 공관위원장 같은 중요한 자리를 인기투표 식으로 뽑아서는 안 된다. 당 내외의 중의를 거쳐 최고위에서 엄선토록 한다. 윤리위원장이 검증단장을 맡는 경우를 제외하면 두 개 지원부서(전략기획단, 홍보지원단) 단장은 공관위원장이 제청권을 행사하며 공관위원은 위원장이 직접 위촉한다.

그러나 지역구 후보 선출 방식은 유권자 친화적으로 해야 할 것이다. 최근 국민의 사랑을 받는 '미스터 트롯'이나 '복면가왕' 같은 방법을 도입할 필요가 있다. 이것도 제대로 하려면 공관위 출범 전에 '여연'을 중심으로 실무준비를 철저히 마쳐두어야 한다. 청년 후보들인 퓨처메이커들을 띄우기 위한 온라인 합동유세 같은 최소한의 비용 지출도 꺼려 하는 지도부라면 곤란하다.

당 지도부가 공관위의 입장을 존중할수록 지도부의 리더십과 당 지지도가 올라갈 것이다. 공관위 역시 당 대표를 비롯한 최고위원의 지도력을 절대적으로 인정하고 지도부를 흠집 내거나 무시하는 듯한 언행은 일체 삼가야 한다. 민감한 때일수록 흔들고 이간질하는 사람이 있게 마련이다. 이럴 때일수록 지도자와 책임자라면 초심을 지키며 정도로 가야 한다. 공자님 말씀 같은 소리는 이제 그만하고 마지막으로 실질적이고 현실적인 문제를 언급하고자 한다.

4년 또는 3년에 걸쳐 의정활동을 잘한 우수 의원과 원외의 우수 당협위원장에 대해서는 공천을 보장한다고 했다. 또 역으로 잘못한 의원은 분발을 촉구하고 당협은 새로운 위원장을 공모한다고 했다. 그러나 공염불이 될 가능성이 높다. 시간은 여유가 없고 지도자의 의식은 아직 덜 깨어 있기 때문이다. 비대위체제가 1년 가까이 지속되고 전국적 관심인 서울시장 부산시장 보궐선거가 당면해 있다. 또 1년도 안 되어 전국지방선거와 대통령 선거가 실시된다. 2022년은 역사의 분기점이 될 것이다. 바로 선거체제에 들어갈 텐데 의정활동이나 당협의 평가서를 엄밀하게 작성할 여력이 없을 것이다. 노력에 비해 생색나지 않는 이런 일을 한가롭게(?) 할 지도부나 국회의원이 어디 있겠나. 결국 또 이번 같은 준비 안 된 공관위가 되고 말 것 같다. 언제까지 공관위원장이나 공관위원들의 선의만 기대할 것인가.

그래서 마지막으로 호소한다. 어떠한 경우든 공관위를 공관위 혼자 외롭게 남겨두면 안 된다. 지원 조직 없는 공관위와 당(최고위)이 받쳐주지 않는 공관위는 성과도 결과도 낼 수 없다는 것이다. 바로 이 뻔한 말을 하려고 망설임을 끝내고 책의 출판을 결심하게 된 것이다. 앞으로 공관위는 위원 몇 명이 와서 잠깐 일하고 가는 회의체가 아니라 실질적인 지원기구와 자료를 바탕으로 '제대로 된 공관위'로 변해야 한다. 공천은 당과 정치인의 생명을 다루는 정자지대본政者之大本이다. 정당은 국민과 시대의 지지를 먹고 사는 생물체임을 잊지 말아야 할 것이다.

Chapter 4

공천관리위원장의
마지막 변명

공천 잘못은
전적으로 나의 책임

왜 무엇 때문에 우리는 실패했는가. 그것도 보수 정당 사상 최대 최악의 참패를 했는가. 이유와 원인이 한두 가지가 아니겠지만 꼭 빠지지 않는 것이 '잘못된 공천'이다. 중앙당이 총선 넉 달 후인 8월에 발간한 『총선백서』에서도 공천 잘못을 두세 번째 총선 패인으로 지목하고 있다.* 공천이 잘됐으면 이런 비참한 결과가 나오지 않았을 것이라는 분석이다. 아무리 선거판이 험해도, 이른바 '기울어진 운동장'이라 하더라도 인물만 출중했더라면 지지 않았을 것이라는 의미다. 이런 말을

---

* 출마자들은 두 번째로, 출입기자단은 세 번째 이유로 "최선의 공천이 이루어지지 못함"을 들었다. 백서 팀은 표현을 부드럽게 했지만 나는 '공천 실패', '공천 잘못'으로 압축한다. 『미래통합당, 제21대 총선백서』 195쪽의 통계를 「부록」(257쪽) 편에 수록한다.

들을 때마다 나는 죄인 된 심정이다.

공천 잘못에 대해서 여러 보수단체가 날 선 지적을 하고 있다. 특히 지역과 사람을 구체적으로 지정하고 왜 잘못되었는지 나름대로 근거를 제시하고 있다. 개인적으로는 공천을 받지 못한 수많은 낙천자들과 그 지지자들로부터 엄청난 항의를 받았다. 이분들의 비난과 비판에 대해 거듭 미안하고 죄송한 마음이다. 무슨 말을 하던 위로가 되지 않을 줄 잘 안다. 공천 신청을 한 사람은 대부분 자기가 공천만 받으면 당선될 가능성이 가장 높다고 본다. 지역구별로 그 수는 많게는 10명이 넘는다. 이 중에서 딱 한 사람에게 기회를 주는 것이 공천이다. 떨어진 사람들은 얼마나 서운하고 섭섭하겠는가. 이의신청, 재심요청이 빗발친다. 그때마다 공관위원들은 혹시 잘못 판단했는지를 살펴야 했다. 직접 설명해줄 때도 있지만 납득하는 경우는 드물다. 공천 심사는 그만큼 힘들고 욕먹는 일이다.

국회의원의 국정 수행 능력이나 당선 가능성에 대한 판단은 사실 객관적일 수도 있고 또한 주관적일 수도 있다. 자의적 판단을 최소화하기 위해 여론조사를 비롯, 여러 자료들(자기소개서, 지지 기반, 의정활동 평가, 당무감사 등)을 두루 참고한다. 공관위원들은 신청자 한 사람 한 사람을 면밀히 검토한 후 최종 의견을 조율해 간다. 한 사람의 일방적 의견으로 결정되는 경우는 있을 수 없다. 분명한 것은 능력도 부족하고 당선 가능성도 없는 특정인을 세우기 위해 유력자를 공천에서 떨어뜨린 경우는 단 한 건도 없었다고 감히 말할 수 있다.

　당이 새로운 모습을 보이고 거듭나려면 희생과 헌신이 요구되었다. 지역 활동이나 중앙 정치에 소홀한 경우라든지, 재판 결과나 진행 상황이 좋지 않거나(정치문제는 예외), 불미한 일로 이슈가 된 경우는 불가피하게 제외되었다. 극히 일부이긴 하지만 개인의 인격과 명예에 관련된 사항이기에 일일이 밝힐 수 없다. 또 당에서 '이기는 공천'을 강조해놓고 여론조사 1위를 떨어뜨린 것은 잘못이라는 주장도 있다. 그런 경우가 드물지만 예외는 있다. 앞의 예에 해당되거나 아니면 대개 자기가 임의로 여론조사를 한 경우다. 우리의 기준은 공관위에서 의뢰한 공식 여론조사로 모든 지역에 적용되었다.

　『총선백서』에서 이번 선거 당선자들은 선거 참패 원인으로 공천 잘못을 가장 많이 지적했다고 한다. 또 출입기자들도 같은 의견이 많았다. "최선의 공천이 이루어지지 못함"이라는 부드러운 표현을 했지만 공천 자체가 잘못됐다는 것과 공천을 둘러싼 여러 잡음들을 말하는 것이리라. 당선자들은 본인이 당선되었듯이 인물만 월등하면 이길 수 있을 것이라는 안타까움이 일정부분 작용했으리라라 본다. 또 경선을 통해 공천을 받은 사람들이 구닥다리라 경쟁력을 잃었다고 지적하는 경우도 제법 있다. 경선자를 선별하는 것도 쉽지는 않지만 몇 가지 원칙에 입각했다는 것은 앞서 설명했다. 그나마 경선을 거친 후보가 당선율이 가장 높다. 청년과 신인 등용을 위해 파격적인 기본점수제까지

도입했지만 결과는 기대치만큼 나오지 못했다. 또 앞의 표(22쪽)에서 보듯이 경선을 했거나 하지 않았거나 수도권 등 비영남권의 당선율은 극히 저조하다(15~17%). 설령 경선에서 신인이 이겼다 하더라도 이번 같은 특이한 선거 풍토에서 과연 얼마나 선전할 수 있었을지 의문이 든다.* 따라서 모든 지역구를 경선을 통해 후보를 뽑자는 주장은 일견 그럴듯하지만 무책임하게 들릴 수도 있다. 여건과 환경을 먼저 마련해야 한다.

언론과 당선자들이 공천 잘못을 지적하는 부분을 뼈아프게 받아들인다. 구체적으로 보면 '김형오 사천', 돌려막기 내지는 낙하산 공천, 그리고 후반부 최고위와의 알력(공천 무효 조치) 등일 것이다. 이것에 대해서는 앞부분에 입장을 분명히 밝힌 바 있다(40~46쪽). 사실도 있고 오해도 많아서 중언부언 않겠다. 마지막까지 공천받지 못하고 탈락한 분들께는 진심으로 미안하다는 말씀을 거듭 드린다. 그러나 단 한 건도 김형오의 사심이나 사감으로 결정된 것이 없었다는 점만은 알아주었으면 한다. 공관위원들은 주어진 여건과 제한된 정보 속에서 전심전력을 다했다. 다만 역대 어느 때보다도 공천 잘못이 크다고 느껴지는 것은 선거에서 대패했기 때문일 것이다. 이 점에 대한 정치적, 도덕

---

* 대전 유성 을의 김소연 변호사(여, 38세)는 경선을 통해 본선 티켓을 땄다. 〈조선일보〉에 전면 인터뷰(9월 21일자)를 할 정도로 사회활동을 활발히 하지만 본선에선 상당한 표차(18.8%)로 낙선했다. 이처럼 참신한 신인이라도 당선되기 어려운 선거 환경이었다. 대전은 현역의원 3인을 포함, 전패했다.

적 책임을 결코 피하지 않을 것이다.

다른 하나는 공천 잡음이다. 공천에는 으레 잡음이 따른다. 그러나 이번 공천에서 어떤 계보나 계파를 염두에 두고 공천 또는 낙천 작업을 한 것은 단 한 건도 없다. 계파를 불문하고 낙천자들이 속출함으로 오히려 모든 계파로부터 공격을 받았다. 당 통합으로 인해 공천을 받지 못한 현역의원과 당협위원장의 비난과 비판을 감수해야 했다. 그래서 더욱 공천 잡음이 크게 부각된 듯하다. 당 통합 과정과 면모일신을 위한 불가피성에 대해 이해도 구하고 설득 노력도 해야 했는데 제대로 살피지 못한 결과다. 이 역시 나의 불찰이다. 공천 잡음과 관련해서는 다음 장에서 좀 더 언급할 것이다.

총선 패배는
변화의 고삐를
놓친 탓

선거 참패와 공천 실패에 대한 나름대로의 이유와 원인을 그동안 쭉 밝혀왔다. 가능한 한 분석적 방법으로 객관적이고 중립적인 내용을 유지하려 애썼다. 이제 내 가슴에 응어리로 맺힌 못다 한 이야기를 좀 더 솔직한 심정으로 밝히려 한다. 이미 공천이 잘못됐다는 가혹한 비판에 대해 사과와 유감 표명을 했고 오해와 왜곡에 대해서는 경위와 설명을 했다. 여기서는 무거운 중압감을 벗어나 좀 더 자유로운 마음으로 공천과 선거에 대한 나의 생각을 말하면서 마무리 짓고자 한다. 다소 도발적인 문제 제기로 볼 수도 있겠지만 어디까지나 상식과 경험, 그리고 자료에 근거하여 말해보겠다.

공천 잡음과 후유증은 심각했는가

먼저 의문 한 가지. 공천의 잘잘못을 어떻게 무엇으로 판단할 수 있는가. 여론조사나 설문조사로 가려낼 수 있을까. 사실상 거의 불가능하다고 본다. 입장과 시점에 따라 달라질 수밖에 없기 때문이다. 구체적으로 지명도가 떨어지는 신인을 어떻게 평가할 것인가. 그렇다고 신인등용을 소홀히 할 수 있겠는가. 또 전국적으로 지명도가 높은 중진이라 할지라도 지역에서의 평판은 전혀 다를 수 있다. 반대의 경우도 마찬가지다. 그래서 공천에 관한 평가는 일률적인 잣대를 적용하기가 어렵다. 지역적으로, 개별적으로 다를 수밖에 없다. 그래서 공천이 잘됐는가 하는 질문에 대한 대답은 주관적이며 상식적이다. 이번 선거에서 보듯이 수도권은 하나같이 공천이 잘못되어서 다 떨어지고 영남권은 공천을 잘해서 거의 다 된 것이란 말인가. 결국 공천은 평가의 문제가 아니라 책임의 문제인 것이다.

공천이 잘됐다고 하는 판단은 오직 선거에서의 의석수, 즉 승리할 때를 말한다. 이것도 냉정하게 따져보면 공천의 잘잘못과 승리와 당선은 반드시 비례하지는 않는다. 인물이 출중해도 떨어지기도 하고 반면에 흠결이 있는 후보가 당선되기도 한다. 그렇지만 공천은 선거에서 이기기 위한 정치적 과정인 만큼 당선이 되면 모든 것이 용서되고 넘어간다. 결국 공천에 대한 평가는 선거 이후 결과를 보고 하게 된다. 그러나 선거는 공천과 캠페인, 두 축에 의해 굴러가므로 책임의 한계를 각각 구별

짓기는 쉽지 않다. 그냥 통으로 승리냐, 패배냐로 판가름한다. 그래서 패배하게 되면 당 대표가 물러나는 등 공천의 책임론이 불거진다.

이번에도 그런 경우다. 더구나 최악의 참패를 당했으니 비난받아도 할 말이 없다. 그러나 정말 냉정하게 생각해보자. 이번 공천 자체가 선거 결과처럼 그렇게 비례적으로 잘못됐는가. 과연 역대 공천에서 가장 최악이었는가. 비록 공천 관리가 미흡했고 막판 공천 파행이 있었지만 그렇다고는 생각지 않는다. 그동안 공천 과정의 부작용은 대개 공천 잡음과 공천 후유증, 두 가지로 나타났다. 이번 공천에서도 예외가 아니었다. 그런데 독자는 수긍하기 어려울지 몰라도 이번 공천에서 이 두 가지가 심각하게 문제 된 적은 없다. 오히려 예년의 공천 과정에 비추어보면 '시끄럽지 않은 공천'이라고 말할 수 있다. 다만 비난의 목소리에 적절하게 대응하지 못함으로써 총선 참패의 독박을 쓴 면도 있다. 내가 공관위원장을 중도 사퇴하여 일어난 문제라 생각하니 수고하고 애쓴 공관위원들에게도 면목이 없다.

먼저 공천 잡음, 즉 계파 간 갈등이나 나눠먹기 등이 있었는가. 18대 총선에서는 '친박에 대한 학살'로 친박연대와 친박 무소속이 대거 당선되었다. 19대에는 친이에 대한 공천 배제가 이루어졌다. 친박과 친이의 계파 갈등은 결국 20대에서 폭발, 절정을 이루며 내리막을 향해 달렸다. 이번에는 계파 간 갈등은커녕 오히려 계파 청산이 이루어졌다. 지도부 간에 나눠먹기 했던 구태도 사라졌다. 그러나 계파 청산적 공천쇄신으로 오히려 모든 계파가 불만이었고, 이를 적절히 대응하거나 해명하지 못해 공천 잡음으로 크게 불거진 것이다. 공관위에 대변인을 비롯한 홍보팀이 있어야 하는 이유다. 이런 제도적 장치가 없다면 쇄신공천을 하지 않는 편이 낫다. 밋밋한 공천이 되겠지만 내부 잡음은 피할 수 있기 때문이다. 다음으로 공천 후유증은 어떤가. 어쩌면 역대 선거 사상 가장 미미했을 법하다. 상경 시위나 단체 항의는 거의 없었다. 조직 분규도 크게 눈에 띄지 않았다. 현역의원의 무소속 출마는 5명뿐이었다. 공천에 반발, 당이 하나 더 만들어지거나 무소속끼리 연대하는 조직적 행동도 전혀 없었다. 그럼에도 왜 선거에 패하고 공천책임론에서 벗어나지 못하는가. 한번 숨은 그림을 찾아보자.

변화의 고삐를 어떻게 놓쳤는가

우리나라 총선은 대개 정당을 선택하는 선거다. 비록 1인 2표제로 지역구와 정당의 비례대표를 뽑지만 2표 모두 인물보다 정당을 선호한다. 정당투표 성향은 영호남 지역은 말할 것도 없고 수도권에도 광범위하게 나타난다. 특히 이번 선거에서 더욱 심했다. 오세훈과 나경원이 여당의 신인에게 패한 까닭이 이것에 있다. 만일 인물선거였다면 지역구 의석의 거의 절반 수준인 수도권 전체에서 경쟁력을 갖춘 우리 후보가 16명에 지나지 않았겠는가. 이것은 정당투표 성향을 여실히 보여준 실례에 불과하다. 역대 선거에서도 마찬가지다. 대체적인 경향을 보면 총선은 정당선택으로, 대선은 인물선택으로 결정되는 경우가 대부분이다. 그런 점에서 개별적 인물에 대한 공천 심사보다 정당의 지지를 높이는 정치력이 현실적으로 더욱 중요하다. 그렇다고 공천이 중요하지 않다는 말은 결코 아니다. 그러나 정당이 바람을 타고 지지를 얻게 되면 개별 인물 경쟁력으로 이를 극복하기는 정말 어렵다는 뜻이다. 그럼 이번에 무엇을 놓쳤는가.

유권자가 정당을 지지하는 요인은 무엇인가. 지역적 기반이나 이념적 성향, 정서적 유대감이나 나이, 성별, 계층, 정책, 정치 행위에 대한 판단 등 다양한 요인에 의해 정당을 지지하거나 혹은 반대편에 서게 된다. 이런 용어를 별로 쓰고 싶지 않지만 편의상 보수와 진보로 구별해보자. 유권자의 많은 수가 대체로 보수와 진보 중 어느 한편을 지지한다. 대개 이런 입장은 일관성을 가지고 유지된다. 다만 중도층은 사안과 시대적 흐름에 따라 지지 정당이 달라진다. 대개 보수와 진보, 중도를 3분의 1씩으로 보고 있으나 이번 선거를 보면 진보층이 두터워지고 중도의 범위가 좁아지고 있는 추세다. 실제로 비례대표 정당의 득표율을 보면 그렇다. 진보 진영 총득표율은 여러 보수 정당 득표율을 모두 합한 것보다 8~15% 가까이 높다.* 또 중도층은 안정을 지향하

---

* 이번 선거 비례대표로 참여한 총 35개 정당 중 의석을 점유한 정당은 5개(미래한국당, 더불어시민당, 정의당, 국민의당, 열린민주당)이나 진영별 득표율을 보기 위해 0.1%(27,900표) 이상 받은 정당 20개를 합산하면 범보수가 45.35%, 범진보가 53.03%로서 진보 진영 지지세가 7~8% 앞선다. 범보수에 포함시킨 안철수의 국민의당 지지층(6.79%)을 중도로 보면 보수는 진보보다 14.5% 부족하다.

면서도 변화에 대한 수용이 강한 편이다. 기존 질서의 근간은 유지하되 고착되는 것에 대한 거부감이 있다. 따라서 이들을 공략하려면 '안정된 변화'가 불가피하다. 중도층의 지지 여부에 따라 매번 선거 결과가 달라진다. 이들이 정치적인 향방을 결정하는 키를 쥐고 있다. 심하게 말하면 선거에서 공약과 캠페인은 이들에 대한 구애 전략이다. 이번 선거의 패배는 이들을 끌고 오지 못한 결과다.

이유는 두 가지라고 생각한다. 하나는 변화의 고삐를 끝까지 잡고 가지 못했다. 역대 총선 결과를 보면 대개 변화의 폭을 크게 움직인 쪽으로 승리의 월계관이 갔다. 17대 탄핵 풍의 진앙지인 열린우리당, 18대 뉴타운 바람의 한나라당, 그리고 19대에서 경제민주화를 내걸고 변신한 새누리당, 그리고 20대에서는 정치적 변화를 거부한 새누리당. 표심은 정확히 변화를 선택했고 변화를 거부한 쪽을 심판했다. 이번에도 마찬가지다. 그러나 처음에 변화의 고삐를 잡은 것은 우리가 먼저였다. 통합의 추진도 그랬고 공천도 그랬다. 특히 공천은 '판갈이' 주장으로 말고삐를 당기며 변화의 정국을 주도했다. 보수의 지평을 확장해야만 승리할 수 있다는 것이 공관위의 공통된 인식이었다. 현 집권 여당과는 결이 다른 진보 진영, 중도 성향의 정당과 인물의 영입에도 힘을 썼다. 그러나 3월 13일까지였다. 그 후 우리의 고삐는 도로 원상으로 돌아갔고 대신 정부 여당이 그 고삐를 쥐게 되었다. 세계적 전염병에 대한 정부의 위기관리가 안정적이라고 선전되었고 재난지원금 등

특단의 조처는 야당의 크고 작은 변화를 삼켜버렸다. 정부 여당의 사상 유례없는 선심성 캠페인에 우리의 대응은 역부족이었다.

또 하나는 변화의 고삐를 쥐고 갈 사람이 없었다. 사실 이것이 가장 중요한 포인트다. 정치도 선거도 사람이 하는 것이고 그 중심에는 대권 후보가 있기 마련이다. 그런데 이번에는 그렇지 못했다. 변화의 고삐를 틀어쥐고 통합과 공천을 국민에게 비전적으로 보여주는 리더가 부족했다. 유력한 대권 후보 없이 치른 최초의 총선이다. 국민은 미래 가치를 보고 표를 던진다. 정권을 잡을 가능성이 적은 정당에게 위기 관리를 맡기겠는가. 대권 후보가 없던 자민련의 마지막 모습을 생각하면 그림이 그려질 것이다. 우뚝한 인물이 없다면 다양한 컬러로 미래 지향적인 집단적 리더십이라도 보였어야 했다. 재난지원금 사태가 뼈아프긴 하지만 말고삐를 잡고 변화를 주도할 인물들이 수도권을 누볐다면 이런 참담한 패배는 면했을 것이다. 한마디로 공천 리스트가 베스트가 아니라 해도 확실한 리더십이 있으면 크게 문제 될 것이 없다는 말이다. 공관위가 사실 이 점을 몰랐던 것은 아니다. 알지만 속수무책이었다. 참신한 후보는 찾기 어려웠고 명망 있는 인물들은 총선 참여를 사양하거나 거절했다. 구조적인 문제였고 시간이 필요한 과제였다. 그래도 소신껏 시대 청산만 하면 국민이 지지해줄 줄 알았다. 이 점이 보이지 않는 실책이었다.

여론조사로 나타난 공천과 선거의 함수는?

혹자는 공천 잘못에 대한 화풀이로 유권자들이 미래통합당에 등을 돌렸다는 주장을 한다. 과연 그랬을까. 하나의 예를 들어보자. 이번 21대 총선과 가장 비슷한 경우는 2008년의 18대 총선일 것이다. 다만 승패가 정확히 거꾸로다. 그때 한나라당(국민의힘 전신)은 153석, 통합민주당(더불어민주당의 전신)은 81석이었다. 자유선진당, 친박연대 등으로 분열한 보수 쪽 의석은 모두 210석이며, 민주당 계열은 모두 합해야 89석에 지나지 않았다. 국민의힘보다 더 못한 처지였다. 구체적으로 인천 지역을 살펴보자. 당시 인천의 의석 분포는 우리 쪽이 9석, 민주당이 2석이었다. 이번에는 거꾸로 민주당이 압도했다(통합당 1석, 무소속 1석, 민주당 11석). 그런데 그 당시 공천이 잘됐는지 묻는 여론조사는 묘한 결과가 나왔다. 한나라당 공천이 잘됐다고 보는 인천 시민은 27%, 잘못됐다고 보는 사람은 54%로 한나라당의 공천에 불만이 컸다. 민주당 공천에는 큰 불만이 없었다. 선거일 보름 전에 1,000명을 대상으로 한 유력 언론사의 조사다.*

한나라당 공천이 매우 잘못됐다고 하면서도 왜 표는 압도적으로 한나라당을 선택했는가. 같은 날 같은 조사에서 나온 당 지지도가 그 답을 주고 있다. 한나라당과 민주당 지지율이 48%:12%다. 공천에 대한

---

* 「한나라 공천 잘됐다 27% < 잘못 54%」(《문화일보》 오남석 기자, 2008년 3월 25일자) 참고, 민주당은 동일자 김상협 기자 기사 참고.

인식과 유권자의 투표가 직결되지 않는다는 것을 보여준다. 앞에서 말한 대로 인물보다 정당을 선택한 것이고, 정당 중에서 변화의 고삐를 쥔 쪽으로 표심이 간 것으로 해석된다. 더구나 이명박 대통령이 당선된 직후라 고삐를 쥔 중심인물이 확실했다. 변화의 체감 강도는 자신의 이해와 가까울수록 세기 마련이다. 2008년 선거는 뉴타운 선거라는 말이 있을 정도로 자신의 이해와 밀접한 선거였다. 그렇다면 이번 선거는 재난지원금 선거로 대체해볼 수 있지 않겠는가. 이 역시 자신의 이해와 직접 관련성이 클 뿐 아니라 코로나 사태라는 세계적 생명 · 질병 위기에 힘을 보태려는 국민의 심리까지 더해진 것이다. 더구나 이번에는 정부와 지자체가 앞장서서 재난지원금이란 유인책으로 표심을 계속적으로 자극했다. 사실상 유권자에게 '공적 기부행위'를 한 '새로운 변화'인 셈이다.

누가 이럴 줄 알았겠는가. 결국 내 개인적 의견으로는 두 가지 문제가 승패를 갈랐다고 본다. 변화의 분위기를 주도하지 못한 점, 그리고 변화의 고삐를 쥐고 갈 유력 인물의 부재. 이에 대한 원인 분석이나 해결방법 등에 대해서는 두고두고 깊이 생각할 점이다. 다만 공관위가 책임져야 할 부분이 있다면 이를 피하지 않을 것이다.

보수는 분열로 향하는데
진보는 장기 집권을 꿈꾼다

수도권 참패의 숨은 코드

이번 총선에서 보수는 분열했고 진보는 모든 세력이 이심전심 연합했다. 외형적으로는 정반대다. 지지부진하던 야권 통합은 선거를 두 달 앞두고 극적으로 통합하였다. 당명도 통합을 상징하듯 미래통합당으로 정했다. 그러나 그뿐이었다. 통합의 상징성도, 인물도, 새로 태어난다는 신선함과 기대감, 그리고 선거 승리를 위한 처절함과 각오가 국민에게 투영되지 못했다. 잠시 흩어져 살다가 다시 한집 살림하는 정도로밖에 보이지 않았다. 지역에서는 누군가 공천을 받으면 기존 정치인과 공천 신청자들이 반발하거나 아예 도와주지 않는 경우가 적지 않았다. 당내 경쟁자가 상대 후보보다 타협하기 어렵다는 말이 나돌 정도였다. 이런 야권의 외형적 단합은 오히려 여권 지지세를 뭉치는 효과를 가져왔다. 이미 기득권 세력이 되어버린 여권은 가진 것을 잃지 않으려는 위기의식으로 내부적으로 더욱 단합했다. 수년 전까진 "보수는 부패해서 망하고 진보는 분열로 망한다"고 했다. 그러나 이 말은 이젠 옛말이 되었다. 지금은 "진보는 부패해도 분열하지 않고 보수는 부패할 것도 없는데 분열만 한다"로 변했다.

단일 대오로 뭉쳐도 막강한 여당에 맞서 싸우기 어려운데 그러지를 못했다. 뭉치고 단합하고 힘을 모으는 리더십도 구심력도 작동하지 않았다. 이것이 결정적이라고 할 수는 없겠지만 이번 선거의 패인 중 하나인 것은 분명하다. 수도권과 중부권의 대참패도 이와 무관치 않다. 오히려 공천을 극렬히 비난했던 TK와 PK지역은 4년 전보다 성적이 좋았다. 유권자들의 위기의식이 표로 반영된 것이다. 그러나 영남권도 4년 전에 비해 민주당의 득표력이 괄목할 정도로 신장됐다. 국민이 옐로카드를 던진 것이다. 이런 흐름이면 4년 후를 정말 장담할 수 없다.

수도권 참패 원인 중에 말하지 않은 어려운 부분을 실토해야겠다. 아시다시피 이번엔 미래통합당으로 웬만한 보수 중도 계열은 다 뭉쳤다. 이 책의 여러 곳에서 이미 언급했다. 그런데도 통합의 효과는커녕 분열과 잡음으로 표를 결집시키지 못했다. 이는 호남 대책과 관련이 있다고 본다. 이번 공천의 숨은 코드는 호남 출신 인사의 수도권 발탁이었다. 호남인의 지지를 받지 못하는 한 수도권 선거는 고전을 면키 어렵다. 실제가 그랬다.

먼저 종로에 출마한 이낙연 후보를 중심으로 호남 표가 민주당으로 결집되면서 수도권 전체로 확산된 측면이 강하다. 어떤 이는 수도권 참패의 원인을 종로에서 분 호남풍으로 분석하기도 한다. 이번 공천에서 호남 대책은 확실히 역부족이었다. 호남 대책은 호남 지역에서의 후보 공천을 포함, 수도권에서의 호남 인사 발탁까지 한 패키지로 잡아야 한다. 그만큼 호남 표의 결속력은 지역구에 관계없이 강하기 때문이다. 이번 공천에서 최대 난관은 인물 부족, 그중에서는 대표성을 띤 호남 출신 인물이 없었다는 점도 당연히 포함된다. 선거 저수지에 인물이 고갈됐지만 긴급히 물을 끌어들일 대책을 세울 수도 없는 것이 현실이었다. 그나마 다행인 것은 통합 과정에서 호남·충청 인사가 합류하고 안철수 당에서 출마 지원자들이 문을 두드려주어서 어느 정도 모양새는 갖추게 되었다. 싸늘한 수도권 표심을 돌리려면 같은 값이면 호남인을 비롯한 비영남인을 내세우려 했다. 당만 통합한 게 아니라 우리 정치의 오랜 병폐인 지역 갈등도 어느 정도 해소한다고 내심 자부했다. 그러나 결과는 도루묵이었다.

결국 정당 통합, 지역 통합이라는 거대 담론은 선거 구호로도 존재하지 않았다. 상대는 이쪽을 '영남당'이라 몰아치며 역^逆지역감정을 자극하는데 그렇지 않다는 반박조차 제대로 못 했다. '통합 공천'의 의미도 효과도 찾을 수가 없었다. 내부적으로는 선거 일정이 촉박한 관계로 화학적 융합은커녕 물리적 결합도 안 된 채 선거를 치렀다. 당협(지구당)을 지켜온 당원들에게도 설명이 부족하여 갈등을 빚는데 어찌 통합이라는 긍정적 이미지를 선거판에 심어줄 수 있겠는가. 힘들게 후보를 발탁한 공관위나 이를 토대로 선거를 치를 선대위가 홍보와 전략이 얼마나 부족했는지를 한눈에 알려준다. 공천자 발표 시점부터 호남인임을 부각하면서 통합 정치와 지역 통합을 강조하지 못한 점이 두고두고 아쉽다.

보수는 결코 뭉치지 못할까

박근혜 전 대통령의 옥중 서신은 보수가 대통합하여 단일 대오로 싸우라는 간곡한 메시지였다. 처음에는 태극기 부대와 그 지도자들은 모두 박 대통령 의견에 따르겠다고 했다. 그러나 결과는 누구도 따르지 않았다. 자유통일당, 자유공화당, 친박신당 등등은 별도의 후보를 내고 비례대표 한 석이라도 더 얻으려 총선에 참여했다. 각 가정에 배포된 선거공보에서 우파를 표방하는 비례대표 정당들을 보면 눈이 돌아갈 정도로 복잡하다. 이들은 단 한 석도 못 얻고 득표율 또한 극히 미미했다. 그러나 이런 우파의 분열과 난립을 우리 국민은 어떻게 보겠는가. 아직도 정신 못 차린 보수 정당인데도 통합당에 표를 몰아준 유권자들에겐 눈물겹도록 고맙다.

우리는 '애국 시민'들이 선도하는 '분노의 투표'를 이끌어내지 못했다. 코로나 선거로 막혀버린 결과지만 이를 뚫고 나갈 방법을 마련하지 못한 것은 우리 탓이다. 전대미문의 역병疫病 앞에서 우리는 하나씩 무너지기 시작했고 상대인 민주당은 안정과 신뢰의 탑을 쌓아갔다. 우리 쪽은 조그만 말실수에도 공천에서 배제되었고, 공천자라 하더라도 공천 박탈이라는 초강경책을 썼지만 유권자의 반응은 뜨뜻미지근했다. 여당은 아빠찬스, 엄마찬스를 동원하고, 재직 중 불법 비리가 들통나고, 성추행 발언이나 온갖 갑질이 드러나도 버젓이 당선되었다. 또 우리 쪽 다선 후보는 "오래 해먹었다"고 힘들게 선거를 하는데 여당 다선의원은 경륜이 있다고 손쉽게 당선된다. 우리 쪽은 지역을 바꾸거나 연고가 약한 사람이 후보가 되면 '낙하산 공천'이라고 반대 기류가 형성되는데 여당은 지역 연고를 따지지 않고 '개혁의 아이콘'으로 둔갑한다. 우리는 엄정한 잣대를 거쳐 내부 경선으로 힘들게 공천을 받지만 저쪽은 작전세력이 개입한 듯 '모양만 경선'을 치러도 별 후유증 없이 거뜬히 당선된다. 저쪽 지지자들은 후보를 중심으로 뭉치는데 우리 쪽은 후보의 문제점을 날카롭게 비판한다.

왜 이런 현상이 일어나는가. 아직도 배가 불러서인가, 나만의 착시현상인가. 평론가들은 이미 '기울어진 운동장'이라 한다. 구조적으로 진보에게 유리한 환경이 만들어졌고 이것이 다시 진보를 강화시키는 방향으로 간다는 의미일 것이다. 여기에 세대 변수가 새롭게 부각되고 있다. 세대별 분포상 보수가 진보를 이길 수 없는 구조로 굳어지는 모양이다. 2002년 노무현을 적극 지지했던 당시 2030세대가, 2012년 대선에서 3040세대로 성장해 문재인을 지지했고, 2020 총선에서는 4050세대로 성장하여 민주당에 몰표를 몰아줬다는 분석이 설득력 있게 들린다. 진보와 보수를 가르는 기준 나이가 2012년에는 47세였지만 2020년에는 57세라고 한다. 은퇴 시점이 되었는데도 이들은 보수화되지 않고 진보성향을 보이고 있다. 향후 선거가 이런 식의 세대투표가 된다면 결과는 뻔하다. 보수당의 승리는 요원할 것이다. 당의 사활이 걸린 만큼 그야말로 사활을 걸고 심층 조사와 대책을 세워야 한다. 앞으로도 보수가 분열된 채 이대로 각자도생한다면 보수의 미래는 암담하다. 누구 말대로 이제 20년, 30년 아니 '백년진보' 시대가 도래할지 알 수 없는 일이다.

나는 이 책의 행간에 선대위의 역할이나 선거 전략 등 그쪽에서 수고한 사람 입장에선 다소 껄끄러운 얘기를 제법 했다. 이것 역시 결정적 패인이라고는 생각지 않는다. 물론 공관위나 선대위가 선거 패배에 책임이 없다는 뜻은 결코 아니다. 이번에 우리 모두가 간과한 것이 있다. 이것은 앞으로 이 나라 이 사회를 지키는 근원이 되어야 할 것이다. 마지막 부분에 언급할 것이다.

그래도 희망은
보이는 법

1월 중순 자유한국당 공관위원장을 맡았고, 한 달 만에 미래통합당으로 바뀌고, 또 이 글을 쓰고 있는 지금은 다시 '국민의힘'으로 당명이 바뀌었다. 6~7개월 만에 당명이 세 번 바뀌는 보수 정당 사상 유례없는 일이 벌어졌다. 나는 그때나 지금이나 여전히 당원이 아니고 앞으로도 당원으로 돌아갈 생각은 없다. 또 이번 총선이 대참패로 끝나고 그 모든 책임이 공천 잘못으로 은연중 귀결되는 마당에 딱히 할 일도 없을 것이다. 다만 내가 신봉하고 사랑하는 자유민주주의가 훼손되고 굴절되고 쇠약해지는 모습을 보면서 당이 잘해주기를, 아니 거듭나기를 바라는 입장에서 이 글을 썼을 뿐이다. 기억조차 하기 싫은 공천과 총선의 일정을 복기하며 실제보다 더 힘든 과정을 걷고 있다.

최근에는 당에서 '보수'라는 말을 기피한다고 들었다. 국민들이 싫어한다고 한다. 표^票가 안 된다고 생각했으니 당명도 바꾸고 정강정책도 뜯어고치고 낡은 보수, 구태 보수를 탈피하려는 것 아니겠는가. 보수주의자들이 얼마나 잘못했기에 그럴까. 공천 과정에 직접 몸을 던졌고, 선거 과정을 지켜본 사람으로서 약간의 소회를 밝힌다. 처음에는 기득권에 젖은 보수를 비판했다. 양보와 희생에 인색하고 '내로남불'의 이기적 태도에 실망했다. 작은 이익에 몰두하는 분파와 분열주의적 입장에 절망했다. 전략 부재와 인물 없음에 대해서도 자책했다. 그러나 내 생각에 조금씩 변화가 왔다. 우리에게 희망은 없는 것인가. 아니 희망은 분명히 있다. 먼저 1천 192만 표를 밀어준 국민의 지지가 있다. 불과 민주당과 8% 남짓 차이가 난다. 대참패했다는 수도권에서는 592만 표를 획득, 민주당과 13% 차이이다. 우리가 지금까지 실패 원인으로 분석한 여러 요인을 고려하면 국민의 지지가 눈물겹도록 고맙고 감사할 뿐이다.

또한 공천 과정에서도 희망의 샘물을 보았다. 살신성인의 결단을 보여준 중진의원들의 중후한 품격, 소장파 의원들의 강단 있는 기개, 공천 결과에 승복하고 후보자를 도와준 대승적 자세의 의원들, 컷오프를 자청한 유력 정치인의 감동적인 은퇴 선언, 당선 보장 지역구를 마다하고 험지에서 산화한 당 대표급 인물, 자신보다 당을 위해 노블레스 오블리주를 선택한 수도권 중진 출마자들, 통합의 기치를 들고 당당히 도전한 중도 성향의 후보자들, 한 유망한 청년 후보의 호남 도전기…….

나는 경쟁과 대결이 치열한 전장에서 희망의 싹을 본 것이다. 광화문 집회의 뜨거운 열정은 애국의 샘이 마르지 않았음을 보여주었다. 다만 시기와 속도에 차이가 있을 뿐이다. 보수가 잘못된 게 아니라 보수의 가치를 제대로 살리지 못했다는 게 내 생각이다. 이번 선거는 보수냐 진보냐 하는 이념 대결적 선거가 아니었다. 코로나 사태로 인한 조용한 선거로 모든 것이 파묻혀버렸다. 굳이 따지자면 구도와 이슈에 대한 문제로 지도부의 몫이지, 국민과 지지자들의 문제가 아니라는 사실이다. 그런 점에서 나는 앞으로 정신만 차리고 국민을 향해 나아간다면 미래는 희망적이라 본다. 인물과 지도부를 누구로 선택하느냐에 따라 정권 교체도 가능하다고 본다. 당이 지금 가다듬어야 할 것은 앞장(197쪽)에서 언급했듯이 자신감의 회복이다. 이 참회록이 큰 강의 물줄기를 바꾸는 데 작은 기여가 되기를 소망해본다.

먼저 비호감도를 줄여라

이제 공관위원장의 변명도 마지막에 이르렀다. 여기에서는 보다 근본적인 문제를 함께 생각해보면 좋을 성싶다. 보수란 무엇인가, 과연 현재나 미래에서 보수의 역할과 위상은 계속 유지될 수 있을까. 미래통합당에서 '국민의힘'으로 당명이 바뀐 후 지지율은 조금씩 오르기도 하지만 아직 큰 변화는 없다. 상대방의 실책으로 점수를 얻는 게 한국 정당의 묘한 생존방법이다. 그런데 역대 어느 정권·정당보다도 부도덕하고 뻔뻔스럽다고 평가를 받는데도 지지율이 안 떨어지는 이유가 무엇일까. 더구나 문 대통령의 임기가 반환점을 이미 돌았는데도 말이다. 이것은 바로 보수 야당에 대한 비호감도 때문이다. 여당이 좋은 것

은 아니지만 야당은 더 싫다고 한다. 이번 총선 참패 원인도 여기서부
터 시작해야 할 것 같다. 국민의힘은 지지율보다 비호감도를 줄이는
노력을 우선해야 한다.

이번에 통합당은 선거 막판으로 갈수록 뒷심이 달렸다. 지지율 격차
가 벌어졌다. 투표일이 다가올수록 더 좋은 정당보다 덜 미운 정당에
게로 표가 갔다. 소위 차악을 선택하는 투표다. 사전투표에서 여당에
몰표가 갔고 50대 이상에서도 여당을 지지하는 표가 늘어났다. 왜 그
럴까. 먼저 중도파는 앞에서 지적했듯이 변화의 고삐를 쥔 쪽으로 표
를 던졌다. 보수를 지탱하는 고정 지지자들도 일부 정체성이 흔들리면
서 포퓰리즘에 탑승했다.

사실 보수의 가치가 대중에겐 하등 중요치 않다. 국민은 훈련된 군
인이 아니다. 이대로라면 보수의 집터가 붕괴되고, 보수의 담벼락이
무너질 것이다. 그동안 보수는 너무 자만하고 게을렀다. 산업화와 민
주화에 성공했다는 샴페인에 취해 있었다. 절제와 겸손의 도리를 잊
어버렸다. 공동체에 대한 열정도 식었다. 변화와 개혁에는 무관심하고
내 밥그릇 챙기는 데 관심을 쏟았다. 합리적 설득보다 권위적이고 위
계적인 의사 결정을 선호한다. 이것이 국민에게 비친 보수의 모습이
아닐까. 정권을 빼앗기고 연속된 선거에서 참패를 해도 보수는 변하지
않았다고 보는 것이다. 앞으로 이것을 뛰어넘지 못하면 보수에게는 미
래도 희망도 없다. 어찌해야 할 것인가.

가정과 이웃, 공동체를 존중하는 삶

내가 존경하는 전성철 박사의 『보수의 영혼』에서는 '자유와 선택'을 보수의 핵심 가치라고 말한다. 맞는 말이다. 어려운 내용들을 참 쉽게도 풀이한 책이다. 보수의 가치는 법과 질서를 통해 구현된다. 이렇게 말하면 요즘 젊은이들은 '꼰대' 냄새가 난다고 한다. 내 식으로 말하자면 법과 질서는 공정과 정의의 다른 표현이다. 이 책 서두에 공관위원장 취임 일성으로 언급했던 정의의 여신 유스티티아가 한 손엔 공정의 저울을, 다른 손엔 정의의 칼을 들고 있지 않은가. 다만 그 유스티티아가 니 편 내 편을 구분하지 않으려고 눈을 가리고 있다는 사실을 요즘 위정자들이 까먹고 있는 것이다. 집권층은 법과 질서를 편의적이고 자의적으로 운영하고 있다. 불공정과 불의를 공정과 정의의 이름으로 저지르는 데 절망하고 분노하는 국민이 늘고 있다는 데 위안을 삼아야 할지 나의 무력함에 부끄러움을 느껴야 할지 모를 지경이다.

야당의 할 일은 여기서부터다. 우선 용어부터 찾아와야 한다. 정의 공정 평등 자유 복지 양심 사랑 등등의 말이 좌파의 전유물 전용어가 아니라 자유민주주의를 지키는 보수의 핵심 가치라는 확고한 믿음을 가져야 한다. 공정하고 정의로운 나라, 법과 질서가 잡혀 '반칙 없는 사회'를 만들고 지키는 것이 보수가 해야 할 소명이다.

보수의 가치를 찾으려면 멀리 갈 것도 없다. 바로 내가 몸담고 있는 가정이 출발점이고 우리 아파트, 내 직장과 우리 동네가 지켜야 할 우리의 공동체다. 보수의 원천이 이곳인데 보수 하면 광화문광장을 뒤덮은 태극기 물결만 연상되니 젊은이들이 경계할 만하다. 먼저 부모가 가정의 수범이 되고 자식의 모범이 되어야 한다. '꼰대' 이미지를 걷어치우지 않는 한 비호감도는 줄어들지 않는다. 내 아파트, 우리 동네에서 먼저 인정받고 존중받는 사람이 되어야 한다. 이것이 보수가 해야 할 첫 번째 과제가 아닌가 싶다.

존경하는 아버지, 사랑 많은 시어머니가 태극기를 들고 나가면 자식들이 모두 동조하고 이웃으로 확산될 것이다. 이번 선거 캠페인에서 가정의 행복과 안전, 우리 동네의 환경과 위생, 그리고 심각한 사교육 문제를 이슈로 삼았으면 보수를 보는 시각이 많이 달라졌을 것이다. 적어도 비호감도는 많이 사라졌을 것이다. 보수라면 응당 주도해야 할 출산, 보육, 교육, 결혼, 취업, 실업, 직장, 주택, 건강, 보험 등 우리 삶에 직결되는 주요 이슈를 살리지 못한 것은 전문가도 절실함도 없었기 때문이 아닌가. 아무리 보수가 땀과 눈물로 나라를 지켜왔어도 공허한 메아리로 들리면 아무런 효과가 없는 것이다. 공천 심사 때 도덕적, 인성적 측면을 더욱 엄격히 보고자 했던 것도 보수의 가치 때문이었다. 현재가치가 지킬 만하다고 인정해야 미래가치가 희망으로 다가오는 법이다. 자식 손자들의 미래를 위해서도 우리의 현재에 헌신하고 봉사해야 한다.

일시적 이벤트가 아니라 진정성을 갖고 꾸준히 실천해야 한다. 지난 수해 때, 원내 지도부가 호남에서 복구 작업에 참여하는 모습이 좋았다. 이런 업이 쌓여야 비호감도가 줄어들고 이미지가 고쳐지는 것이다. 노블레스 오블리주, 이것이 보수의 장점이며 또한 소명이다. 보수의 시대는 우리가 하기에 따라서 빠르게도, 더디게도 올 수 있다. 중도층을 위해서는 한 손에 변화의 고삐를, 고정 지지자를 위해서는 또 다른 손에 보수의 가치를 높이 들고 실천할 때 등 돌린 민심은 비로소 돌아올 것이다.

민주 시민이 민주주의를 이끈다

알 만한 사람은 다 알지만 위정자나 높은 사람들이 잘 모르는 것 같아 마지막으로 한마디 더 하겠다. 고대 그리스의 직접민주주의가 다 좋은 것은 아니지만 '시민'은 자유를 위해 목숨을 걸어야 했고, 그런 사람을 국가는 결코 잊지 않았다. 그것이 아테네를 부강하게 했고 민주주의를 지키는 힘이었다. 가장 먼저 적진에 뛰어들거나 용감히 싸운 사람에게는 반드시 공적비를 세워주었다. 가문의 영광이요, 후대의 자랑이었다. 고대 그리스는 전쟁 속에서 살았다. 가장 넉넉한 사람은 기병대에 배속되고, 그다음 계층은 중무장 보병, 그다음은 경보병대였다. 철학자 소크라테스는 경보병대 소속이었고 격전지에서 사투死鬪를 벌이기도 했다. 말, 마구, 칼, 창, 방패, 투구 등 모든 전쟁 장비는 스스로 마련한다. 돈을 받는 사람은 오직 전함戰艦의 노 젓는 사람들뿐이었다. 이들은 시민의 자격이 없다. 최종 의결기구인 민회는 스스로의 힘으로 나라를 지킨 시민들이 모인 만큼 열띤 토론이 이어졌다. 자긍심이 넘쳐났다. 민주주의는 바로 이런 곳에서 열정적으로 피어난다. 자유의 힘이다. 내 식으로 말하면 보수의 힘과 가치이다. 고대 그리스는 공직은 오직 시민 중에서만 맡을 수 있었다.

현재 대한민국은 시민 역할은 제대로 하지 않은 사람이 시민을 팔고 시민 위에 군림하려 한다. 세금 제대로 내보지 않은 사람들이 세금을 마구 쓴다. 고대 그리스에서는 돈 받고 노 젓는 사람이 공인 행세하는 건 꿈도 꾸지 못했다. 지금 우리는 뭔가 한참 잘못돼 간다. 근본을 무시했기 때문이다. 보수에 덧씌워진 혐오감 비호감도를 걷어내기 위해선 기본으로 돌아가야 한다. 보수의 가치를 지키고 자유민주주의를 지키기 위해 내가 얼마나 가정과 공동체에 헌신했는가. 자유와 행복과 공정과 정의를 지킬 일을 나는 하고 있는가. 사랑과 믿음이 솟아나는 사회를 만들려면 나부터 솔선수범해야 한다.

"행복은 자유에서 나오고, 자유는 용기에서 나온다."
2500년 전 그리스 민주주의를 이끌었던 페리클레스의 말이다.

마치면서

무슨 할 말이 있겠는가. 21대 총선이 끝난 다음 날 새벽부터 온 사방에서 나에게 쏟아지는 원망과 비난은 넘치고 넘쳤다. 전화, 메시지, 카톡 등등 분노의 화살은 쉬지 않았다. 평생 이렇게 많은 욕설은 처음 들었다. 입에 담기도, 옮기기에도 부적절한 어휘들이 진흙처럼 내 전신을 향해 다닥다닥 붙어왔다. 간혹 어쩌다 "그래도 애썼다", "이제 좀 쉬어라"라는 말을 들으면 눈물이 핑 돌 정도였다. 4.15 총선 대참패! 이것은 바로 공천 잘못으로 이어지고 그 책임은 오롯이 나에게로 향했다. 그런 내가 무슨 할 말이 있겠는가. 설사 있다 하더라도 누가 들어주겠는가.

총선이 대참패로 끝난 그날부터였다. 낙선한 후보들의 얼굴이, 그 눈빛이, 유권자를 향한 그 절절한 몸짓이 선연히 다가오면서 뇌리에서 떠나지 않았다. 상대 후보에 비해 결코 부족하지 않은데, 아니 오히려 나은데……. 꼬박 일주일을 거의 한숨도 자지 못했다. 건강이 급속히 악화됐다. 이대로면 그냥 몸뚱이가 사그라들 것 같다는 지경까지 왔을 때 문득 이런 생각이 스쳤다. 아니 이런 정권, 이런 여당을 상대로 한 선거인데도 표를 받지 못한다면 대체 어디 가서 표를 얻겠단 말인가!

나는 용기를 내서 일어났다. 사물을 정면으로 보기 시작했다. 차분히 이번 사태를 정리해둘 필요성을 느꼈다. 승리 보고서는 많아도 '실패 보고서'는 드물지 않은가. 다시는 이런 패배를 되풀이하지 않기 위해서라도 제대로 된 기록물을 남겨야 한다고 마음먹었다. 그러나 뜻대로 되지 않았다. 몸도 마음도 패잔병처럼 식어가고 있는데 의욕과 의지가 쉽게 살아나지 않았다. "장본인의 얘기니 변명거리 면책용으로 치부해버릴 텐데, 해서 뭐 하겠는가" 하는 생각을 떨쳐내는 데 또 시간이 필요했다. 몸을 추스르는 한편 잡념과 상념을 쫓으려 명상과 반추의 시간을 가졌다.

애초에는 수고한 공관위원들이 공동 집필하는 형식의 공천백서나 아니면 개개인의 소회를 가감 없이 싣는 방식을 생각했다. 그러다가 생각이 바뀌었다. 다들 책임 있는 자리에 있어 일상이 바쁜 분들인데 생색나지도 않을 또 다른 노역을 부탁하고, 또 공개됐을 경우의 여러 부담까지 안기게 될 것 같아서였다. 또 우리가 참고했던 공천 관련 서류나 자료는 거의 모두 당에 반납한 상태라 정확하게 정리하기도 쉽지 않았다.

당에서 『총선백서』를 만든다기에 그럼 우리가 수고하지 않아도 되겠다는 생각을 했다. 그러나 두 달간 여러 사람이 참여해 만든 『총선백서』는 나름대로 의미와 한계를 다 지니고 있었다. 그래서 나는 백서와는 전혀 다른 스타일로 '공천고백기'를 만들기로 했다. 책임 회피나 전가하겠다는 의도는 손톱만큼도 없다. 꼭 하고 싶은 말이 있었다. 자유민주주의를 지키고 보수가 사는 길이 뭔가를 이번 총선 참패를 통해 찾아보자는 것이다. 그것이 이 책을 쓰게 된 동기요, 의미다.

공천 과정에 나만이 아는 일들이 많아 다 밝힐 수는 없지만 향후 공천 관리자가 참고했으면 한다. 그러나 워낙 격무에 시달리고 보안 사항이 많아 일일이 또 세밀히 기록하지도 못했다. 따라서 기억나지 않는 부분도 있고 또 나이와 건강 때문에 잊어버린 부분도 적지 않을 것이다. 그러나 진솔한 태도와 진중한 자세로 시종 임했다고 감히 말씀드릴 수 있다. 누가 읽어달라는 것도 아니다. 고해성사나 다름없는 이 글이 세상에 나옴으로써 다시는 이런 우愚를 범하지 말라는 뜻이다.

또 하나, 공관위 업무 중에 우리는 자료 부족으로 힘들어 했다. 실무자 말로는, 공천 관리가 워낙 민감한 사항이라 끝나고 나면 즉시 모든 서류를 분쇄해버리는 것이 관례요, 전통이라는 것이다. 나눠먹기, 밀실 거래가 전무全無했던 우리로서는 그런 면에서도 떳떳하다. 다만 해당 인사의 인격과 명예에 관한 부분은 조심스레 다루기로 했다. 그래서 이 조촐한 보고서가 세상에 나오게 된 것이다. '공천징비록'으로 최소한의 가치라도 갖기를 희망해본다.

두 달간 최선을 다해 진력해준 공관위원들께는 미안함과 고마움을 거듭 전한다. 이 마음을 두고두고 간직하겠다는 말씀으로 인사에 갈음한다. 나의 평생 동지 고성학 박사의 헌신적 도움이 없었다면 이 책은 세상에 나오지 못했을 것이다. 흔쾌히 출판을 맡아준 북이십일 출판사 김영곤 대표와 편집진의 수고에도 감사드린다.

appendix
부록

+18대 총선

정당	득표율	지역구 의석수 (의석률)	비례대표 득표율	비례대표 의석수 (의석률)
한나라당	43.45%	131 (53.46%)	37.48%	22 (40.74%)
통합민주당	28.92%	66 (26.93%)	25.17%	15 (27.77%)
친박연대	3.7%	6 (2.44%)	13.18%	8 (14.81%)
자유선진당	5.72%	14 (5.71%)	6.84%	4 (7.4%)
민주노동당	3.39%	2 (0.81%)	5.68%	3 (5.55%)

※ 투표율 (46.1%), 지역구 의석(245), 비례대표 의석(54)

+19대 총선

정당	득표율	지역구 의석수 (의석률)	비례대표 득표율	비례대표 의석수 (의석률)
새누리당	43.3%	127 (51.62%)	42.8%	25 (46.29%)
민주통합당	37.9%	106 (43.08%)	36.45%	21 (38.88%)
통합진보당	6%	7 (2.84%)	10.3%	6 (11.11%)
자유선진당	2.2%	3 (1.21%)	3.23%	2 (3.70%)

※ 투표율 (54.2%), 지역구 의석(246), 비례대표 의석(54)

✚20대 총선

정당	득표율	지역구 의석수 (의석률)	비례대표 득표율	비례대표 의석수 (의석률)
새누리당	38.33%	105 (41.5%)	33.5%	17 (36.17%)
더불어민주당	37%	110 (43.47%)	25.54%	13 (27.65%)
국민의당	14.85%	25 (9.88%)	26.74%	13 (27.65%)
정의당	1.6%	2 (0.79%)	7.23%	4 (8.51%)

※ 투표율 (58.0%), 지역구 의석(253), 비례대표 의석(47)

✚21대 총선

정당	득표율	지역구 의석수 (의석률)	비례대표 득표율	비례대표 의석수 (의석률)
미래통합당	41.49%	84 (33.2%)		
미래한국당			33.84%	19 (40.42%)
더불어민주당	49.95%	163 (64.42%)		
더불어시민당			33.35%	17 (36.17%)
열린민주당			5.42%	3 (6.38%)
정의당	1.71%	1 (0.39%)	9.67%	5 (10.63%)
국민의당			6.79%	3 (6.38%)

※ 투표율 (66.2%), 지역구 의석(253), 비례대표 의석(47)

╋교체율 *

지역	공천 ** (지역구 이동)	교체 ***	비고(지역구 이동 등)
서울	9(3)	3	김용태, 이혜훈, 이종구(경기)
부산	6(1)	7	이언주
대구	5(1)	4*	주호영, *유승민 포함
인천	4(1)	2	안상수
대전	3		
울산	1	2	
경기	11	6	
강원	3	3	
충북	4(1)		정우택
충남	5		
전북	1*		*정운천(비례대표로)
경북	4	7*	*지역구 이동 포함
경남	6	5	
소계	62(7)	39*	38.6%(39/101)
비례	8	15	
계	70	54	43.5%(54/124)

╋교체율 2

구분	현역의원	교체의원	교체율
국회의원 (지역+비례)	124명	54명	43.5%
지역구 의원	101명	39명	38.6%
자유한국당	109명	49명	45.0%

---

*   미래통합당으로 합류, 미래한국당으로 이동 의원 전원을 포함한 지역구 101명, 전국구 23명 총 124명
을 대상으로 함.

**   (괄호) 안의 지역구 이동을 포함한 공천자 숫자.

***   '교체'는 불출마·미신청·공천(경선) 탈락 등 포함.

시·도	선거구	단수추천	경선	우선추천	공천자수
서울	49	25	15	9	49
부산	18	5	10	3	18
대구	12	6	5	1	12
인천	13	3	6	4	13
광주	8	2			2
대전	7	5	2		7
울산	6	1	5		6
세종	2			2	2
경기	59	34	14	11	59
강원	8	2	2	4	8
충북	8	5	2	1	8
충남	11	6	5		11
전북	10	4			4
전남	10	6			6
경북	13	3	8	2	13
경남	16	7	8	1	16
제주	3		3		3
합계	253	114	85	38	237

* 서울 관악구 을 김대호 제명(04.08.), 경기 부천시 병 차명진 제명, 제명 무효(04.13~14.)
  총 237개 (16개 未공천)

위의 도표는 몇 가지 자료를 종합하여 정리한 것이다.

– 경선 지역 중 오차범위 내의 순위인 8곳은 재경선(결선)을 했다.

– 뒤늦은 선거구 변경으로 경선 일정과 지역 조정이 발생한 곳은 중복 자료를 대조했고 당 사자에게 직접 확인하여 최종 정리했다.

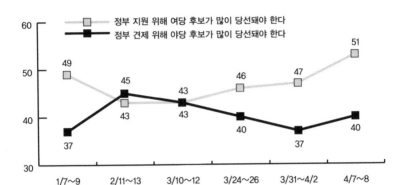

구분	1월 2주 D-3개월		2월 2주 D-2개월		3월 2주 D-5주		3월 4주 D-3주		4월 1주 D-2주		4월 2주 D-1주	
	여당	야당	여당	야당	여당	야당	여당	야당	여당	야당	여당	야당
전체	49	37	43	45	43	43	46	40	47	37	51	40
보수	20	70	20	74	14	80	21	73	24	69	21	75
중도	52	37	39	50	40	47	45	41	43	42	52	39
진보	80	13	78	16	76	18	79	13	76	11	80	14

시점별 전국 성인 약 1,000명 전화 조사. 한국 갤럽 데일리 오피니언 제396호
www.gallup.co.kr

제21대 총선 결과 기대 추이를 보면, 2월 둘째 주까지만 하더라도 정부 견제를 위해 야당 후보가 많이 당선돼야 한다는 응답이 45%로, 여당 후보가 많이 당선돼야 한다는 응답 43%보다 더 높았으나, 코로나19 사태가 점점 장기화될수록 야당 후보 당선 응답 비율이 낮아지면서 선거 직전에는 40:51로 역전되었다. (출처:『미래통합당 21대 총선백서』 76~77쪽) 표에서 보는 바와 같이 공관위원장으로 있던 3월 둘째 주(D-5주)까지는 여·야가 접전을 벌였으나 내가 사직하고, 곧이어 공천파동이 벌어지면서부터(넷째 주, D-3주) 야당 지지율이 현격히 떨어진다.

출마자 (N=146)	기자단 (N=134)
중앙당 차원의 효과적인 전략 부재 39.0(19.2)	**대선 이후 이어진 중도층 지지 회복 부족** **38.1(23.1)**
최선의 공천이 이루어지지 못함 36.3(19.9)	**선거 종반 막말논란** **38.1(15.7)**
정부·여당의 재난지원금 지급 추진 **33.6(17.8)**	최선의 공천이 이루어지지 못함 29.9(14.9)
대선 이후 이어진 중도층 지지 회복 부족 20.5(11.6)	중앙당 차원의 효과적인 전략 부재 29.1(18.7)
코로나19 방역 호평 대통령 긍정 평가 증가 18.5(7.5)	탄핵에 대한 명확한 입장 부족 14.2(9.0)
선거 종반 막말논란 11.6(6.2)	40대 이하 연령층의 외면 12.7(5.2)
40대 이하 연령층의 외면 10.3(4.1)	코로나19 방역 호평 대통령 긍정 평가 증가 9.7(3.7)
탄핵에 대한 명확한 입장 부족 8.2(3.4)	강력한 대선 후보군 부재 6.7(2.2)
국민을 움직일 공약의 부족 6.2(1.4)	국민을 움직일 공약의 부족 6.7(2.2)
강력한 대선 후보군 부재 5.5(3.4)	정부·여당의 재난지원금 지급 추진 5.2(2.2)

(괄호) 수치는 1순위 응답임. 굵은 글씨는 두 집단 간 복수응답 차이 15%포인트 이상
(단위 : %, 1+2순위 복수응답)
※ 출처 : 『총선백서』 195쪽

출마자들은 기자단과 달리 패배 요인으로 '재난지원금 지급 추진'(33.6%)을 높게 끕았으며 '중앙당의 전략 부재'와 '공천' 등 당 내부 문제에 집중함. 또 30~40대 출마자는 '중도층 지지 회복 부족'을 가장 높게 끕음(42.3%). 당선자는 '공천'(53.8%)을, 낙선자는 '당의 전략 부재'(45.7%)를 높게 끕음.

- 우선추천 지역 총 38개
  - 수도권 24개, 부산·울산·경남 4개, 대구·경북 3개, 강원 4개, 충청권 3개
  - 당선 14곳, 낙선 24곳
- 서울 당선자 : 4곳 (4/9)

  윤희숙(서초구 갑), 태구민(강남구 갑), 박진(강남구 을), 유경준(강남구 병)
- 부산 당선자 : 2곳 (2/3)

  서병수(진구 갑), 김도읍(북·강서구 을)
- 대구 당선자 : 1곳 (1/1)

  주호영(수성구 갑)
- 인천 당선자 : 1곳 (1/4)

  배준영(중구·강화·옹진군)
- 경기 당선자 : 1곳 (1/11)

  김은혜(성남시 분당구 갑)
- 강원 당선자 : 3곳 (3/4)

  한기호(춘천시·철원·화천·양구군 을), 이철규(동해·태백·삼척시·정선군),
  이양수(속초시·인제·고성·양양군)
- 경북 당선자 : 2곳 (2/2)

  김형동(안동시·예천군), 임이자(상주·문경시)

* 38개 지역 중 9곳은 이미 후보자가 확정되었으나 뒤늦게 선거구가 부분적으로 변경되어 우선추천 형식으로 변경하여 재의결한 것임. 김병준(세종), 배준영·전희경·안상수(이상 인천), 김진태·이철규·이양수(이상 강원), 김형동·임이자(이상 경북)임.

- 총 10인(서울 3, 경기 7)
- 경기 의왕·과천시, 화성시 을:퓨처메이커 후보자 2인 공천 무효

시·도		선거구	후보자	추천방식	비고
서울	3	광진구 갑	김병민	단수	
		도봉구 갑	김재섭	단수	
		노원구 병	이준석	단수	
경기	7	수원시 정	홍종기	우선	
		성남시 분당구 을	김민수	단수	
		광명시 갑	양주상	우선	
		광명시 을	김용태	우선	
		남양주시 을	김용식	우선	
		파주시 갑	신보라	우선	
		김포시 갑	박진호	단수	
공천 취소	2	의왕·과천시	이윤정	우선	신계용 공천
		화성시 을	한규찬	우선	임명배 공천

청년공천 '미래를 만드는 사람들'
"대한민국 정치의 FM이 되겠습니다"

미래통합당 공천관리위원회는 도전하는 청년에게 새로운 기회가 될 청년 맞춤형 공천에 나서고자 합니다. 기성 정치의 틀을 깨어 혁신의 DNA로 당과 국회를 바꾸고 나아가 대한민국을 새롭게 만들어 갈 젊고 역동적인 후보들이 수도권 지역을 중심으로 도전하여 낡음과 싸워 이기도록 할 것입니다.

저희 청년 후보들은 미래통합당의 미래이자 대한민국의 미래로서, 〈미래를 만드는 사람들, 일명 '퓨처메이커(Future Makers: FM)'〉로 부를 것입니다. (뿐만 아니라 'FM'은 원칙을 지키고, 정확하며, 공정을 기한다는 의미도 함께 가집니다.)

'미래를 만드는 사람들'은 만 45세 미만의 공천 신청자들을 대상으로 희망 지역구를 접수받아 심층심사 과정을 거쳐 엄정하게 선발될 것입니다.

'퓨처메이커'들과 이들이 출마할 지역구는 먼저 서울의 광진구 갑 김병민, 도봉구 갑 김재섭, 노원구 병 이준석을 시작으로 순차적으로 발표해 나갈 것입니다.

퓨처메이커들은 지역구가 정해지면 해당 지역구에서 제21대 총선을 시작으로 지역구 유권자들을 섬기며 지역을 지키고 당을 지키고 나라를 지키는 역할을 하게 될 것입니다.

공천관리위원회는 '대한민국 정치의 FM이 되겠습니다'라는 슬로건의 실현을 위해 무거운 책임감을 가지고 임할 것을 약속드립니다.

2020. 2. 26.
미래통합당 공천관리위원회

존경하는 국민 여러분!

저는 오늘로서 지난했던 저의 정치여정을 내려놓고, 21대 총선에서 우리당의 승리와 보수우파의 승리를 위해 '백의종군'하기로 결심했다는 말씀을 드립니다. 문재인 정권의 파시즘 독재를 끝장내고 도탄에 빠진 나라와 민생을 구해내는 길은 다가오는 4.15 총선에서 자유민주주의를 신봉하는 이 땅의 모든 세력들이 힘을 모아 함께 나아가는 것뿐이라고 저는 생각합니다.

저는 문재인 정권을 불러들인 '원죄'가 있는 사람으로서 이제 자유우파의 대동단결을 위해 기꺼이 저를 바치겠다는 분명한 각오를 다지고 있습니다. 이 절체절명의 순간에 보수의 부활과 보수의 승리를 위해 스스로 한 알의 밀알이 되고자 한다는 말씀을 드립니다. 오직 우리당과 보수의 승리를 위해, 개혁공천, 그리고 반드시 이기는 공천을 만들어 주실 것을 존경하는 김형오 공관위원장과 공관위에도 간곡히 요청드립니다.

김문수, 유승민, 조원진, 지난날의 아픈 상처로 서로 갈라져 있는 보수우파에도 '통 큰 화해'를 당부드립니다. 이제 우리당이 '중도보수 대통합'을 완성하고, 승리를 향한 힘찬 진군을 시작하는 이 시점에 스스로 제 자신을 불살라 '통합과 승리'의 밑거름이 될 것입니다. 제 정치여정의 마지막 소원, 제 마지막 책무는 '통합의 완성'이라고 저는 생각합니다. 우리당이 처해 있는 오늘의 현실에 책임 있는 한 사람으로서, 저를 내려놓음으로써 그 책무에 충실하고자 합니다. 문재인 정권을 끌어들인 원죄, 보수우파의 분열의 원죄를 저 스스로 모두 떠안고 가겠습니다.

지난 32년, 저는 노동운동과 정치활동에 일생을 바쳐 쉴 새 없이 지금까지 달려왔습니다. 노동자와 서민을 위한 정치, 우리당을 보수의 영역에 안주하는 정당이 아니라 선도적으로 사회개혁에 나설 수 있는 정당으로 만들기 위해 많은 노력을 기울여 왔습니다. 국민 여러분들로부터 과분한 사랑도 많이 받았고, 따가운 질타도 많이 받았습니다. 이 자리를 빌려 못다 한 감사의 마음과 사과의 말씀을 함께 전합니다.

이제 길었던 저의 정치여정을 마치는 이 시점에 이르러, 저의 몸도, 마음도 인간적으로 주체할 수 없을 정도의 피폐함에 시달리고 있다는 고백도 드립니다. 그동안 미처 살갑게 보듬지 못했던 가족들과도 서로 살 부대끼며 인간답게 살아가는 영혼의 자유를 얻고 싶다는 개인적인 소망도 있습니다. 딸아이에게 깊게 패인 상처에 대해서도 보듬고, 치유하고, 챙겨야 한다는 아비로서의 책무도 있습니다. 이제 더 이상 아내의 핸드백에 물기 젖은, 눈물 젖은 앞치마를 챙겨 넣고 다니게 하고 싶지도 않습니다. 하루를 살아도 인간답게 살고 싶다는 저의 작은 소망을 여러분과 함께 나누면서, 문재인 정권의 파시즘 독재를 넘어 우리당이 승리하는 그 길에 작은 힘이나마 함께하고자 합니다.

'나라다운 나라' 만들겠다던 문재인 대통령! 더 이상 정치공작과 정치보복, 김명수 대법원장, 추미애 법무장관 앞세워 나라의 기강과 헌정질서를 무너뜨려 버리는 사법농단, 검찰을 외해하고 권력의 시녀로 만들려는 무모한 시도는 반드시 그만두기 바랍니다. 이 나라 대한민국은 대한민국 국민의 나라이지, 문재인 정권의 나라가 아니라는 점을 분명히 명심하시기 바랍니다. 국정농단과 국정파탄으로 또다시 우리 국민에게 상처를 주지 않기를 간절히 바랍니다.

존경하는 국민 여러분! 이제, 저는 비록 여기에서 멈추지만, 우리당과 보수우파는 반드시 승리하고야 말 것입니다. 그 길에 함께해 주시기 바랍니다. 저 또한 그 길에 저 자신을 바치겠습니다. 그동안 감사했습니다. 감사합니다.

2020. 2. 15. 국회 정론관 기자회견

사랑하는 국민 여러분, 그리고 존경하는 당원동지 여러분, 저는 반성합니다. 개혁보수를 통해 보수를 바로 세우고자 하는 시도는 실패했습니다. 문재인 폭정을 막아내지 못했습니다. 그래서 저는 내려놨습니다. 문재인 정권의 폭주를 막아내기 위해서 분당과 창당, 합당과 통합의 과정에서 모든 기득권을 포기했습니다. 준비된 청년들의 정치 공간을 만들어 주기 위해 노력했습니다. 그래도 부족했습니다.

사반세기 정치의 여정 가운데, 늘 개혁의 칼을 주장해왔습니다. 이제 그 칼날이 저를 향합니다. 거부하지도, 피하지도 않겠습니다. 이제 저는 책임을 지겠습니다. 저 정병국, 공관위의 결정을 수용합니다. 말 못 한 서운함과 못다 한 이야기는 여주와 양평을 도도히 흐르는 한강물에 묻겠습니다.

저는 지금껏 6번의 공천심사를 받았습니다. 늘 그렇듯 공관위는 명망 있는 위원장을 앞세워 보이지 않는 검은 손이 공천을 농락해 왔습니다. 그러나 이번 공관위는 달랐습니다. 사천도, 파동도, 나눠먹기도 없었습니다. 철저히 계파의 패권을 배제한 심사였기 때문입니다. 모든 것이 완전할 수는 없습니다. 그러나 공관위의 선의만큼은 인정해야 합니다.

지난 정치의 여정을 되돌아봅니다. 초선의 결기로 천막당사를 쳤고, 정치자금법의 초안을 만들어 검은돈과 정치의 유착을 끊어냈습니다. 그리고 계파의 패권다툼 속에서 비주류를 자처하며 패거리 정치에 대항해 왔습니다. 힘들었습니다. 그렇지만 꼭 외로웠던 것만은 아닙니다. 남원정·새정치수요모임·미래연대 동지들과 개혁보수의 가치를 지키기 위해 밤낮으로 토론했던 바른정당의 동지들, 그리고 수업할 장소가 없어 여의도를 전전하면서도 정치의 희망을 키워온 청년정치학교의 학생들과 저와 함께 미래통합당에 뜻을 모아준 청년중도 정당의 청년들까지 모두가 감사한 인연이었고, 저의 남은 정치적 소명을 완수해갈 소중한 동지들입니다. 이들이 미래통합당의 희망입니다.

사랑하는 국민 여러분, 미래통합당에게 기회를 주십시오. 미래통합당, 아직도 미흡하고 부족합니다. 그러나 문재인 정권의 폭정을 막아낼 유일한 대안세력입니다. 저 역시 마지막 헌신을 하겠습니다.

감사합니다.

출처:시사매거진(http://www.sisamagazine.co.kr)

2020년 3월 5일 발표

부록 11 「박명재 의원, 김병욱 공천자 선대위원장 맡아… '정권심판 앞장'」

[포항=뉴시스] 강진구 기자

미래통합당 경북 포항남·울릉 당원협의회는 지난 21일 오후 포항남·울릉지구당에서 박명재 의원을 비롯한 포항남·울릉당협 시·도의원과 당원들이 참석한 가운데 김병욱 공천자의 압승을 다짐했다고 22일 밝혔다.

박명재 의원은 이 자리에서 "김병욱 공천자는 시민들의 선택과 당의 결정에 따라 4·15 총선 포항남·울릉선거구의 미래통합당 후보가 됐다"며 "시·도의원과 당협이 중심이 돼 4·15 총선의 압승을 위해 모두가 심기일전으로 뭉쳐야 한다"고 강조했다.

이어 "김병욱 후보는 세대교체를 이뤄낼 젊고 유능한 최고의 적임자"라며 "비록 나이는 어리지만 13년의 국회보좌관 경험으로 입법과 예산 등의 국회활동이 결코 낯설지 않은 정치신인"이라고 역설했다.

박 의원은 "어려울 때 당을 도와야지, 자기가 불리하다고 그동안 신세를 지고 혜택을 받은 당을 버리는 것은 사리사욕을 채우기 위한 파렴치한 행위로 절대 정권교체와 정권심판에 걸림돌이 돼서는 안 된다"며 특정후보들의 무소속 출마설을 '이거야말로 과메기보다 못한 정치행태'라고 지적하면서 선당후사의 정신을 강조했다.

또한 "왜 '나'라고 공천에 불만과 분노가 없고 출마하고 싶은 욕심이 없겠냐"며 "이 시기에 과연 어떤 것이 당을 위하고 나라를 위하고 포항을 위하는 것인지 고심한 결과 이번 선거에서 총괄선거대책위원장을 맡아 총선압승을 위해 주력키로 했다"고 역설했다.

박명재 의원은 "김순견·문충운 후보도 공동선대위원장을 맡아 당의 발전과 박명재의 '큰 정치', 김병욱의 '새 정치'가 어우러지는 역사적인 순간을 함께 하자"며 "문재인 정권과 사리사욕에 눈먼 특정 후보자들을 반드시 심판하자"고 당부했다.

이에 김병욱 후보는 "박명재 의원의 성원과 지지로 포항과 울릉군의 발전에 더욱 매진해 시민들의 성원에 반드시 보답하겠다"며 "문재인 정권을 심판하라는 국민들의 여망을 저버리지 않고 죽을 각오로 있는 힘을 다해 이번 선거에 임하겠다"고 말했다.

이어 "부족하지만 13년 국회 경험을 살려 이번 총선 필승을 위해 나아가 당원들과 시민들의 신뢰를 절대 저버리지 않는 정치인이 되겠다"며 포항남·울릉 당협의 '하나'됨을 강조했다.

출처: 뉴시스 https://newsis.com, 2020. 3. 22.

1월 23일 이후 65일간의 공관위 활동이 공식 종료되는 오늘, 생각의 일부를 밝히고자 한다. 보수란 무엇인가? 보수정당이란 무엇인가? 세계적으로 지난 100년의 역사를 돌아보면 좌파 혁명세력이 헌정질서와 법치를 무너뜨릴 때 이에 대항하여 공동체를 수호하는 책임을 져온 정치세력이 자유세력, 보수세력이 아닌가? 그들이 수단과 방법을 가리지 않고 체제를 엎으려 할 때 '헌법'과 '법률'을 버팀목으로 삼아 '적법절차 준수'와 '절차 내 투쟁'을 통해 이를 막아왔던 체제의 수호자가 보수 아닌가? 대한민국 헌법과 정당법에 의해 현실정치에서 구현된 법적 실체가 '정당' 아닌가? 국가로 치면 헌법과 법률에 해당되는, '당헌'과 '당규'에 의하여 체계가 서고 운영이 이루어지는 곳이 '정당' 아닌가? 국가의 모든 기관과 시민들이 헌법과 법률을 지켜야 하듯, 정당의 모든 기구와 당원들은 당헌과 당규를 지켜야 하는 것 아닌가? 그런데 우리의 보수와 보수정당의 현실은 어떤가?

전당대회에서 당무를 위임받은 최고위는 정당의 헌법과 법률인 당헌과 당규에 의해서 그 권한이 보장되고, 동시에 최고위는 정당의 근간을 이루는 당헌과 당규를 수호해야 할 책임이 있다. 미래통합당 당헌–당규에 따르면 '공천안의 작성 권한'은 공관위에 있고, 공천안에 대한 '의결권'과 '재의요구권'만 최고위에 주어져 있다. 그런데, 최고위는 당헌–당규를 깨뜨리며 직접 공천안에 손을 댔다. 당헌–당규의 수호자가 되어야 할 최고위가 당헌–당규의 파괴자가 된 것이다. 다른 당내 구성원들에게 당헌–당규를 준수하도록 강제할 자격과 정당성을 최고위는 스스로 팽개쳤다. 양심이 있다면 그 자리에서 물러나야 하고, 그 행위가 정당하다고 판단한다면 법치를 무시하는 우파 전체주의 세력임을 스스로 인정하는 것이다.

퇴행적 좌파세력에 불과한 민주당 정권이 헌정질서를 무너뜨린다며 입만 열면 '문재인 정권 심판'을 외치는 사람들이 어떻게 이렇게 대놓고 당헌–당규를 걸레조각 취급할 수 있는가. 무법적인 문재인 정권을 심판해야 한다고 하면서, 자유민주주의와 법치를 지켜야 한다고 하면서, 자기 정체성의 핵심인 법치주의를 이렇게 부정해도 되는가. 이는 스스로 존재 이유를 저버린 것이다. 국가공동체와 시민들의 자유를 마지막까지 지켜내는 공동체 수호자임을 포기하고 끼리끼리 그때그때 하고 싶은 것은 뭐든지 다 해도 되는 정상배 집단 수준으로 전락해버린 이상 더 이상 보수를 참칭하지 말기를 바란다. (참고로 이 진단은 이미 5개월 전 불출마 선언 당시의 진단과 같다. 다만, 김형오 공관위원장의 등장으로 실낱같은 희망을 안고 공관위에 참여하기로 한 것을 지금은 후회하게 되었음을 인정한다. 아울러 최고위의 모든 구성원이 그렇다는 것은 아니다.)

어렵게 전진해온 대한민국 정치사와 정당사를 수십 년 퇴행시킨 안타까운 순간이라 다시는 이런 일이 되풀이되지 않기를 바라며 글을 남긴다. 나는 다가오는 4.15 총선이 문재인 정권에 대한 심판장이 되어야 한다고 생각한다. 최선의 노력을 한다고 했으나, 공관위의 활동과 결과가 완벽했다고는 할 수 없다. 하지만 훌륭한 후보들을 많이 모셨다고 자부한다. 부디 국민들이 현명한 선택을 하셔서 대한민국이 더 이상 흔들리는 것은 막아주시기를 간절히 호소드린다.

나는 앞으로도 우리 공동체를 지켜나갈 마음가짐과 안목과 실행력을 제대로 갖춘 훌륭한 시민들과 연대하여 좌우 극단의 전체주의 세력들이 우리 공동체에 가하는 위협과 폐해를 줄여나가는 데 미력이나마 힘을 보태고자 한다.

(2020-03-27)

※밑줄 및 각주 등은 필자가 임의적으로 강조하거나
설명을 위해 덧붙인 것임(이하 모든 것에 해당)

제69조(신문광고)

①선거운동을 위한 신문광고는 후보자(대통령선거에 있어서 정당추천후보자와 <u>비례대표국</u>
<u>회의원선거의 경우에는 후보자를 추천한 정당을 말한다.</u> 이하 이 조에서 같다)가 다음 각호
에 의하여 선거기간개시일부터 선거일전 2일까지 소속정당의 정강·정책이나 후보자의 정
견, 정치자금모금(대통령선거에 한한다) 기타 홍보에 필요한 사항을 「신문 등의 진흥에 관한
법률」 제2조(정의)제1호가목 및 나목에 따른 일간신문에 게재할 수 있다. 이 경우 일간신문
에의 광고회수의 계산에 있어서는 하나의 일간신문에 1회 광고하는 것을 1회로 본다.

제70조(방송광고)

①선거운동을 위한 방송광고는 후보자(대통령선거에 있어서 정당추천후보자와 <u>비례대표국</u>
<u>회의원선거의 경우에는 후보자를 추천한 정당을 말한다.</u> 이하 이 조에서 같다)가 다음 각 호
에 따라 선거운동기간중 소속정당의 정강·정책이나 후보자의 정견 그 밖의 홍보에 필요한
사항을 텔레비전 및 라디오 방송시설을 이용하여 실시할 수 있되…….

제71조(후보자 등의 방송연설)

①후보자와 후보자가 지명하는 연설원은 소속정당의 정강·정책이나 후보자의 정견 기타 홍
보에 필요한 사항을 발표하기 위하여 다음 각호에 의하여 선거운동기간중 텔레비전 및 라디
오 방송시설을 이용한 연설을 할 수 있다.

3. 지역구국회의원선거 및 자치구·시·군의 장 선거

　　후보자가 1회 10분 이내에서 지역방송시설을 이용하여 텔레비전 및 라디오 방송별 각
　　2회 이내

가. 당헌 (2020. 2. 14 개정)

제75조 (지역구 국회의원 후보자 공천관리위원회) ① 지역구 국회의원 후보자 추천과 관련된 업무를 수행하기 위하여 **중앙당에 지역구 국회의원 후보자 공천관리위원회**(이하 "공천관리위원회"라 한다)를 둔다.

② 공천관리위원회는 당 대표가 최고위원회의의 의결을 거쳐 임명하는 <u>10인 이내의 위원으로 구성하며</u>* 재적 3분의 2 이상은 당외인사로 한다. 다만, 최고위원은 지역구 공천관리위원을 겸할 수 없다.

③ 공천관리위원회에는 위원장 1인과 부위원장 약간인을 두며 위원 중에서 당 대표가 최고위원회의의 의결을 거쳐 임명한다.

④ 공천관리위원회는 <u>선거일 120일 전까지 구성한다.</u>

⑤ 공천관리위원회의 후보자 추천은 최고위원회의의 의결로 확정하며, <u>최고위원회는 공직후보자 추천에 대한 재의의결권을 가진다.</u>

⑥ 제5항의 최고위원회의의 재의요구에도 불구하고 <u>공천관리위원회가 재적 3분의 2 이상의 찬성으로 공직후보자 추천안을 재의결한 경우 최고위원회의는 그 결정에 따라야 한다.</u>

⑦ 공천관리위원회는 다음 각 호의 기능을 수행한다.

 1. 당 소속 국회의원 후보자 추천에 대한 공모
 2. 당 소속 국회의원 후보자에 대한 심사 또는 선정
 3. 우선추천 지역 선정

---

* 이번에 당 통합으로 13명 이내로 증원(부칙 2조 4항).

나. 지역구 국회의원 후보자 추천 규정 (2020. 2. 17 개정)

제4조 (위원회 구성) ① 공천관리위원회는 당 대표가 최고위원회의의 의결을 거쳐 임명하는 당내외 인사 10인 이내의 위원으로 구성하며, 재적 3분의 2 이상은 당외인사로 한다.

② 당 대표 및 최고위원은 공천관리위원회의 위원을 겸할 수 없다.

③ 공천관리위원회는 임기만료에 의한 국회의원 선거일 120일 전까지 구성한다.*

제5조 (위원장·부위원장) ① 공천관리위원회에 위원장 1인과 부위원장 약간인을 두며 위원 중에서 당 대표가 최고위원회의의 의결을 거쳐 임명한다.

② 위원장은 위원회를 대표하고 회무를 총괄한다.

③ 부위원장은 위원장을 보좌하고 위원장이 유고로 인하여 직무를 수행할 수 없을 때에는 위원장이 지명하는 부위원장(부위원장이 없는 때에는 위원)이 그 직무를 대행한다. 다만, 위원장이 지명할 수 없을 때에는 부위원장(부위원장이 없을 때에는 위원) 중 연장자 순으로 그 직무를 대행한다.

제6조 (직무상의 독립) 공천관리위원회 위원은 당헌과 당규에 따라 독립하여 그 직무를 수행한다.**

제7조 (권한) 공천관리위원회는 지역구 국회의원 후보자의 추천 전반에 관한 사항을 관리·감독한다.

---

* 공관위 구성은 선거일 4달 전에 구성 완료하라는 것이 당헌(75조 4)과 당규에 이중적으로 강조되어 있지만 선거일 83일 전인 1월 23일에야 공관위를 구성, 이날 임명장을 받았다.

** 공관위의 독립성을 강조하였고 당헌, 당규 곳곳에 그것을 보장하는 조항들이 많이 있다.

제9조 (심의 등) ① 공천관리위원회의 심의는 비공개를 원칙으로 한다.

제14조 (부적격 기준) 다음 각 호에 해당하는 신청자는 추천대상에서 배제한다.

7. 당선무효에 해당하는 형을 선고 받고 재판 계속 중인 자*

8. 다음 각 목에 규정된 범죄를 저질러 국민의 지탄을 받는 형사범으로 집행유예 이상의 형이 확정되거나, 공천신청 당시 하급심에서 집행유예 이상의 판결을 선고받은 자

가. 살인, 강도 등 강력범죄

나. 뇌물 · 알선수재 등 뇌물관련 범죄

다. 사기 · 횡령 등 재산범죄

라. 정치자금법, 공직선거법 위반 등 선거범죄

마. 성범죄, 아동 및 청소년 관련 범죄, 도주차량, 음주운전 등 파렴치 범죄*(단, 성범죄, 아동 및 청소년 관련 범죄는 벌금형 이상으로 함)

9. 제8호에서 규정된 범죄경력 외 공천관리위원회가 의결한 범죄경력 등이 있는 자

제17조 (선거관리위원회 구성) 후보자 경선 관리를 위한 선거관리위원회는 별도로 구성하지 않고 공천관리위원회가 겸한다.

제30조 (후보자의 확정) ① 공천관리위원회는 경선의 결과를 존중하여 후보자 추천안을 최고위원회의에 회부한다. 다만, 경선 결과에 영향을 미친 불법선거운동 등 현저한 하자가 있는 경우에는 직접 후보자를 추천할 수 있다.

---

* 보수의 취약점이라 할 수 있는 도덕성을 회복하기 위한 조항들을 구체적으로 적시하였으며, 특히 음주운전 등에 대해서는 공관위 자체적으로 더 엄격한 잣대를 적용했다.

③ 공천관리위원회가 추천한 후보자는 최고위원회의의 의결을 거쳐 지역구 국회의원 후보자로 확정된다. 다만, 후보자로 확정되었더라도 불법선거운동이나 금품수수 등 현저한 하자가 있는 것으로 판명되었을 경우에는 최고위원회의의 의결로 후보자 추천을 무효로 할 수 있다.*

④ 최고위원회의는 공천관리위원회의 후보자 추천안이 회부된 날로부터 5일 이내에 심사를 완료하고, 1회에 한하여 3일간 연장할 수 있다. 다만, 지정된 기일 내에 심사를 종료하지 못한 경우에는 의결된 것으로 본다.

제31조 (재의결) 공천관리위원회는 최고위원회의가 재의를 요구한 사항에 대하여 재심사한다. 다만, <u>최고위원회의의 재의요구에도 불구하고 공천관리위원회의 재적 3분의 2 이상이 찬성하는 경우 최고위원회의는 그 결정에 따라야 한다.</u>**

다. 2-1 당무우선권 (당헌 제74조)

제74조 (후보자의 지위) 대통령 후보자는 선출된 날로부터 대통령 선거일까지 선거업무의 효율적 추진을 위하여 필요한 범위 내에서 당무전반에 관한 모든 권한을 우선하여 가진다.

---

* 최고위가 후보자를 무효화시킬 수 있는 법적 근거이다. 매우 제한적으로 해야 한다는 것을 한눈에 알 수 있다. 더구나 30조 1항은 "경선 결과에 영향을 미친" 불법선거운동 등에 관한 명시이며, 3항은 다시 "불법선거운동이나 금품수수 등 현저한 하자"가 있을 경우에만 무효화시킬 수 있다고 한정했다. 법 전문가가 아니라도 매우 엄격히 적용하라는 뜻임을 알 수 있다.

** 최고위의 재의요구권과 공관위의 재의결권이다. 이 역시 당헌(75조 6항)과 당규(31조)에서 이중으로 강조하고 있다. 즉 최고위의 재의 요구에도 불구하고 공관위가 3분의 2 이상의 찬성으로 재의결하면 공천자로 확정된다. ('최고위는 공관위의 결정에 따라야 한다.') 이번 공천 과정에서 당헌당규가 자의적 해석으로 유린된 점이 안타깝다.

제21대 국회의원 공천관리위원회 활동 경과(2020. 1. 23 ~ 3. 26)

10.31.(목)   총선기획단 구성(단장:박맹우, 총괄팀장:이진복)

11.21.(목)   총선기획단, 현역 국회의원 절반 이상 교체 및 현역 국회의원 컷오프(1/3
               이상) 도입

12.30.(월)   총선기획단 활동 종료

01.16.(목)   김형오 공천관리위원장 임명

01.17.(금)   김형오 위원장 기자간담회

01.22.(수)   공천관리위원회 위원 내정

01.23.(목)   【21대 총선 공천관리위원회 구성·공관위 1차 회의】
               • 임명장 수여식 및 1차 회의 (총 9인)
                   − 당외:이석연, 이인실, 최대석, 조희진, 엄미정, 최연우
                   − 당내:박완수, 김세연
               • 제21대 국회의원선거 공천 기본계획(안) 보고
               • 제21대 국회의원선거 주요 여론조사 개요 보고
               • 후보자 신청 공고:01.23.(목)~01.29.(수) 및 공모:01.30(목)~02.05(수)(향후
                   정치 상황 변화에 따라 추가 공모 가능토록)
                   −당비 및 심사료:90만 원, 100만 원
                   −정치 참여 기회 확대 지원(① 20대, 중증장애인, 탈북민, 다문화, 유공
                   자:심사료 및 경선비용 전액 면제 ② 30대, 공익제보자, 사무처당직자,
                   국회의원 보좌진:심사료 및 경선비용 반액 면제)

- 공천관리위원회 지정서류(안):29종
- 공천관리위원회 회의 운영 계획 의결 및 구성
  - 부위원장:이석연, 공정선거소위:이석연, 최대석(소위원장), 조희진, 엄미정, 여론조사소위:이안실(소위원장), 김세연, 최연우
- 4.15 재·보궐선거 시·도당 공천관리위원회 구성 및 운영지침
  - 각급 공천관리위원회 관할범위

01.27.(월) 【공관위 2차 회의】

- 제21대 국회의원선거 현역의원 컷오프 여론조사 실시 의결
  - 조사 일정:2.5.(수)~ 2.8.(토), 총 4일
  - 조사 지역:총 86개
- 전략적 관심 검토 선거구 관련 보고
- 공관위원 워크숍(특강:명지대 김형준 교수)
  - 한국 정치의 메커니즘, 21대 총선의 의미 등

01.29.(수) 【공관위 3차 회의】

- 공천관리위원회 지정서류 수정
  - 범죄경력회보서는 후보신청자 본인으로 한정
- 4.15 재·보궐선거 시·도당 공천관리위원회 구성 관련
- 컷오프 여론조사 관련 (추가의결)

【논의 및 의결사항】

- 당내 주요인사 전략 관련

    ─전·현직 당대표·광역단체장 등

- 원외 당협위원장 컷오프 관련

- 경선 가·감산점 관련 (기본점수제 도입)

01.30.(목) • 공모 시작

- 최고위원회의 보고 및 의결

    ─ 4.15 재·보궐선거 시·도당 공천관리위원회 구성 지침

    ─ 친인척 특수관계 범위(안)

    ─ 책임당원 자격부여 요건 변경(안)

01.31.(금) 【공관위 4차 회의】

- 지역구 공천신청자 현황 보고

- 국민공천배심원단 구성 일정 보고

- 컷오프 관련 검토 논의

- 정치신인 기본점수 관련 논의

02.03.(월) 【공관위 5차 회의】

- 국회의원 컷오프, 당원 대상 여론조사 관련 보고

- 자격심사기준 논의

- 부적격 기준 및 대상 범죄 유형 논의

02.05.(수) 【공관위 6차 회의】

- 지역구 공천신청자 현황 보고

- 여론조사 진행 경과보고

- 부적격 기준(안) 의결

    ─총선기획단(안) 적용하되, 일부 기준 강화

    ─부동산, 탈세, 음주운전, 자녀 국적비리 강화

- 공모 종료 (1차)

※ 미래한국당 창당(비례 위성정당)

02.07.(금) • 황교안 당 대표, 서울 종로 출마 선언

02.10.(월) 【공관위 7차 회의】

- 컷오프 여론조사 결과 제출(위원장에게 직보)

- 여론조사 관련 보고 및 결정사항

    ─경선 일정 연기 (2.21.~2.28. → 2.28.~3.6.)

- 지역구 후보자 서류·면접 심사 계획 보고

- 부적격 기준안 최종 보고

- 공정 공천 관련 (보도자료 배포) 논의

02.12.(수) 【공관위 8차 회의】

- 지역구 후보자 면접 (1일차)

- 1차 추가 공모 일정 의결
    - 지역구 : 2.14.(금)〜2.18.(화)
    - 재·보궐선거 : 2.15.(토)〜2.17.(월)
- 심사용 여론조사 후보자 압축
    - 서울 용산구 : 10인 → 5인
    - 경기 파주시 을 : 9인 → 4인

02.13.(목) 【공관위 9차 회의】
- 경선 가·감산점 의결
- 지역구 후보자 면접 (2일차)

【1차 발표】
- 단수추천 4명 : 오세훈(서울 광진구 을), 허용범(동대문구 갑), 나경원(동작구 을), 신상진(경기 성남시 중원구)

02.14.(금) 【공관위 10차 회의】
- 지역구 후보자 면접 (3일차)
- 1차 추가공모 시작

02.15.(토) 【공관위 11차 회의】
- 지역구 후보자 면접 (4일차)

02.17.(월) 【공관위 12차 회의】

- 최고위원회의 보고

  - 21대 국회의원선거 및 4.15 재·보궐선거 후보자 자격심사 기준(안)

  * 4.15 재·보궐선거 관련 지침 시·도당 송부

- 지역구 후보자 면접 (5일차)

※ 미래통합당 출범(자유한국당+새로운보수당+미래를향한전진 4.0 등)

02.18.(화) 【공관위 13차 회의】

- 유일준 공천관리위원 추가 (총 10인)

- 지역구 후보자 면접 (6일차)

- 1차 추가공모 종료

02.19.(수) 【공관위 14차 회의】

- 지역구 후보자 면접 (7일차)

【2차 발표】

- 단수추천 4명:정양석(서울 강북구 갑), 안홍렬(강북구 을), 김선동(도봉구 을), 김재식(구로구 갑)

- 우선추천 지역 5곳:서울 광진구 갑, 은평구 을, 강서구 을, 구로구 을, 인천 미추홀구 갑

- 우선추천 지역 후보자:유정복(인천 남동구 갑)

- 경선 지역 6곳 선정:서울 서대문구 을, 마포구 을 등

02.20.(목) 【공관위 15차 회의】

　　　• 지역구 후보자 면접 (8일차)

　　※ 미래한국당, 공병호 공천관리위원장 임명

02.21.(금) 【공관위 16차 회의】

　　　• 지역구 후보자 면접 (9일차)

　　【3차 발표】

　　　• 단수추천 11명:지상욱(서울 중구·성동구 을), 오신환(관악구 을), 정미경(경
　　　　　　　　　　기 수원시 을), 심재철(안양시 동안구 을), 김성원(동두천시·
　　　　　　　　　　연천군), 송석준(이천시), 홍철호(김포시 을), 김명연(안산시
　　　　　　　　　　단원구 갑), 주광덕(남양주시 병), 함진규(시흥시 갑), 정찬민
　　　　　　　　　　(용인시 갑)

　　　• 우선추천 지역 5곳:서울 서초구 갑, 강남구 갑·을·병, 인천 미추홀구 을

　　　• 경선 후보자 7곳 확정
　　　　　−서울 서초구 을(강석훈, 박성중), 마포구 갑(강승규, 김우석) 등

02.22.(토) 【공관위 17차 회의】

　　　• 지역구 후보자 면접 (10일차)

02.23.(일) 【공관위 18차 회의】

　　　• 지역구 후보자 면접 (11일차)

【4차 발표】

• 단수추천 3명:황교안(서울 종로구), 김웅(송파구 갑), 김용태(구로구 을)

• 우선추천 지역 후보자:김태우(서울 강서구 을)

• 우선추천 지역:경기 오산시

02.24.(월) 【공관위 19차 회의】

• 지역구 후보자 면접 (12일차)

02.26.(수) 【공관위 20차 회의】

• 최고위원회의 의결사항 보고

 ─후보자 추천안 (24인)

• 추가공모 검토지역(안) 보고

• 대구·경북 면접 계획(안) 보고

【5차 발표】

• 코로나19 사태에 대한 공관위 입장 보도자료 배포

• 청년공천 '미래를 만드는 사람들' 발표(부록8. 퓨처메이커 보도자료)

 * 퓨처메이커 단수추천 3명

 ─서울:김병민(광진구 갑), 김재섭(도봉구 갑), 이준석(노원구 병)

02.27.(목) • 최고위원회의 의결

 ─ 1차 후보자 추천(안) (24인)

【공관위 21차 회의】

- 지역구 후보자 면접 (13일차)
- 2차 추가 공모 일정 의결
    - 지역구 : 2.28.(금)~2.29.(토)

【6차 발표】

- 단수추천 12명 : 정태근(서울 성북구 을), 손영택(양천구 을), 구상찬(강서구 갑), 박용찬(영등포구 을), 김근식(송파구 병), 김용남(경기 수원시 병), 김민수(성남시 분당구 을), 이음재(부천시 원미구 갑), 안병도(부천시 오정구), 박주원(안산시 상록구 갑), 함경우(고양시 을), 김현아(고양시 정)
- 우선추천 2명 : 태영호(서울 강남구 갑), 최홍(강남구 을)
- 경선 후보자 4곳 : 서울 용산구(권영세, 조상규, 황춘자), 노원구 갑(이노근, 현경병), 은평구 갑(홍인정, 신성섭), 서대문구 갑(이성헌, 여명숙)

02.28.(금) 【공관위 22차 회의】

- 선거구별 심사

【1차 경선 실시】 (2.28.~2.29.)

- 6곳 : 서울 서대문구 을(김수철, 송주범), 마포구 갑(강승규, 김우석), 금천구(강성만, 김준용, 이창룡), 인천 남동구 을(김은서, 박종우, 이원복), 부평구 을(강창규, 구본철), 서구 갑(강범석, 이학재)

【7차 발표】

- 우선추천 3명:최윤희(경기 오산시), 전희경(인천 미추홀구 갑), 안상수(미추홀구 을)
- 단수추천 5명:김범수(경기 용인시 정), 김학용(안성시), 배준영(인천 중·동구·강화·옹진군), 민현주(연수구 을), 윤형선(계양구 을)
- 경선 후보자 7곳:경기 구리시, 하남시, 용인시 병 등
- 2차 추가공모 시작

02.29.(토) 【공관위 23차 회의】

- 선거구별 심사
- 2차 추가공모 종료

03.01.(일) 【공관위 24차 회의】

- 지역구 후보자 면접 (14일차)

【1차 경선(2.28.~2.29.) 결과 발표】

- 6곳:송주범(서울 서대문구 을), 강승규(마포구 갑), 강성만(금천구), 이원복(인천 남동구 을), 강창규(부평구 을), 이학재(서구 갑)

【8차 발표】

- 우선추천:김병준(세종특별자치시)
- 단수추천 11명:이장우(대전 동구), 정용기(대덕구), 이철규(강원 동해·삼척시), 이양수(속초시·고성·양양군), 윤갑근(충북 청주시 상당

구), 정우택(청주시 흥덕구), 이종배(충주시), 박덕흠(보은·옥천·영동·괴산군), 신범철(충남 천안시 갑), 김태흠(보령시·서천군), 성일종(서산시·태안군)

- 경선 후보자 10곳:강원 원주시 을, 충북 제천시·단양군, 충남 천안시 병 등

03.02.(월) 【공관위 25차 회의】

- 지역구 후보자 면접 (15일차) … 화상면접

【9차 발표】

- 우선추천 2명:허용석(서울 은평구 을), 윤희숙(서초구 갑)
- 단수추천 4명:문병호(서울 영등포구 갑), 배현진(송파구 을), 이수희(강동구 갑), 이재영(강동구 을)
- 경선 후보자 2곳:서울 마포구 을(김성동, 김철), 강서구 병(김철근, 이종철)

03.03.(화) 【공관위 26차 회의】

- 지역구 후보자 면접 (16일차) … 화상면접

03.04.(수) 【공관위 27차 회의】

- 지역구 후보자 면접 (17일차) … 화상면접

【10차 발표】

- 우선추천 3명:송한섭(서울 양천구 갑), 김은혜(경기 성남시 분당구 갑), 신보라(파주시 갑)

- 단수추천 14명:이중재(인천 계양구 갑), 박종진(서구 을), 이은권(대전 중구), 장동혁(유성구 갑), 이영규(서구 갑), 김진태(강원 춘천시), 이필운(경기 안양시 만안구), 임호영(안양시 동안구 갑), 박진호(김포시 갑), 최현호(충북 청주시 서원구), 김수민(청주시 청원구), 정진석(충남 공주시·부여·청양군), 박경귀(아산시 을), * 박상돈(천안시장)
- 경선 후보자 9곳:서울 동작구 갑, 대전 서구 을 등

※ 박근혜 전 대통령 옥중편지 발표

03.05.(목) 【공관위 28차 회의】

- 선거구별 심사

【2차 경선 실시】(3.5.~3.6.)

- 3곳:서울 용산구(권영세, 조상규, 황춘자), 서초구 을(강석훈, 박성중), 경기 의정부시 을(국은주, 이형섭)

【11차 발표】

- 우선추천 2명:서병수(부산 진구 갑), 이언주(남구 을)
- 단수추천 21명:김대호(서울 관악구 갑), 염오봉(경기 성남시 수정구), 공재광(평택시 갑), 유의동(평택시 을), 이경환(고양시 갑), 김영환(고양시 병), 조억동(광주시 갑), 이종구(광주시 을), 박우석(충남 논산시·계룡·금산군), 박수영(부산 남구 갑), 박민식(북·강서구 갑), 김원성(북·강서구 을), 김미애(해운대구

을), 조경태(사하구 을), 장제원(사상구), 박대동(울산 북구), 박완수(경남 창원시 의창구), 정점식(통영시·고성군), 조해진 (밀양시·의령·함안·창녕군), 서일준(거제시), 윤영석(양산시 갑)

- 경선 후보자 19곳:서울 동대문구 을, 경기 부천시 원미구 을, 부산 중·영도 구, 금정구, 울산 중구, 경남 양산시 을 등

03.06.(금) 【공관위 29차 회의】

- 지역구 후보자 추가 면접 – 전남(2)
- 선거구별 심사

【12차 발표】

- 우선추천 2명:주호영(대구 수성구 갑), 장기표(경남 김해시 을)
- 단수추천 15명:이동섭(서울 노원구 을), 곽상도(대구 중·남구), 김상훈(서 구), 양금희(북구 갑), 이두아(달서구 갑), 윤재옥(달서구 을), 김용판(달서구 병), 추경호(달성군), 송언석(경북 김천시), 김 형동(안동시), 김영식(구미시 을), 황헌(영주·문경시·예천 군), 이만희(영천시·청도군), 임이자(상주시·군위·의성·청 송군), 홍태용(경남 김해시 갑)
- 경선 후보자 16곳:대구 동구 갑, 울산 남구 갑, 충남 천안시 을, 경북 구미시 갑등

03.07.(토) • 21대 국회의원선거 선거구 획정

【공관위 30차 회의】

• 선거구 획정 확정에 따른 추가 공모(안)

【13차 발표: 2차 경선(3.5.~3.6.) 결과】

• 후보 확정 2곳: 권영세(서울 용산구), 이형섭(경기 의정부시 을)

• 재경선 1곳: 서울 서초구 을

【14차 발표】

• 우선추천 2명: 양주상(경기 광명시 갑), 김용식(남양주시 을)

• 단수추천 8명: 김삼화(서울 중랑구 갑), 박정하(강원 원주시 갑), 홍장표(경기 안산시 상록구 을), 박순자(안산시 단원구 을), 박대출(경남 진주시 갑), 주동식(광주 서구 갑), 이수진(전북 전주시 을), 최공재(전남 나주시·화순군)

• 경선 후보 6곳: 서울 중·성동구 갑, 경기 화성 병, 경북 포항 북구 등

• 선거구별 심사

03.08.(일) ※ 선대위, 김종인 선대위원장 거론

03.09.(월) • 최고위원회의 의결

– 2차 후보자 추천(안) (38인)

【공관위 31차 회의】

• 경선 여론조사 일정 관련 논의

- 선거구 획정 관련

  −분구·통합, 구역조정, 자치구·시·군 내 경계조정
- 선거구 획정에 따른 추가공모

  −추가공모:3.10.(화)

  −강원 홍천·횡성·영월·평창군, 경북 영주시·영양·봉화·울진군, 군위·

  의성·청송·영덕군
- 청년벨트 관련 논의

【3차 경선 실시】(3.9.~3.10.)
- 서울 노원구 갑(이노근, 현경병), 은평구 갑(신성섭, 홍인정), 서대문구 갑(여
  명숙, 이성헌), 인천 연수구 갑(김진용, 정승연, 제갈원영), 부평구 갑(유제홍,
  정유섭), 경기 구리시(김구영, 나태근, 송재욱), 하남시(윤완채, 이창근), 용인
  시 병(권미나, 김정기, 이상일), 파주시 을(박용호, 최대현), 화성시 갑(김성
  회, 최영근)

  −경기 용인시 병, 화성시 갑은 선거구 획정으로 인한 경계 조정 문제로 경
  선 순연
- 선거구별 심사

【15차 발표】
- 신규

  −단수추천 3명:이창성(경기 수원시 갑), 박재순(수원시 무), 김선교(여주
  시·양평군)

  −우선추천 3명:심규철(경기 군포시), 한기호(강원 춘천시·철원·화천·양

구군 을), 김중로(세종시 갑)

★ 후보로 확정된 지역이나 선거구 획정에 따라 후보자 재의결

-우선추천 9명:김병준(세종시 을), 배준영(인천 중구·강화·옹진군), 전
희경(동·미추홀구 갑), 안상수(동·미추홀구 을), 김진태
(강원 춘천시·철원·화천·양구군 갑), 이철규(동해·태백·
삼척시·정선군), 이양수(속초시·인제·고성·양양군), 김
형동(경북 안동시·예천군), 임이자(상주·문경시)

03.10.(화)   • 선거구 획정에 따른 추가 공모

【16차 발표】

• 우선추천:홍종기(경기 수원시 정, * 퓨처메이커, 만41세)

• 단수추천:홍윤식(강원 강릉시)

【공관위 32차 회의】

• 지역구 후보자 추가면접 – 서울(1), 강원(1)

• 청년벨트 관련, 미확정 선거구 관련 논의

• 선거구별 심사

03.11.(수)   【17차 발표 : 3차 경선(3.9.~3.10.) 결과】

• 8곳:이노근(서울 노원구 갑), 홍인정(은평구 갑), 이성헌(서대문구 갑), 정유
섭(인천 부평구 갑), 이창근(경기 하남시), 박용호(파주시 을), 인천 연
수구 갑(김진용, 정승연:3.12.~3.13. 결선), 경기 구리시(나태근, 송재

욱:3.12.~3.13. 결선)

【공관위 33차 회의】

• 지역구 후보자 면접

　─퓨처메이커 (경기 광명시 을, 경기 화성시 을)

　─전남(1), 강원(1), 경북(2), 서울(1)

• 선거구별 심사

03.12.(목)　【공관위 34차 회의】

• 선거구별 심사

【4차 경선 실시】(3.12.~3.13.)

• 10곳:강원 원주시 을(김대현, 이강후), 충북 제천시·단양군(박창식, 엄태영),
증평·진천·음성군(경대수, 아필용), 충남 천안시 병(박중현, 이창수),
아산시 갑(이건영, 이명수), 당진시(김동완, 정석래), 홍성·예산군(전익
수, 홍문표), 제주 제주시 갑(구자헌, 김영진, 장성철), 제주시 을(김효,
부상일), 서귀포시(강경필, 허용진)

• 최고위원회의 의결

　─3차 후보자 추천(안) (57인)

　─재의요구 (6인):서울 강남구 을(최홍), 부산 북·강서구 을(김원성), 진구
갑(서병수), 대구 달서구 갑(이두아), 인천 연수구 을(민
현주), 경남 거제시(서일준)

　＊대구 달서구 갑 단수 → 경선 (이두아, 홍석준),

인천 연수구 을 단수 → 경선 (민경욱, 민현주)

*그 외 원안 재의결 (4인)

【18차 발표】

- 우선추천:김미균(서울 강남 병)

- 단수추천 5명:범기철(광주 북구 갑), 김경안(전북 익산시 갑), 황규원(전남 목
  포시), 심정우(여수시 을), 천하람(순천·광양시·곡성·구례군
  갑)

- 경선 후보자 3곳:강원 홍천·횡성·영월·평창군(유상범, 홍병천), 경북 영주
  시·영양·봉화·울진군(박형수, 이귀영, 황헌), 군위·의
  성·청송·영덕군(김희국, 천영식)

- 청년벨트:경기 광명시 을 김용태 (* 퓨처메이커, 만29세)

※ 김종인, 서울 강남 갑 태영호 공천 관련 '국가적 망신' 발언 논란

03.13(금)   • 김형오 공천관리위원장 사퇴 선언

         — 서울 강남 병 김미균 후보 공천 철회

         — 이석연 공천관리위원장 직무대행 체제 전환 (총 9인)

03.14.(토) 【4차 경선(3.12~3.13.) 결과 발표】

- 12곳:김진용(인천 연수구 갑:결선), 나태근(경기 구리시:결선), 이강후(강원
  원주시 을), 엄태영(충북 제천시·단양군), 경대수(증평·진천·음성군),
  이창수(충남 천안시 병), 이명수(아산시 갑), 김동완(당진시), 홍문표(홍

성·예산군), 장성철(제주 제주시 갑), 부상일(제주시 을), 강경필(서귀포 시)

[5차 경선 실시](3.14.~3.15.)

- 18곳:서울 마포구 을(김성동, 김철), 강서구 병(김철근, 이종철), 동작구 갑(두영택, 장진영, 장환진), 동대문구 을(이혜훈, 민영삼), 성북구 갑(최진규, 한상학), 서초구 을(강석훈, 박성중:재경선), 대전 서구 을(양홍규, 전옥현), 유성구 을(김소연, 육동일, 신용현), 경기 의정부시 갑(강세창, 김정영), 부천시 을(임해규, 서영석), 부천시 병(차명진, 최환식), 남양주시 갑(심장수, 유낙준), 용인시 병(권미나, 김정기, 이상일), 화성시 갑(김성회, 최영근), 화성시 병(석호현, 임명배), 양주시(김원조, 안기영), 포천시·가평군(최춘식, 허청회), 충남 천안시 을(신진영, 이정만)

[공관위 35차 회의]

- 지역구 후보자 면접 – 전남(1)

- 경기 의왕시·과천시 공개 오디션 진행상황 보고

- 선거구별 심사

[19차 발표]

- 우선추천 2명:김승(경기 시흥시 을), 한규찬(화성시 을, * 퓨처메이커)

- 단수추천:김창남(전남 순천·광양시·곡성·구례군 을)

03.15.(일)　• 퓨처메이커 오디션

　　　　　　　— 경기 의왕시·과천시

　　　【6차 경선 실시】(3.15.~3.16.)

　　　　　　　• 23곳: 부산 중·영도구(강성운, 황보승희), 서·동구(곽규택, 안병길, 정오규),

　　　　　　　진구 을(이성권, 이헌승, 황규필), 동래구(김희곤, 서지영), 연제구(김희

　　　　　　　정, 이주환), 해운대 갑(석동현, 조전혁, 하태경), 사하구 갑(김소정, 김

　　　　　　　척수, 이종혁), 금정구(김종천*), 수영구(권성주, 이종훈, 전봉민), 기장

　　　　　　　군(김세현, 정동만, 정승윤), 울산 중구(박성민, 정연국), 남구 갑(이채

　　　　　　　익, 최건), 남구 을(김기현, 박맹우), 동구(권명호, 정경모), 울주군(서범

　　　　　　　서, 장능인), 경남 창원시 성산구(강기윤, 최응식), 창원시 마산 합포구

　　　　　　　(김수영, 최형두), 창원시 마산 회원구(윤한홍, 안홍준, 조청래), 창원시

　　　　　　　진해구(김영선, 유원석, 이달곤), 진주시 을(강민국, 권진택, 정인철),

　　　　　　　사천·남해·하동군(이태용, 최상화, 하영제), 양산시 을(나동연, 박인,

　　　　　　　이장권), 산청·함양·거창·합천군(강석진, 신성범)

　　　　　　　* 부산 금정구 원정희 경선 포기, 김종천 단수추천

　　　　　　• 공정 경선 및 경선 가·감산점 지침 준수 요청 지침 송부

03.16.(월)　• 최고위원회의 의결

　　　　　　　— 4차 후보자 추천(안) (38인) * 재의요구 재의결 포함 (4인)

　　　　　　　— 후보자 추천 무효 의결 (서울 강남구 을 최 홍)

　　　【5차 경선(3.14.~3.15.) 결과 발표】

- 18곳:김성동(서울 마포구 을), 김철근(강서구 병), 장진영(동작구 갑), 이혜훈
  (동대문구 을), 한상학(성북구 갑), 박성중(서초구 을, 재경선), 양홍규
  (대전 서구 을), 대전 유성구 을(김소연, 신용현:3.17.~3.18. 결선), 강
  세청(경기 의정부시 갑), 서영석(부천시 을), 차명진(부천시 병), 심장수
  (남양주시 갑), 용인시 병(권미나, 이상일:3.17.~3.18. 결선), 최영근
  (화성시 갑), 석호현(화성시 병), 안기영(양주시), 최춘식(포천시·가평
  군), 이정만(충남 천안시 을)

【공관위 36차 회의】

- 지역구 후보자 면접 – 서울(1)
- 경기 의왕·과천시 공개 오디션 진행상황 관련
- 서울 강남구 을 관련

【특이사항】

- 舊 바른미래당 비례대표 셀프제명 효력정지 가처분 신청 인용

【20차 발표】

- 우선추천 2명:서울 강남구 병:유경준, 경기 의왕·과천시 : 이윤정(* 퓨처메이
  커)

※ 미래한국당 비례대표 공천 파동(미래통합당 반발로 재심사)

※ 김종인, "공동선대위장으론 선거지휘 못한다" 발언

※ 황교안 대표, 김종인 영입 무산 발표 및 총괄선거대책위원회 체제 전환 선언

03.17.(화) 【6차 경선(3.15.~3.16.) 결과 발표】

- 24곳:황보승희(부산 중·영도구), 전봉민(수영구), 서·동구(곽규택, 안병길 : 3.18.~3.19. 결선), 이헌승(진구 을), 동래구(김희곤), 하태경(해운대구 갑), 금정구(김종천, 경선 未실시 단수추천), 사하구 갑(김소정, 김척수 : 3.18.~3.19. 결선), 이주환(연제구), 정동만(기장군), 김소연(대전 유성구 을), 박성민(울산 중구), 이채익(남구 갑), 김기현(남구 을), 권명호(동구), 서범수(울주군), 강기윤(경남 창원시 성산구), 최형두(창원시 마산 합포구), 윤한홍(창원시 마산 회원구), 창원시 진해구(유원석, 이달곤 : 3.18.~3.19. 결선), 강민국(진주시 을), 나동연(양산시 을), 사천·남해·하동군(최상화, 하영제 : 3.18.~3.19. 결선), 강석진(산청·함양·거창·합천군)

【7차 경선 실시】(3.17.~3.18.)

- 13곳:대구 동구 갑(류성걸, 이진숙), 동구 을(강대식, 김영희, 김재수), 북구 을(권오성, 김승수, 이달희), 수성구 을(이인선, 정상환), 경북 포항시 북구(강훈, 김정재), 포항시 남구·울릉군(김병욱, 문충운), 경주시(김원길, 박병훈), 경산시(윤두현, 조지연), 구미시 갑(구자근, 김찬영, 홍재영), 고령·성주·칠곡군(김항곤, 정희용), 서울 중·성동구 갑(강효상, 진수희), 중랑구 을(윤상일, 김재원), 경기 용인시 을(김준연, 이원섭)

  *서울 중·성동구 갑 : 김진 (경선 포기)

【공관위 37차 회의】

- 최고위원회의 후보자 추천 무효 요청 의결

294

　　　　　　 -부산 북·강서구 을 김원성

　　　　　 • 舊 바른미래당 출신 비례대표 신용현 결선 참여 여부 관련

03.18.(수)　[8차 경선 실시] (3.18.~3.19.)

　　　　　 • 3곳:강원 홍천·횡성·영월·평창군(유상범, 홍병천), 경북 영주시·영양·봉
　　　　　　화·울진군(박형수, 황헌, 이귀영), 군위·의성·청송·영덕군(김희국, 천
　　　　　　영식)

03.19.(목)　• 최고위원회의 의결

　　　　　 － 5차 후보자 추천(안) (33인)

　　　　　 * 부산 북·강서구 을 김원성 후보 공천 무효

　　　　　 [22차 발표]

　　　　　 • 우선추천 6명:김삼화(서울 중랑구 갑), 이동섭(노원구 을), 박진(강남구 을),
　　　　　　김도읍(부산 북·강서구 을), 김중로(세종시 갑), 김수민(충북
　　　　　　청주시 청원구)

　　　　　 • 단수추천:정승연(인천 연수구 갑)

　　　　　 [7차 경선(3.17.~3.18.) 결과 발표]

　　　　　 • 14명:진수희(서울 중·성동구 갑), 윤상일(중랑구 을), 류성걸(대구 동구 갑),
　　　　　　강대식(동구 을), 김승수(북구 을), 이인선(수성구 을), 이원섭(경기 용
　　　　　　인시 을), 이상일(용산시 병), 김정재(경북 포항시 북구), 김병욱(포항시
　　　　　　남구·울릉군), 박병훈(경주시), 구자근(구미시 갑), 윤두현(경산시), 정

희용(고령·성주·칠곡군)

【공관위 38차 회의】

- 공천자 재입당 관련 (舊 바른미래당 출신 공천자)

- 공천관리위원회 요청의 건 관련

- 지역구 국회의원 후보자 재의 요구(안)

    − 인천 연수구 갑 (김진용)

    − 경기 의왕·과천시 (이윤정)

    − 경기 시흥시 을 (김승)

    * 인천 연수구 갑 단수추천 (김진용 → 정승연)

    * 그 외 원안 재의결

※ 미래한국당 한선교 대표 및 지도부 총사퇴

03.20.(금) 【공관위 39차 회의】

【23차 발표 : 8차 경선(3.18.~3.19.) 결과】

- 7명 : 안병길(부산 서·동구 : 결선), 김척수(사하구 갑 : 결선), 이달곤(경남 창원시 진해구 : 결선), 하영제(사천시·남해·하동군 : 결선), 유상범(강원 홍천·횡성·영월·평창군), 박형수(경북 영주시·영양·봉화·울진군), 김희국(군위·의성·청송·영덕군)

※ 공병호 공천관리위원장 사퇴

※ 제21대 국회의원선거 중앙선거대책위원회 발대식

03.22.(일) 【9차 경선 실시】(3.22.~3.23.)

　　　　　• 2곳:대구 달서구 갑(이두아, 홍석준), 인천 연수구 을(민경욱, 민현주)

03.23.(월) • 최고위원회의 의결

　　　　　　－6차 후보자 추천(안) (41인)

　　　　　　* 재의요구 재의결 포함 (2인)

　　　　　　* 재의요구 (부산 금정구)

　　　　　※ 배규환 공천관리위원장 임명 및 공천관리위원회 재구성

　　　　　※ 미래한국당 원유철 당 대표 취임 및 비례대표 명단 재수정안 발표

03.24.(화) 【24차 발표:9차 경선(3.22.~3.23.) 결과】

　　　　　• 2명:홍석준(대구 달서구 갑), 민경욱(인천 연수구 을)

　　　　　• 단수추천 3명:이근열(전북 군산시), 김창도(완주·진안·무주·장수군), 이중
　　　　　　효(전남 여수시 을)

　　　　　• 지역구 변경(단수):심정우(전남 여수시 갑)

【공관위 40차 회의】

　　　　　• 지역구 후보자 면접－광주(1), 전북(1)

　　　　　• 최고위원회의 의결 관련 심사

　　　　　　－재의 요구:부산 금정구

　　　　　　－의결 보류 (경북 경주시, 경남 사천시·남해·하동군)

　　　　　• 호남 선거구 후보자 심사

03.25.(수)   • 최고위원회의 의결

　　　　　　　 – 7차 후보자 추천(안) (13인)

　　　　　　　 – 후보자 추천 무효 의결 (4인):부산 금정구(김종천), 경기 의왕·과천시

　　　　　　　　　　　　　　　　　　　 (이윤정), 화성시 을(한규찬), 경북 경주시

　　　　　　　　　　　　　　　　　　　 (박병훈)

　　　【공관위 41차 회의】

　　　　 • 최고위원회의 의결 관련

　　　　　　 –최고위원회의 위임(2):경기 의왕·과천시, 화성시 을

　　　　　　 –단수추천(5):부산 금정구(원정희), 인천 연수구 을(민현주), 경북 경주시

　　　　　　　　　　　　 (김원길), 호남(임동하, 이인호)

　　　　 • 최고위원회의 후보자 추천 무효 요청 의결

　　　　　　　 – 인천 연수구 을(민경욱)

　　　【25차 발표】

　　　　 • 단수추천 2명:전남 여수시 을(임동하), 전남 신안·무안·영암군(이인호)

　　　【공천관리위원회 활동 종료】

　　　　 • 최고위원회의 의결

　　　　　　 –8차 후보자 추천(안) (4인)

　　　　　　 –인천 연수구 을 후보자 추천 무효 기각 (민경욱 확정)

　　　　　　 –경선 의결 (부산 금정구, 경북 경주시)

03.26.(목) 【10차 경선지역 및 결과 발표】

　　　　　· 부산 금정구:백종헌, 원정희 → 백종헌, 경북 경주시:김석기, 김원길 → 김석

　　　　　　기

　　　　　· 공천 완료

　　　　　　　– 총 253개 중 237개 지역구 후보자 공천 완료

　　　　　※ 김종인 총괄선거대책위원장 임명

04.05.(일) ※ 황교안 '전(全) 국민 대상 1인당 50만 원' 재난지원금 지급안 제시

　　　　　※ 유승민 의원 재난지원금 보편지급 관련 '악성 포퓰리즘' 비난

04.15.(수) ※ 총선 패배 및 황교안 당 대표 사퇴

서울 지역 득표 현황(제17대~21대)

✚안정 유력권(5)

	17		18	
	한나라	열린우리	한나라	통합민주
서초구 갑	이혜훈	함종길	이혜훈	박찬선
	56.41	29.52	75.01	22.8
서초구 을	김덕룡	김선배	고승덕	김윤
	54.23	36.29	60.26	15.85
강남구 갑	이종구	박철용	이종구	김성욱
	62.99	30.84	64.9	18.34
강남구 병				
송파구 갑	맹형규	조민	박영아	정직
	54.06	38.88	61.61	35.77

✚수성권(7)

	17		18	
	한나라	열린우리	한나라	통합민주
중구성동 을	김태기	최재천	진수희	최재천
	31.84	40.88	51.32	44.17
강북구 갑	김원길	오영식	정양석	오영식
	36.02	46.04	48.21	44.61
도봉구 을	백영기	유인태	김선동	유인태
	35.97	47.37	52.18	45.94
양천구 을	오경훈	김낙순	김용태	김낙순
	39.6	40.02	50.47	47.17
강서구 을	은진수	노현송	김성태	노현송
	42.17	45.52	47.15	37.4
동작구 을	김왕석	이계안	정몽준	정동영
	36.54	49.98	54.41	41.5
관악구 을	김철수	이해찬	김철수	김희철
	33.32	41.11	41.53	46.5

19		20		21	
새누리	민주통합	새누리	더불어민주	미래통합	더불어민주
김회선	이혁진	이혜훈	이정근	윤희숙	이정근
59.1	33.09	57.02	28.48	62.6	36.9
강석훈	임지아	박성중	김기영	박성중	박경미
60.12	38.98	46.82	36.42	53.66	45.01
심윤조	김성욱	이종구	김성곤	태구민	김성곤
65.32	32.83	54.81	45.18	58.4	39.63
		이은재	전원근	유경준	김한규
		57.8	39.58	65.38	33.57
박인숙	박성수	박인숙	박성수	김웅	조재희
52.75	43.8	43.98	41.65	51.2	48.02

19		20		21	
새누리	민주통합	새누리	더불어민주	미래통합	더불어민주
김태기	최재천	지상욱	이지수	지상욱	박성준
47.91	52.08	38.03	24.33	47.27	51.96
정양석	오영식	정양석	천준호	정양석	천준호
44.86	52.21	39.53	34.68	39.49	57.75
김선동	유인태	김선동	오기형	김선동	오기형
47.19	51.06	43.72	36.4	45.63	53.01
김용태	이용선	김용태	이용선	손영택	이용선
49.39	47.59	41.97	39.92	41.28	57.53
김성태	김효석	김성태	진성준	김태우	진성준
50.35	49.64	45.92	38.55	42.33	56.15
정몽준	이계안	나경원	허동준	나경원	이수진
50.8	44.04	43.4	31.45	45.04	52.16
오신환		오신환	정태호	오신환	정태호
33.28		37.05	36.35	41.71	53.9

✚必 수복권(5)

	17		18	
	한나라	열린우리	한나라	통합민주
용산구	진영	김진애	진영	성장현
	46.04	39.62	58.03	29.39
양천구 갑	원희룡	김희갑	원희룡	이제학
	56.58	37.86	52.11	26.82
강남구 을	공성진	이환식	공성진	최영록
	57.5	34.07	62.69	18.71
송파구 을	박계동	김영술	유일호	장복심
	49.32	43.66	61.98	35.55
강동구 갑	김충환	이부영	김충환	송기정
	47.23	43.37	59.73	28.82

✚SV(스윙보터)권(11)

	17		18	
	한나라	열린우리	한나라	통합민주
종로구	박진	김홍신	박진	손학규
	42.81	41.14	48.43	44.76
동대문구 갑	장광근	김희선	장광근	김희선
	41.00	44.08	53.54	32.86
동대문구 을	홍준표	허인회	홍준표	민병두
	42.69	41.41	56.83	41.07
광진구 갑	홍희곤	김영춘	권택기	임동순
	40.62	50.73	53.77	35.77
노원구 갑	현경병	정봉주	현경병	정봉주
	30.58	42.69	41.58	37.62
노원구 병	김정기	임채정	홍정욱	김성환
	36.97	45.21	43.1	16.26
은평구 을	이재오	송미화	이재오	송미화
	45.25	43.08	40.81	5.77
서대문구 갑	이성헌	우상호	이성헌	우상호
	43.81	46.06	51.64	43.49
서대문구 을	정두언	박상철	정두언	김영호
	45.58	43.57	59.07	32.08
영등포구 을	권영세	김종구	권영세	이경숙
	43.38	41.67	57.56	39.73
동작구 갑	서장은	전병헌	권기균	전병헌
	36.83	43.24	43.54	44.86

19		20		21	
새누리	민주통합	새누리	더불어민주	미래통합	더불어민주
진영	조순용	황춘자	진영	권영세	강태웅
52.43	45.9	39.91	42.77	47.8	47.14
길정우	차영	이기재	황희	송한섭	황희
50.58	49.41	39.86	52.12	44.96	51.85
김종훈	정동영	김종훈	전현희	박진	전현희
59.47	39.26	44.41	51.46	50.94	46.41
유일호	천정배		최명길	배현진	최재성
49.94	46.02		44.00	50.46	46.04
신동우	이부영	신동우	진선미	이수희	진선미
51.21	47.45	40.98	43.79	47.7	51.5

19		20		21	
새누리	민주통합	새누리	더불어민주	미래통합	더불어민주
홍사덕	정세균	오세훈	정세균	황교안	이낙연
45.89	52.26	39.72	52.60	39.97	58.38
허용범	안규백	허용범	안규백	허용범	안규백
45.5	48.4	38.31	42.76	41.8	52.72
홍준표	민병두	박준선	민병두	이혜훈	장경태
44.54	52.88	38.15	58.16	43.81	54.54
정송학	김한길	정송학	전혜숙	김병민	전혜숙
44.55	52.11	37.94	40.67	40.6	53.68
이노근	김용민	이노근	고용진	이노근	고용진
50.06	44.2	39.37	41.79	38.74	56.78
허준영		이준석	황창화	이준석	김성환
39.62		31.32	13.94	44.36	53.15
이재오			강병원	허용석	강병원
49.51			36.74	36.23	57.41
이성헌	우상호	이성헌	우상호	이성헌	우상호
45.63	54.36	40.27	54.88	41.64	53.24
정두언	김영호	정두언	김영호	송주범	김영호
49.38	48.51	39.86	48.9	37.69	61.33
권영세	신경민	권영세	신경민	박용찬	김민석
47.39	52.6	37.69	41.05	44.35	50.26
서장은	전병헌	이상휘	김병기	장진영	김병기
44.43	55.56	34.71	36.54	42.89	55.29

✚열세권(21)

	17		18	
	한나라	열린우리	한나라	통합민주
중구성동구 갑	김동석 39.10	임종석 49.61	김동성 51.58	임종석 46.67
광진구 을	유준상 29.12	김형주 35.65	박명환 36.66	추미애 51.29
중랑구 갑	곽영훈 38.17	이화영 44.19	유정현 40.51	임성락 13.34
중랑구 을	강동호 39.3	김덕규 49.44	진성호 39.54	김덕규 35.56
성북구 갑	정태근 40.67	유재건 42.84	정태근 55.39	손봉숙 36.8
성북구 을	최수영 39.05	신계륜 50.99	김효재 47.25	박찬희 17.62
강북구 을	안홍렬 32.64	최규식 42.46	이수희 37.83	최규식 43.5
도봉구 갑	양경자 37.38	김근태 52.13	신지호 48.04	김근태 46.16
노원구 을	권영진 39.61	우원식 41.51	권영진 49.93	우원식 44.09
은평구 갑	강인섭 34.45	이미경 51.78	안병용 36.77	이미경 45.82
마포구 갑	신영섭 39.09	노웅래 44.21	강승규 48.05	노웅래 45.38
마포구 을	강용석 39.04	정청래 44.76	강용석 45.94	정청래 37.88
강서구 갑	김동현 35.44	신기남 51.22	구상찬 49.58	신기남 41.28
강서구 병				
구로구 갑	이범래 32.69	이인영 44.72	이범래 46.48	이인영 45.4
구로구 을	이승철 38.92	김한길 54.02	고경화 40.18	박영선 47.3
금천구	강민구 37.44	이목희 42.49	안형환 43.95	이목희 43.55
영등포구 갑	고진화 36.96	김명섭 35.32	전여옥 43.75	김영주 42.52
관악구 갑	김성식 35.61	유기홍 46.8	김성식 46.72	유기홍 44.03
송파구 병	이원창 33.74	이근식 38.23	이계경 44.39	김성순 46.96
강동구 을	윤석용 38.84	이상경 40.11	윤석용 54.5	심재권 39.44

19		20		21	
새누리	민주통합	새누리	더불어민주	미래통합	더불어민주
김동성	홍익표	김동성	홍익표	진수희	홍익표
48.89	49.66	39.39	45.07	40.93	54.25
정준길	추미애	정준길	추미애	오세훈	고민정
38.95	55.19	37.18	48.53	47.82	54.21
김정	서영교	김진수	서영교	김삼화	서영교
23.71	40.91	31.45	54.15	36.28	57.76
강동호	박홍근	강동호	박홍근	윤상일	박홍근
43.63	44.49	36.69	44.28	38.07	59.28
	유승희	정태근	유승희	한상학	김영배
	51.26	36.25	47.87	36.5	60.9
서찬교	신계륜	김효재	기동민	정태근	기동민
46.01	53.98	32.45	39.34	38.21	59.35
안홍렬	유대운	안홍렬	박용진	안홍렬	박용진
42.56	54.19	35.18	51.08	34.71	64.45
유경희	인재근	이재범	인재근	김재섭	안재근
40.14	58.46	39.9	60.09	40.49	54.02
권영진	우원식	홍범식	우원식	이동섭	우원식
47.94	49.72	29.88	51.95	36.52	62.67
최홍재	이미경	최홍재	박주민	홍인정	박주민
41.46	49.05	40.88	54.98	33.94	64.29
신영섭	노웅래	안대희	노웅래	강승규	노웅래
42.83	54.25	33.2	51.92	42.95	55.99
김성동	정청래	김성동	손혜원	김성동	정청래
37.19	54.48	31.95	42.39	36.78	53.75
구상찬	신기남	구상찬	금태섭	구상찬	강선우
42.48	48.71	32.16	37.24	38.37	55.89
		유영	한정애	김병근	한정애
		32.27	43.54	36.55	59.92
이범래	이인영	김승제	이인영	김재식	이인영
45.44	52.22	33.93	52.02	39.34	53.92
강요식	박영선	강요식	박영선	김용태	윤건영
35.05	61.94	31.51	54.13	37.66	57.04
김정훈	이목희	한인수	이훈	강성만	최기상
36.08	52.68	34.56	38.05	35.47	49.63
박선규	김영주	박선규	김영주	문병호	김영주
45.7	52.86	39.75	45.28	38.28	56.26
	유기홍	원영섭	유기홍		유기홍
	50.11	20.08	37.55		55.92
김을동	정규환	김을동	남인순	김근식	남인순
51.37	46.36	39.69	44.88	43.21	52.48
정옥임	심재권	이재영	심재권	이재영	이해식
45.83	54.16	37.96	41.15	42.04	54.54

* 現은 임명 당시의 직책

구분	성명	주요 경력	비고
위원장	김형오 (47년생/부산)	前 국회의원(5선, 제14대~제18대, 부산 영도) 前 한나라당 사무총장·원내대표 前 국회의장(제18대 국회 전반기)	03.13. 사퇴
위원	이석연 (54년생/전북)	서울대대학원 법학 박사 前 경제정의실천시민연합 사무총장 前 법제처 처장 現 법무법인 서울 대표변호사	위원장 사퇴 이후 직무대행
	이인실 (56년생/서울)	미네소타대 대학원 경제학 박사 前 통계청장 前 한국경제학회 회장 / 現 명예회장 現 서강대 경제대학원 교수	
	최대석 (56년생/서울)	클레어몬트대 대학원 정치학 박사 前 통일연구원 책임연구원 前 이화여대 정책과학대학원 원장 現 이화여대 대외부총장, 북한학과 교수	
	조희진 (62년생/충남)	인디애나대 블루밍턴캠퍼스 대학원 법학 석사 前 사법연수원 교수 前 의정부지검, 서울동부지검 검사장 現 법무법인 담박 대표변호사	
	엄미정 (70년생/강원)	서울대 기술정책대학원 협동과정 경제학 박사 前 4차산업혁명위원회 사회제도혁신위원 現 과학기술정책연구원(STEPI) 연구위원 現 일자리위원회 민간일자리분과 전문위원	
	최연우 (80년생)	단국대 무용학과 졸업 前 연우 이미지컨설팅 컴퍼니 대표 前 STS&P2019 조직위원회 사무총장 現 휴먼에이드 이사, 휴먼에이드포스트 부사장	
	유일준 (66년생/서울)	前 수원지방검찰청 평택지청장 前 대통령비서실 민정수석실 공직기강비서관 現 변호사 現 서울지방변호사회 부회장	02.18. 추가
	박완수 (55년생/경남)	現 국회의원(초선, 경남 창원시 의창구) 現 당 사무총장	
	김세연 (72년생/부산)	現 국회의원(3선, 부산 금정구) 前 여의도연구원 원장	

인명 색인